K-WEBTOON, 원천 IP 스토리텔링 전환 전략

K-WEBTOON, 원천 IP 스토리텔링 전환 전략
IC-PBL로 일구는 새로운 지평

초판 1쇄 인쇄 2023년 1월 15일
초판 1쇄 발행 2023년 1월 20일

지은이 한양대학교 ERICA 문화콘텐츠학과 스토리텔링 연구팀
펴낸곳 논형
펴낸이 소재두
등록번호 제2003-000019호
등록일자 2003년 3월 5일
주소 서울시 영등포구 당산로 29길 5-1 502호
전화 02-887-3561
팩스 02-887-6690

ISBN 978-89-6357-268-0 94680
값 22,000원

* 이 책은 한국콘텐츠진흥원 '2022 콘텐츠원캠퍼스 구축운영'사업의 지원을 받아
출간되었습니다.

K-WEBTOON, 원천 IP 스토리텔링 전환 전략

IC-PBL로 일구는 새로운 지평

한양대학교 ERICA 문화콘텐츠학과 스토리텔링 연구팀

서 문

체험으로 열어가야 하는 길

살면서 배우는 대부분의 일들은 혼자서 해내야만 한다. 혼자서 해내기 위해서는 반드시 스스로 체험을 통해 익혀야 하는 과정이 필요하다. 말 그대로 체득해야지만 온전히 자신의 것이 될 수 있고, 필요한 시점에 자연스럽게 활용할 수 있다. 그 단계에 이르렀을 때 비로소 배웠다 이야기할 수 있고, 그런 배움이라야 배울만한 가치가 있다 할 수 있다.

초등학교 6학년 때 담임 선생님은 매우 열정적인 분이셨다. 매 시간 수업을 마치면 그 날 배운 것을 쉬는 시간에 시험 보고 틀린 것을 확인해야 했다. 수업하고 쉬는 시간에 시험을 보니 우리도 죽을 맛이었지만, 쉬지 못하셨던 선생님은 어떠셨을까? 덕분에 우리반 성적은 다른 반에 비해 월등히 높았다. 쉬는 시간에 보는 시험 때문에 성적이 높았다는 말이 아니다. 수업시간에 공부도 재미있고 시험 보는 것도 나름의 성취가 있었다. 그래서인지 불평하는 친구들은 별로 없었다. 선생님의 수업 방식과 시험 방식이 매우 독특하고 우리도 납득할 수 있었기 때문이다. 국어시간에는 미리 배울 것을 읽고 단어를 찾아서 익혀오게 하였고, 암기 과목은 책의 내용에 번호를 매겨가면서 공부할 내용의 구조를 익히게 하셨다. 그렇게 익힌 것들을 체크하는 시험방법도 매우 다양했는데, 가령 선생님이 단어를 불러주시면 우리가 뜻을 적었고, 때로는 단어를 활용한 짧은 문장을 만들게도 하셨다. 수업 중에는 선생님의 질문이 많았고 우리는 답을 하느라 쩔쩔매기도 했지만 신났다. 공부 잘하는 학생이나 못하는 학생을 가리지 않고 질문을 하고 답을 기다리셨다. 덴마크의 부흥운동가였던 엔리코 달가스(Enrico Mylius Dalgas)를 배우는 시간이었다. 달가스가 누구냐는 질문에 한 친구가 '달에서 가져온 가스입니다'라고 해서 크게 웃었을 정도로 오답이라도 누구나 자유롭게 답할 수 있는 분위기였고, 오답에 대해 크게 혼내지 않으셨다.

강의한지 30여 년의 시간이 흐른 지금 그 시절 선생님의 수업방식의 의미를 어렴풋하게 이해하게 되었다. 학생 스스로 체험하지 않고서는 어떤 것도 배울 수 없다는 문제의식이 아니었을까? 그 시절에는 크게 문제되지 않았지만 지금은 허용되지 않는(결코 허용되어서는 안 되는) 성취에 따른 채벌을 뺀다면, 스스로 익혀야하는 부분이 강조된 수업 방식이었다.

강의실 풍경이 바뀌었다는 말은 이제 새삼스럽지 않은 말이 되었다. 전자출결 시스템을 이용한다거나 노트 필기 대신 노트북 필기나 녹음이 활용되고 있다거나 칠판이 아니라 PPT를 활용한다는 것만을 이야기 하는 것은 아니다. 대학교육에 대한 사회적 수요가 달라지면서 대학교육의 정체에 대한 근본적인 고민과 그에 부합하는 혁신의 요구가 거세졌고, 무엇보다 교육의 주체인 학생들이 달라졌다. 대학교육에 대한 윽박지르기식의 변화를 요구하자거나 학생들에 대한 편 가르기식의 세대론을 이야기하자는 것이 아니다. 대학교육은 변하지 말아야 할 부분과 가장 기민하게 변해야 할 요소들을 모두 지닌 까닭에 그것의 변화나 혁신을 이야기하기 위해서는 그것의 정체에 대한 문제의식을 바탕으로 섬세한 접근과 종합적인 시각이 필요하다. 대학교육의 정체나 대학교육이 지켜야 할 것이 무엇인지에 대한 근본적인 문제의식에도 불구하고, '지금 이곳'은 유발 하라리(Yuval Noah Harari)의 말처럼, '변화만이 상수(常數)'인 시대라는 것은 분명하다.

미국 취업사이트 Glassdoor에 따르면 Google, Apple, IBM, Costco, Starbuks 등과 같은 15개의 미국 대기업에서는 더 이상 대학 학위를 요구하지 않는다. 이러한 변화는 대학교육이 필요 없어진 것이 아니라 현재와 같은 교육

내용과 교육방식으로는 4차산업혁명의 격랑 속에서 비교우위성이나 차별적 경쟁력을 가질 수 없다는 의미다. 이러한 문제의식에서 한양대학교는 2016년부터 IC-PBL(Industry-Coupled Problem-Based Learning)을 창안하여 강의 현장에서 혁신을 주도하고 있다. 학위가 아니라 어떤 상황에서라도 스스로 '문제를 구성'하고, 주도적으로 '문제를 해결해낼 수 있는 능력'을 키워줄 수 있는 실천적이고 생산적인 역량에 주목한 것이다. 이 책은 그러한 IC-PBL의 혁신 가운데 있다.

무엇보다 스토리텔링은 콘텐츠 현장에서 그 중요성이 강조되고는 있지만 대부분 당위적 차원의 요구 수준일뿐 그것의 구현을 위한 구체적이고 전략적인 차원의 실천적인 탐구는 부족한 분야였다. 이런 까닭에 문화콘텐츠를 전공하는 학생에게 스토리텔링에 대한 현장 중심적인 안목과 구현 가능한 실천력은 더욱 중요한 역량이 아닐 수 없다. 우리의 문제의식은 여기서 출발했다. '지금 이곳' 문화콘텐츠 스토리텔링 부분에서 가장 주목해야 할 지점은 무엇인가, 그것을 실현하기 위한 전략은 무엇인가를 실천적으로 탐구해보기로 한 것이다. 최근 콘텐츠 업계의 가장 중요한 화두인 IP(Intellectual Property)에 주목하고 그것의 효과적인 구현 전략을 사례 중심으로 탐구하고 싶었다. 이런 맥락에서 웹툰을 기반으로 한 원천 IP 개발, 평가 기준, 콘텐츠의 가치를 극대화하기 위한 트랜스미디어 스토리텔링을 구현하기 위한 구체적인 방법론으로서의 전환(adaptation)에 주목했다. 비교적 최근 웹툰의 원천 IP를 발굴하여 대중성을 검증하고, 거점 콘텐츠로 전환하여 성공한 작품들을 학생 스스로 선별하고, 원천 IP로서의 가치를 탐구한 후, 양질의 원천 IP를 선별하는 기준을 나름 모색해보고, 전환 사례를 중심으로 그것의 핵심 전략을 분석해보기 위한 것이었다. 성공적인 분석이라면 그 자체로 훌륭한 성취가 될 것이고 그렇지 못하다면 소중한 경험이 될 수 있다는 믿음으로, 비록 거칠고 무모할지라도 도전해보기로 한 것이다.

콘텐츠 성공에 한국식 스토리텔링이 주효했다는 결과론적이고 당위적인 순환논법에 익숙한 현실에서 이 책은 섬세한 논증과 구체적인 탐구를 시도했다는 점에서 '용감한 도전'이라 평가할 수 있다. 이 책의 저자들은 팀을 조직하여 서로의 지혜를 모으기 위해 의견을 나누고 논쟁하고 논거를 들어 설득하는 과정을 되풀이하였다. 개념이나 논리가 아직 거친 부분이 있는 것은 사실이지만 탐구 과정의 도전 의식과 진정성은 다른 무엇과도 바꿀 수 없는 소중한 것이 아닐 수 없다. 그러한 무모할지도 모를 도전을 통해 스토리텔링에 대한 문제의식을 구체화했고 그것을 해결하기 위한 구체적인 분석을 시도했다. 이러한 분석을 통해 IP와 스토리텔링, 트랜스미디어 스토리텔링, 전환에 대한 자신만의 문제의식과 해결책을 찾아가는 과정에서 체험하게 된 그들의 성취는 이 책에 오롯이 담겨있다. 자신들의 의견을 나누며 모으고, 모은 의견을 설득의 논리 구조로 만들고, 그것을 보다 쉽게 설명하기 위한 고민을 되풀이한 체험만으로도 그들은 이미 학기초 출발할 때의 그들이 아님은 분명하다.

최근 OTT의 급부상으로 인하여 한국 콘텐츠에 대한 주목과 주목 이상의 성취에 모두들 환호하고 있다. 문제는 그것을 지속가능한 형태로 시스템화할 수 있을 때 콘텐츠로서의 기대하는 성과를 거둘 수 있으며, 그것이 지속될 수 있을 때 우리는 비로소 차별적인 문화라고 이야기할 수 있을 것이다. 한류를 이야기하지만 그것의 개념이나 실체가 무엇인지, 어디를 지향해야 되는지 쉽게 이야기하지 못하는 이유가 여기에 있다. 문화 앞에 국가명을 붙이는 것은 그 기저에 국가중심적인 인정투쟁이 있다는 비판을 굳이 하지 않더라도, 한류를 통해 우리는 어떤 문화를 이야기할 수 있는지 반드시 되물어야 할 것이다. 백보 양보하더라도 콘텐츠 연구자로서 우려스러운 것은 기대를 부풀리며 성과에는 환호하지만 어떻게 해야 그것을 성취할 수 있는지에 대한 실천적 탐구가 매우 부족하다는 점이다. 각종 보고서나 언론 보도만 보아도 그것들의 경제적 효과를 강조하는 데 초점을 맞추고 있을 뿐, 그것의 성공 요인이 무엇이며, 앞으로 어떻게 그 성과를 이어가며 확장해갈 것인지, 어떻게 지속 가능한 형태로 만들지는 누구도 언급하지 않는다. 같은 맥락에서 콘텐츠의 글로벌 경쟁으로 인하여 콘텐츠 제작이 요구하는 엄청난 자본에도 불구하고, 콘텐츠의 근간이라는 스토리텔링에 대한 섬세하고 전략적인 접근이 없다는 것은 늘 모래 위에 집을 짓는 것과 같이 우려되는 지점이다. 이런 맥락에서 이 책의 시도와 성취는 주목되어야 할 것이다. 이 책의 성취 그 자체로서도 의미가 있겠지만 그것이 스토리텔링에 대한 구체적이고 전략적인 접근을 위한 출발로서의 의미도 결코 놓치지 말아야 할 부분이다.

콘텐츠는 매우 다양한 역량이 결집되어 수많은 변수를 극복할 수 있을 때 성공 가능하다는 점에서 섣불리 이야기할 수 없다. 같은 이유로 콘텐츠 스토리텔링의 성공 요인을 분석하여 전략적 시사점을 도출하는 일은 더욱 어려울 수밖에 없다. 그래서 스토리텔링을 전칭(全稱)하여 논의하는 것은 어리석거나 무모하다. 이 책에서는 해당 콘텐츠의 스토리텔링 전략 전체를 언급하는 유혹을 떨치고 원천 IP로서의 가치, 선별 기준, 전환 전략을 스토리텔링 관점에서 바라보려 노력했다. 스토리텔링 전체를 규명하려는 시도보다 구체화된 접근이며 예각화한 시도라 평가할 수 있다.

언어가 다른 학생들이 함께 강의를 듣고 문제를 구성하고 해결하기 위해 논의하는 과정은 어려웠다. 그럼에도 불구하고 끝까지 보다 나은 성과를 내기 위해 미리 토의할 내용을 적어 와서 번역기를 돌려가며 토의하는 모습은, 말하는 이나 듣는 이 모두 진정성이 없이는 불가능한 노력이었다. 말하는 이에게는 얼마나 번거롭고 고단한 일이었겠으며, 듣는 이에게는 상대를 존중하고 그들의 의견을 소중하게 여기는 마음이 아니라면 얼마나 지루한 시간이었겠는가? IC-PBL 활동 과정에서 노트북 화면에 중국어와 한국어를 동시에 띄어놓았던 번역기 화면을 잊을 수 없는 이유다. 그러한 수고로운 과정의 결과가 이 책이다.

학생들의 성과를 모을 때마다 하는 말이지만, 이 책에서 거칠고 부족한 부분이 있다면 그것은 모두 제대로 길안내를 하지 못하고 효과적으로 시간 운영을 하지 못한 나의 허물이다. 한 학기 동안 빠듯한 일정과 과제로 몰아붙인 교수로 인하여 힘들었을 학생들에게 고마움을 전한다.

IP비즈니스 관련 연구와 실무를 병행하면서 강의에 도움을 주신 KOCCA 김일중 박사님, TVING 박진우 부장님, 윤혜영 박사님, 문화콘텐츠전략연구소 오윤지 연구원님께 감사드리며, 한양대 ERICA IC-PBL센터의 지원과 어려운 출판 환경에서도 출간을 허락해준 논형 소재두 대표님께 감사의 인사를 드린다.

2022년 12월 31일
修善齋에서
박기수拜

차례

〈술꾼도시여자들〉, 당신에게 건네는 세 여자의 유쾌한 건배

〈스위트홈〉, 좀비 아포칼립스의 새 지평

〈유미의 세포들〉, 공감콘텐츠의 힘

〈타인은 지옥이다〉, 드라마틱 시네마가 그린 지옥

〈모범택시〉, 당신의 의뢰는?

심예지·안우선·왕선문·조귀현·홍세은

Ⅰ. 모범택시의 복수가 특별한 이유

복수담이란 살아가면서 느끼는 각양각색의 불합리한 문제에 대해 명쾌한 해결책을 제시함으로써 향유자들로 하여금 대리만족을 느끼게 하는 이야기를 일컫는 말이다. 유독 약자들에게 무심하고 불공평한 우리 사회 속에서 답답함을 느낀 향유자들은 이야기 속 판타지로나마 이를 해소하려는 욕구를 가지고 있다. 최근 이러한 복수담을 담은 콘텐츠들이 콘텐츠 시장에서 차지하는 비율이 증가하고, 높은 인기와 화제성을 가지는 것 역시 이와 연결된다고 볼 수 있다.

다음 제시된 〈그림 1〉의 그래프는[1] 2002년부터 2022년까지 전체 드라마 시장에서 복수담을 주제로 한 드라마의 비율을 정리한 것이다. 2021년에는 제작된 드라마 85편 중 약 13%에 달하는 11편이, 2022년에는 제작된 드라마 87[2]

---

1   부록의 2002년부터 2022년까지 복수담을 주제로한 88편의 드라마를 정리한 표를 근거로 제작했다.
2   '연도별 방영한 드라마 수'를 '연도별 방영한 복수담 드라마 수'로 나누었다.

편 중 약 14%에 달하는 12편이 복수담을 주요 내용으로 삼고 있다. 더불어 복수담의 비율이 20년 동안 약 13% 높아진 것으로, 복수담을 주제로 한 콘텐츠가 대중들에게 인기를 얻고 있음을 확인할 수 있다.

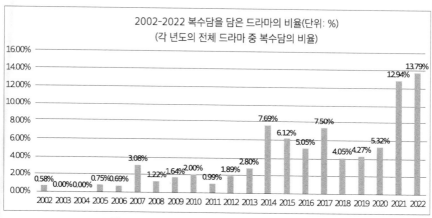

<그림 1> 2002-2022 시장에서의 복수담의 비율

콘텐츠는 현실에서는 어렵거나 불가능한 것을 실현시킬 수 있는 유일무이한 수단이며, 향유자들은 이러한 판타지적 요소에 매력을 느끼게 된다. 복수담 역시 이와 같은 맥락으로 인기를 얻고 있는데, 복수담은 불합리한 현대 사회에서 느끼는 문제를 해결하여 대리만족의 기회와 경험을 제공하기 때문이다. 즉, 복수담은 이 답답한 현실을 살아가는 향유자들에게 어두운 현실에 반한 이상적인 사회를 제시하는 '판타지'로써 역할을 하는 것이다. 본고에서는 이처럼 답답한 상황에서 해결책을 제시하고 실행할 때 향유자가 느낄 충족감과 통쾌함에 집중하여, 그러한 유형의 콘텐츠를 '사이다 콘텐츠'라고 정의하기로 하였다.

본고에서 말하는 사이다 콘텐츠의 구체적인 정의는 '복수를 통해 향유자로 하여금 충족감이나 통쾌함 같은 감정을 느끼게 하여 답답함을 해소하는 데에 초점을 둔 콘텐츠'이다.

<그림 2> 사이다 콘텐츠의 사례

　사이다 콘텐츠는 다양한 모습으로 사랑받아 왔으며, 현재도 사랑받고 있다. 막장/범죄/스릴러/서스펜스 스토리와 복수가 함께 나타나는 〈펜트하우스〉, 드라마/멜로/풍자 스토리와 복수가 함께 나타나는 〈블랙의 신부〉, 드라마/로맨스/성장 스토리와 복수가 함께 나타나는 〈이태원 클라쓰〉, 피카레스크[3]/스릴러/액션 스토리와 복수가 함께 나타나는 〈빈센조〉처럼 말이다.

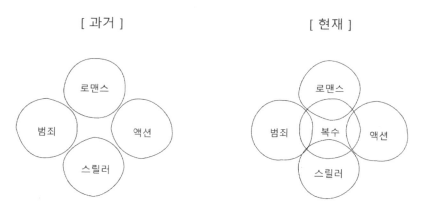

<그림 3> 복수담의 하이브리드 장르화 용이성

3　주인공을 포함한 주요 등장인물들이 도덕적 결함을 갖춘 악인으로 등장하여 해당 이야기를 이끄는 장르이다.

사이다 콘텐츠는 취향이 나노화된 현재, 하이브리드 장르가 주목받는 상황에서도 위의 〈그림 2〉와 〈그림 3〉처럼 다양한 장르와 결합이 쉽다는 특징도 가지고 있다. 복수가 중심이 되는 스토리와 그게 아닌 스토리라고 해도, 복수가 전달하는 통쾌함은 보다 뚜렷하게 알아차릴 수 있기 때문이다.

〈그림 4〉 웹툰 IP 원작의 트랜스미디어 콘텐츠

복수담이 인기를 끄는 상황에서 콘텐츠 시장은 어떨까. 최근 tvN, jtbc, ocn과 같은 다양한 TV 채널과 NETFLIX, TVING, Wavve와 같은 OTT 플랫폼에서 제작한 콘텐츠 중 〈그림 4〉처럼 웹툰을 원작으로 한 콘텐츠의 영향력 역시 무시할 수 없다. 특히나 콘텐츠 시장을 주도하는 OTT 플랫폼이 그 차별적 경쟁력으로 오리지널 콘텐츠를 내세우는 지금, 〈스위트홈〉, 〈유미의 세포들〉, 〈술꾼도시여자들〉, 〈D.P.〉처럼 증명된 스토리를 트랜스미디어 콘텐츠로 전환할 방안을 모색해야 할 시점이라고 볼 수 있다.

본고에서는 앞서 말한 사이다 콘텐츠의 특징인 복수담, 하이브리드 장르화 용이성과 웹툰을 원작 IP로 한 콘텐츠의 전환 방안 모색의 필요성에 집중할 것이다. 즉, 본고의 목적은 하이브리드 장르화 상황에 잘 적응하면서 복수담을 통해 통쾌함을 전달하는 사이다 콘텐츠 개발을 위해 웹툰 IP를 어떻게 전환하면 좋을지 그 스토리텔링 전략을 규명해보는 것이다. 그리고 그 목적에 부합하는 사례가 〈모범택시〉이다.

웹툰 〈모범택시〉는 까를로스 작가의 스릴러 장르물로, KT의 웹툰 플랫폼인 케이툰에서 연재를 했고, 계약 종료 후 네이버 웹툰과 계약을 진행하여 현재는 네이버 웹툰과 시리즈에서 감상할 수 있다. 총 104부작으로, 언뜻 평범해 보이는 '무지개 택시회사'의 특별한 서비스인 복수대행 서비스를 중심으로 이야기가 전개된다. 주인공 '김도기'가 자신의 어머니를 죽인 범인을 찾아 나서는 이야기와 의뢰자의 복수를 대신 해주는 이야기가 동시에 나타난다.

웹툰을 전환한 드라마 〈모범택시〉는 OTT 플랫폼인 Wavve와 지상파 SBS에서 동시 방영한 작품으로, 배우 이제훈, 김의성, 이솜 등이 출연하였다. 수도권 최고 시청률 17%라는 좋은 성적을 낸 작품이며 2023년 〈모범택시 2〉가 방영 예정이다. 복수대행 서비스를 중심으로 이야기가 전개되는 것은 동일하며, '김도기' 어머니의 죽음이 아닌, 정의를 둘러싼 세력의 갈등을 담은 이야기와 의뢰자의 복수를 대신 해주는 이야기가 동시에 나타난다.

Ⅱ. 모범적인 사이다 스토리텔링의 기준

본고에서는 사이다 콘텐츠의 스토리텔링에 대하여 서사구조, 캐릭터 구조, 소통법이라는 세 가지 관점을 가지고 분석을 진행하였다.

첫째, 서사구조이다. 본래 흥미 있는 콘텐츠는 크게는 주인공의 고난과 역경을 다루는 거시 서사가, 그리고 작게는 주인공의 주변에서 일어나는 문제들을 다루는 미시 서사가 적절한 조화를 이루기 마련이다. 〈모범택시〉는 그러한 거시/미시 서사가 웹툰과 드라마 모두 나타나고, 그 두 서사는 서로 다른 모습으로 치밀하게 짜여져 각 에피소드에 드러난다. 또한 웹툰과 드라마의 엔딩은 각각 새드엔딩과 해피엔딩으로 다르게 설정되어 있다. 이는 현실과 이상을 구분지어 향유자들에게 서로 다른 유형의 통쾌함을 전달한다.

둘째, 캐릭터 구조이다. 〈모범택시〉의 캐릭터들은 이야기가 전개되며 각자의 서사가 드러난다. 그리고 그 서사를 통해 캐릭터는, 정의에 대해 물음을 던지는 작품의 특성과 어울리게 향유자를 설득한다. 또한, 서사가 진행됨에 따라 내외부적인 관계변화를 겪으며 성장하고, 또 미궁에 빠지기도 한다. 계속해서 변화하는 그런 캐릭터 구조는 향유자들이 집중을 놓지 않고 몰입하게 하는 중요한 요소이며, 그 과정에서 작품이 전달하고자 하는 주제를 강화한다.

셋째, 소통법이다. 웹툰과 드라마의 핵심 소재는 복수이다. 하지만 두 작품에서 복수는 각각 다른 목적을 가진 채 사용되었다. 서로 다른 목적을 가진 복수는 서로 다른 영역의 통쾌함을 전달하며, 전달하고자 하는 메시지 역시 달라짐에 따라 향유자들은 신선함을 느낄 것이다. 또한, 웹툰과 드라마는 서로 다른 매체적 특성을 가지고 있다. 그렇기 때문에 서로 다른 표현 방식을 갖게 되고, 이는 각각의 타겟을 명확히 구분하고 효과적으로 공략하는 역할을 한다.

본고는 웹툰과 드라마가 사이다 콘텐츠로서 활용한 스토리텔링이 얼마나 효과적이었는가에 대한 평가를 포함한다.

[웹툰 향유자]   [드라마 향유자]

[기존 향유자]   [신규 향유자]   [기존 향유자]   [신규 향유자]
드라마 → 웹툰 새롭게 월드 진입   웹툰 → 드라마 새롭게 월드 진입

<그림 5> 향유자 유형화

<모범택시>, 당신의 의뢰는?

스토리텔링 평가 기준으로 향유자를 설정해보았다. 통쾌함을 효과적으로 전달하는 것이 핵심인 사이다 콘텐츠의 스토리텔링을 평가하기 위해서는, 웹툰과 드라마 향유자들을 유형화하여 평가하는 것이 적절하다고 보았다. 원작과 트랜스미디어 콘텐츠를 모두 접한 향유자 A와 C, 둘 중 하나만 접한 신규 향유자 B와 D로 나누어 평가를 진행하였다.

여기서 그들의 특성을 간단히 짚고 넘어가면, A와 C는 익숙한 텍스트를 한 번 더 접하는 기존 향유자로 이미 동일한 세계관을 공유하는 작품을 접했기 때문에 비판적 향유자에 해당한다. 이들은 자신에게 익숙한 작품을 베이스로, 새롭게 접한 트랜스 미디어 콘텐츠의 전환을 비교하고 평가한다.

신규 향유자에 해당하는 B와 D는 웹툰/드라마 중 하나를 통해 〈모범택시〉라는 스토리월드에 처음 진입한다. 이들은 작품에 대한 정보가 상대적으로 부족해 낯설게 여기지만, 어떠한 스토리 전개에도 비교 대상이 없어 자신의 취향에 부합하는지 아닌지 등 단순한 평가를 제외하고는 크게 평가를 하지 않는다. 트랜스미디어 월드가 구축되어 있다고 해도, 이들은 그 월드의 일부를 처음 알아가는 중이기 때문에 맹목적 향유자라고 볼 수 있다.

향유자 유형화는 웹툰과 드라마의 스토리텔링 전략을 분석한 뒤, 전환 전략을 규명할 때에 적용하여 그들이 보일 반응을 예측하고 그에 대해 어떻게 보완하고 대책을 세우면 좋을지 말하도록 하겠다.

III. <모범택시> 스토리텔링의 분석

1. 통쾌함의 기대를 높이는 서사구조

1) 웹툰 <모범택시>, 미스터리 구조와 단발적 통쾌함의 조화

웹툰 〈모범택시〉의 총 104화, 에피소드로 보면 13개 에피소드를 관통하는 거시적 서사는 주인공 '김도기' 어머니의 죽음의 비밀을 쫓는 과정으로 이루어져 있으며, 최소 5개 회차에서 최대 9개 회차의 에피소드가 나열된 미시적 서사는 무지개 택시에 복수를 의뢰한 사람들의 이야기와 그 복수를 대신하는 택시기사들의 이야기로 이루어져 있다.

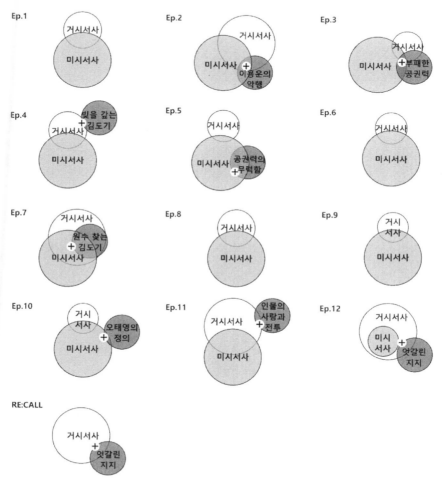

<그림 6> 웹툰 <모범택시> 에피소드별 거시적 서사와 미시적 서사의 비중

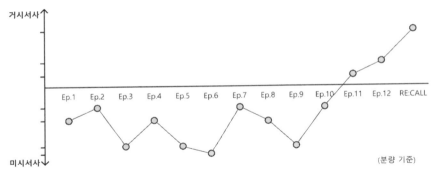
<그림 7> 웹툰 <모범택시> 에피소드별 거시적 서사와 미시적 서사의 비중

　〈그림 6〉은 웹툰의 총 13개 에피소드별 거시적 서사와 미시적 서사의 비중이 어떻게 배치되었는지 나타낸 벤다이어그램이다. 대부분의 에피소드가 거시적 서사 혹은 미시적 서사 중 하나를 중심 스토리로 택하고, 나머지 하나를 이야기의 풍부함을 확대하기 위해 그 위에 살짝 얹는 방식으로 이야기를 전개하고 있음을 알 수 있다. 〈그림 7〉은 〈그림 6〉의 벤다이어그램을 꺾은선 그래프로 나타낸 것이다. 에피소드에서의 거시적/미시적 서사의 분량을 기준으로 나타냈으며, 점이 y축의 미시 서사 쪽으로 치우쳤으면 해당 에피소드는 의뢰인의 복수를 대행하는 택시 기사들의 이야기가 더 큰 비중을 차지하는 것이고, 거시 서사 쪽으로 치우쳤으면 해당 에피소드는 '김도기' 어머니의 죽음의 비밀을 쫓는 이야기가 더 큰 비중을 차지하는 것이다.

　Ep.1부터 RE:CALL까지 총 13개의 에피소드 중 앞의 10개의 에피소드에 미시적 서사의 비중을 더 높게 설정하고, 뒤의 2개의 에피소드에서 거시적 서사의 비중을 높게 설정하고, 마지막 에피소드에서 거시적 서사만 등장시킨 것은 결국 이 스토리의 시발점이라고 할 수 있는 주인공 '김도기'의 서사를 마무리함으로써 텍스트 맺음에 안정감을 부여했다고 할 수 있다.

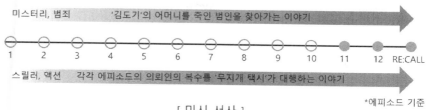

[거시 서사]

미스터리, 범죄 '김도기'의 어머니를 죽인 범인을 찾아가는 이야기

1 2 3 4 5 6 7 8 9 10 11 12 RE:CALL

스릴러, 액션 각각 에피소드의 의뢰인의 복수를 '무지개 택시'가 대행하는 이야기

*에피소드 기준

[미시 서사]

○ 미시적 서사 ● 거시적 서사

<그림 8> 웹툰 <모범택시> 에피소드별 거시적 서사와 미시적 서사의 전개

〈그림 8〉은 에피소드별 거시적 서사와 미시적 서사의 전개를 수직선으로 시각화한 것이다. 웹툰〈모범택시〉의 거시적 서사는 주인공 '김도기'의 어머니를 죽인 범인을 찾아가는 미스터리/범죄 성격을 보이고, 미시적 서사는 각각 에피소드의 의뢰인의 복수를 '무지개 택시'가 대행하는 스릴러/액션 성격을 보이고 있다. 이는 마이너하거나 지루할 수 있다는 각각 서사의 단점을 보완하여 Lock-in 효과를 창출한다. 또한, 거시적 서사는 극의 연속성을 부여하고, 미시적 서사는 나열되어 있지만 에피소드 끝에 단발적인 통쾌함을 지속적으로 제공하여 흥미를 유발한다.

[거시 서사]

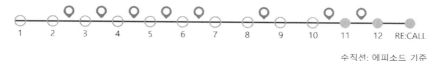

1 2 3 4 5 6 7 8 9 10 11 12 RE:CALL

수직선: 에피소드 기준

[미시 서사]

○ 미시적 서사 ● 거시적 서사 ♀ 사이다 구간

<그림 9> 웹툰 <모범택시>의 사이다 구간

<모범택시>, 당신의 의뢰는?

[거시 서사]

[Ep 1-5. BRAVE MAN]
사실 복수의 당사자는
김혜빈이었음

[Ep 7-6. HELL.O]
김도기가 살해당함

[Ep 9-9. From.fans]
복수 당사자와 대상자
모두 자살함

[Ep 12-6. 끝에 서서]
태용은 알면서도 김도기가
자신을 죽이게 가만둠

수직선 : 에피소드 기준

[미시 서사]

○ 미시적 서사   ● 거시적 서사   ◉ 반전 구간

<그림 10> 웹툰 <모범택시>의 반전 구간

〈그림 9〉는 웹툰 〈모범택시〉에서 향유자가 통쾌함을 느낄 수 있는 시점, 즉 사이다 구간을 수직선상에 표시한 것이다. 사이다 구간은 두 번째 에피소드부터 여섯 번째 에피소드가 끝날 시점에 연속으로 나타나다가, 이후에는 여덟 번째 에피소드가 끝날 때 한 번, 열 번째와 열한 번째 에피소드가 끝날 때 연달아두 번 나타난다. 거의 한 에피소드가 끝날 때마다 나타나는 이 사이다 구간은, 향유자에게 에피소드의 끝은 사이다로 끝난다는 예상을 하게 하고, 결국 이는 각각의 에피소드를 모두 향유할 동력을 제공한다. 하지만, 에피소드의 끝이 매번 사이다라면 반복되는 동일한 구성에 향유자는 지루함을 느낄 것이고 창의적이고 재미있는 방법으로 통쾌함을 줘야 하는 작가의 부담이 증가할 것이다. 이를 방지하기 위한 것이 〈그림 10〉에서 볼 수 있는 반전 구간이다. Ep1-5.에서 사실 복수의 당사자는 죽은 줄로만 알았던 '김혜빈'이었다는 것, Ep7-6.에서 '김도기'가 자신의 어머니를 죽인 '오태영'에게 살해당한 것, Ep9-9.의 결말이 복수 당사자와 대상자 모두의 자살이었던 것, 마지막으로 Ep12-6.에서 '오태영'은 알면서도 '김도기'가 자신을 죽이게 가만 두었다는 것까지 총 네 번의 반전구간은 어차피 복수에 성공하고 끝날 것이라는 예상을 뒤엎는 전개이다. 이러한 반전 구간은 〈그림 9〉에서 볼 수 있는 수직선상의 사이다 구간이 없는 곳에 배치되어 있으며, 향유자가 사이다 구간을 통해 통쾌함을 느낄 때 상대적으

로 띄엄띄엄 배치된 반전구간에서는 긴장감을 조성하고 작품에 대한 몰입도를 증가시킨다.

2) 드라마 <모범택시>, 커다란 가치관 갈등과 단발적 통쾌함의 조화

드라마 〈모범택시〉를 관통하는 거시적 서사는 드라마에 등장하는 세 집단인 무지개 운수, 낙원신용정보, 서울북부검찰청 간의 정의관 갈등으로 이루어져 있으며, 미시적 서사는 웹툰과 동일하게 무지개 운수에 복수를 의뢰한 사람들의 이야기와 그 복수를 대신하는 택시 기사들의 이야기로 이루어져 있다.

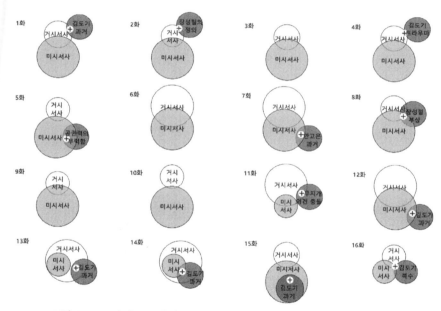

<그림 11> 드라마 <모범택시> 회차별 거시적 서사와 미시적 서사의 비중

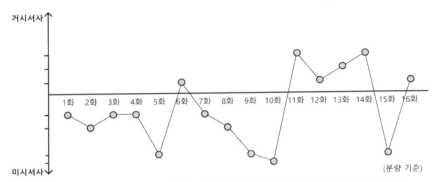

<그림 12> 드라마 <모범택시> 회차별 거시적 서사와 미시적 서사의 비중

〈그림 11〉은 드라마의 총 16화 내에서 거시적 서사와 미시적 서사의 비중이 어떻게 배치되었는지 나타낸 벤다이어그램이다. 웹툰과 동일하게 대부분의 에피소드가 거시적 서사 혹은 미시적 서사 중 하나를 스토리로 택하고, 나머지 하나를 그 위에 얹는 방식으로 이야기를 전개하고 있음을 알 수 있다. 〈그림 12〉는 〈그림 11〉의 벤다이어그램을 꺾은선 그래프로 나타낸 것이다. 나타낸 방식은 앞서 〈그림 7〉에서 설명한 것과 동일하고, 점이 y축의 미시 서사 쪽으로 치우쳤으면 해당 에피소드는 의뢰인의 복수를 대행하는 택시 시가들의 이야기가 더 큰 비중을 차지하는 것이고, 거시 서사 쪽으로 치우쳤으면 해당 에피소드는 무지개 운수와 낙원신용정보, 서울북부검찰청 간의 정의관 갈등에 관한 이야기가 더 큰 비중을 차지하는 것이다.

1화부터 5화, 7화부터 10화, 15화 총 16개의 회차 중 10개의 회차에서 미시적 서사의 비중을 더 높게 설정하고, 사이의 6화, 11화부터 14화, 마지막화인 16화에서 거시적 서사의 비중을 더 높게 설정한 것은 역시 이 작품을 관통하는 핵심 갈등인 정의관 갈등을 마무리함으로써 텍스트 맺음에 안정감을 부여했다고 할 수 있다.

K-WEBTOON, 원천 IP 스토리텔링 전환 전략

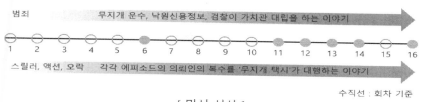

[거시 서사]

범죄 | 무지개 운수, 낙원신용정보, 검찰이 가치관 대립을 하는 이야기

1 2 3 4 5 6 7 8 9 10 11 12 13 14 15 16

스릴러, 액션, 오락 | 각각 에피소드의 의뢰인의 복수를 '무지개 택시'가 대행하는 이야기

수직선 : 회차 기준

[미시 서사]

○ 미시적 서사 ● 거시적 서사

<그림 13> 드라마 <모범택시> 회차별 거시적 서사와 미시적 서사의 전개

〈그림 13〉은 회차별 거시적 서사와 미시적 서사의 전개를 수직선으로 시각화한 것이다. 드라마 〈모범택시〉의 거시적 서사는 무지개 운수, 낙원신용정보, 검찰이 가치관이 대립하는 범죄 성격을 보이고, 미시적 서사는 각각 에피소드의 의뢰인의 복수를 '무지개 운수'가 대행하는 스릴러/액션/오락 성격을 보이고 있다. 여기서 미시적 서사의 구조는 기본적으로 웹툰과 동일하지만 그 표현법 등에 오락 성격을 추가하였다. 이 역시 웹툰과 동일하게 각각 서사의 성격이 가진 단점을 보완하여 Lock-in 효과를 창출한다. 또한, 마찬가지로 거시적 서사는 극의 연속성을 부여하고, 미시적 서사는 나열되어 있지만 더 짧은 호흡으로 에피소드 사이사이와 끝에 단발적인 통쾌함을 지속적으로 제공하여 흥미를 유발한다.

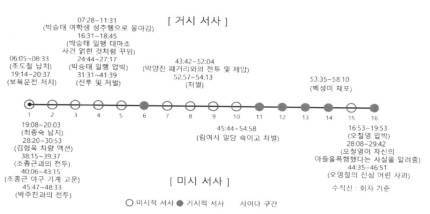

<그림 14> 드라마 <모범택시>의 사이다 구간

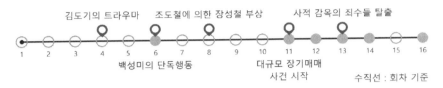

[거시 서사]

김도기의 트라우마 조도철에 의한 장성철 부상 사적 감옥의 죄수들 탈출

1 2 3 4 5 6 7 8 9 10 11 12 13 14 15 16

백성미의 단독행동 대규모 장기매매
사건 시작

수직선 : 회차 기준

[미시 서사]

○ 미시적 서사 ● 거시적 서사 ◯ 반전 구간

<그림 15> 드라마 <모범택시>의 반전 구간

〈그림 14〉는 드라마 〈모범택시〉에서 향유자가 통쾌함을 느낄 수 있는 사이다 구간을 수직선상에 표시한 것이다. 사이다 구간은 1화, 2화, 3화, 8화, 10화, 14화, 16화에서 나타나는데, 웹툰과 다른 점은 에피소드 끝이 아닌, 중간중간 다양한 크고 작은 사이다 구간이 존재한다는 것이다. 웹툰이 한 에피소드가 끝날 때 사이다를 배치하여 각각의 에피소드를 모두 향유할 동력을 제공했다면, 드라마는 조금 더 잦은 사이다의 배치로 재미를 주면서 상대적으로 짧은 호흡으로 한 회차를 향유할 동력을 제공한 것이다.

하지만, 역시 한 회차마다 많은 사이다가 등장하고 그게 반복된다면 향유자는 지루함을 느낄 것이다. 그를 방지하기 위해 드라마도 역시 〈그림 15〉와 같은 반전구간을 배치했다. 4화에서는 주인공 '김도기'가 트라우마로 고통 받는 모습, 6화에서는 낙원신용정보의 수장 '백성미'가 동맹 관계에 있는 무지개 운수와의 약속을 어기고 단독행동을 한 것, 8화에서는 탈출한 죄수 '조도철'에 의해 무지개 운수의 수장 '장성철'이 부상을 당한 것, 11화에서는 낙원신용정보의 구성원에 의해 대규모 장기매매 사건이 시작된 것, 13화에서는 무지개 운수에서 진행한 복수대행 서비스를 통해 모은 죄수들이 사적 감옥에서 모두 탈출한 것으로 반전 구간이 나타난다. 이러한 반전구간은 웹툰과는 달리 사이다 구간이 등장하는 회차에도 예외 없이 등장하며, 향유자가 사이다 구간을 통해 통쾌함과 재미를 느낄 때 상대적으로 띄엄띄엄 배치된 반전구간에서는 긴장감과 위기감을 조성하는 역할을 한다.

2. 메시지 전달에 최적화된 엔딩

1) 웹툰 <모범택시>, 통쾌함의 의도적 교란

웹툰 〈모범택시〉는 '김도기' 어머니의 죽음의 비밀을 쫓는 거시적 서사의 흑막이었던 '박주임'에 의해 '김고은'을 제외한 무지개 택시의 구성원이 제거되는 결말이다. 이는 작가 까를로스가 의도한 결말로서 실제 필자가 진행한 인터뷰에서 작가는 "처음에 그저 악을 응징하는 시원한 스토리를 쓰고 싶었습니다. 하지만 이야기를 써 나가며 점점 의문이 생겼습니다. 그럼 무지개 운수는, 김도기는, 모두 정당한가? 법을 벗어난 행위가 '정의'라고 볼 수 있는가? 그런 의문들이 필연적으로 구성원들의 새드엔딩을 이끈 것 같습니다. 그들의 해피엔딩 역시 정당하지 않다고 생각했습니다."라며 새드엔딩으로 웹툰의 결말을 설정할 수밖에 없었던 이유에 대해 말했다.

추가로, 웹툰 〈모범택시〉의 미시적 서사를 이끌어갔던 각 에피소드의 의뢰자들 역시 새드엔딩을 피해가지 못했다. 그들은 복수 이후 머무를 곳을 잃어버리거나, 자해 혹은 자살을 행하는 등 다양하지만 부정적인 결말을 맞이한다. 그렇게 무지개 택시와 의뢰자들의 의도된 새드엔딩은 '복수는 또 다른 복수를 낳는다.', '사적인 복수는 결코 정당하지 않다.'라는 메시지를 효과적으로 전달한다. 그리고 그 메시지와 함께 부정적 결말에서 느껴지는 찝찝함은 향유자가 복수담에서 느낄 수 있는 통쾌함의 온전한 전달을 방해하고, 결국 사이다 콘텐츠로서 〈모범택시〉의 매력을 반감한다.

2) 드라마 <모범택시>, 통쾌함의 극대화

드라마 〈모범택시〉는 그 엔딩을 웹툰과 다르게, 의도적으로 해피엔딩으로 설정했음을 알 수 있다. 가장 눈에 띄는 점은 무지개 운수의 구성원 중 누구 하나 죽지 않으며, 거시적 서사에 등장하는 세 집단 중 검찰과의 화합으로 '악'을 대표했던 낙원신용정보를 이기고 앞으로도 복수대행 서비스는 계속될 것이라고 암시하는 결말이다. 미시적 서사를 이끌었던 각 사건의 의뢰자들 역시 해피엔딩을 맞는다. 그들은 '김도기'를 통해 복수를 완료한 후 더 나은 삶을 영위하게 된다. 1, 2화의 '김마리아'는 자신이 학대 받던 젓갈공장의 사장으로 일하게 되었고, 3, 4화의 '박정민'은 무지개 운수가 운영하는 파랑새 재단의 장학생이 되어 앞으로의 교육비를 지원 받게 되었음을 알 수 있다. 이처럼 드라마 〈모범택시〉는 의뢰자들까지 행복한 결말을 맞이하게 하여 공권력이 해결하지 못한 피해자들의 억울함을 해소하는 것이 더 중요하고 우선시 되어야 한다는 메시지를 전달한다.

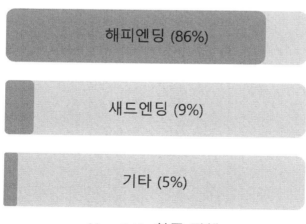

N = 148, 한중 진행
<그림 16> 선호하는 콘텐츠의 결말 유형에 관한 설문조사

그러한 메시지는 〈그림 16〉에서 알 수 있듯 대부분의 향유자가 해피엔딩을 원한다는 사실과 부합하며, 향유자가 복수담에서 느낄 수 있는 통쾌함을 온전히 전달한다. 즉, 사이다 콘텐츠로서 〈모범택시〉의 매력을 상승시킨다고 할 수 있다.

3. 저마다의 이야기를 들려주는 캐릭터

1) 공감을 위한 감정적 캐릭터 활용

웹툰 〈모범택시〉는 각 에피소드 사이에 등장인물의 과거사를 담은 Skit 에피소드를 배치하는 독특한 구조를 보인다. 총 3개의 Skit 에피소드는 각각 '채정은', '김고은', '이용운' 세 명의 무지개 택시 기사의 과거사를 보여주어 향유자에게 무지개 택시에 입사하게 된 동기를 인지시키고, 캐릭터의 서사성을 풍부하게 만든다. '채정은'은 어릴적 어머니와 본인을 성적으로 학대하고 괴롭혔던 국회의원에게 복수를 다짐하여 입사했고, '김고은'은 여동생을 묻지마 살인한 범죄자가 제대로된 처벌이 아닌 솜방망이 처벌을 받은 것에 분노하여 입사했고, '이용운'은 당시 힘없는 신인이었던 자신의 곡을 무단표절한 인기 가수에게 무력감을 느끼고 입사를 결심했다. 어머니의 죽음을 밝혀내고 범인에게 복수하겠다는 주인공 '김도기'의 개인 서사는 거시적 서사를 통해 나타난다. 이처럼 무지개 택시의 구성원들은 각자 가진 가슴 아픈 과거를 통해 향유자를 감정적으로 설득한다.

캐릭터가 자신의 서사를 내세워 향유자를 설득하는 이유는 작품 후반부로 갈수록 발생하는 딜레마 때문이다. 향유자들을 대부분 피해자가 직접 찾아와 복수를 의뢰했던 웹툰의 초반부에서는 통쾌함을 느끼지만, 후반으로 갈수록 무지개 택시의 기사들이 자발적으로 복수를 장려하는 듯한 모습이 꽤나 자주 비춰졌기 때문에 통쾌함의 감정보다는 복수의 옳고 그름 판단에 대한 딜레마에 점점 빠져들게 된다. 복수가 핵심소재인 이야기가 전개되는 〈모범택시〉에서 복수 자체의 당위성 여부를 묻는 것으로 이야기의 핵심이 바뀌어버리는 것은 향유자도 작가도 반기는 일이 아닐 것이다. 그를 방지하기 위해 캐릭터는 자신도 어떠한 사건의 피해자였기 때문에 이 복수는 옳은 것이라고 설득하는 것이다. 이때 향유자는 피해자인 동시에 무지개 택시 기사인 그들에게 감정적으로 공감하게 되며 그들을 응원하게 된다. 물론 그 공감과 응원은 앞서 말했던 미시적 서사의 의뢰자의 새드엔딩으로 인해 점점 감소되며, 거시적 서사의 새드엔딩으로 완전히 소멸된다. 그들의 복수가 향유자들에게 지지를 받으려면 완전한 통쾌함을 전달해야 하는 것이다.

2) 가치관 설득을 위한 이성적 캐릭터 활용

드라마 〈모범택시〉는 캐릭터의 과거사보다는 캐릭터의 가치관과, 그 가치관 변화를 통해 서사성을 부여한다. 그리고 그 가치관은 대사에서 드러난다.

김도기	장성철	강하나	백성미	왕민호
" 우린 범죄로 가족을 잃었어. 분노의 불꽃 속에서 평생을 살아야 한다는 이야기야 "	" 이놈 죽었다고 자네 고통이 해결되나? 자네 아직도 복수하고 싶지 않나? " "나쁜놈들이 사냥 당하면 사회를 위해서는 좋은 것 아닙니까? "	" 우리(검사)가 이런 사람을 외면하면, 누가 억울한 사람의 한을 풀어주겠느냐고요. " " 그래도 그쪽(도기) 방식은 아니죠. 당신 같은 사람들이 넘쳐났다간 세상은 무법천지가 될거야. "	" 내가 세상에서 제일 싫어하는 인간이 돈 빌려가고 죽어버리는 것들. 너랑 피 한 방울이라도 섞인 인간 있으면 끝까지 쫓아가서 받아내. "	" 백명의 범죄자를 풀어주는 한이 있더라도 단 한 명의 억울한 죄인을 만들지 말라. "

<그림 17> 드라마 〈모범택시〉의 변화 전 캐릭터 가치관을 알 수 있는 대사

김도기　　　　장성철　　　　강하나　　　　백성미　　　　왕만호

"우린 범죄로 가족을 잃었어. 분노의 불꽃 속에서 평생을 살아야 한다는 이야기야"

"복수는 상대방을 망가뜨리는 것만으로는 완성되지 않더라. 네가 너 스스로 오롯이 너 자신의 삶을 살아갈 때 그때 비로소 복수는 완성되는 거야"

"검사지만 법보다 주먹이 나을 때도 있다고 봅니다."

"인간 답지 않은 놈에게 인간적일 필요가 있나?"

"법이 완벽하지 않다는 거 알아요. 그 때문에 우리가 놓친 사람들 지켜줘서 고맙습니다."

"내가 세상에서 제일 싫어하는 인간이 돈 빌려가고 죽어버리는 것들. 너랑 피 한 방울이라도 섞인 인간 있으면 끝까지 쫓아가서 받아내."

"백명의 범죄자를 풀어주는 한이 있더라도 단 한 명의 억울한 죄인을 만들지 말라."

복수 대행 서비스의 부작용에 영향을 받음

김도기에게 영향을 받음

<그림 18> 드라마 <모범택시>의 변화 후 캐릭터 가치관을 알 수 있는 대사

〈그림 17〉은 초반부에서 캐릭터가 가진 가치관이 드러나는 대사를 정리한 것이고, 〈그림 18〉은 후반부에서 변화한 가치관이 드러나는 대사를 정리한 것이다. 가치관의 변화를 겪은 것은 무지개 운수의 수장인 '장성철'과 검찰에서 무지개 운수 수사를 담당한 '강하나'이다. '장성철'은 초반부에 "이놈 죽었다고 자네 고통이 해결되나? 자네 아직도 복수하고 싶지 않은가?", "나쁜 놈들이 사냥당하면 사회를 위해서는 좋은 것 아닙니까?"라며 합법이든 불법이든 범죄자에게 복수를 하는 것은 정당한 일이라는 가치관을 가졌다. 하지만 후반부에서 복수 대행 서비스의 부작용을 눈으로 확인하고는 "복수는 상대방을 망가뜨리는 것만으로 완성되지 않더라. 네가 너 스스로 오롯이 너 자신의 삶을 살아갈 때 그때 비로소 복수는 완성되는 거야."라며 남을 해치는 것보다 온전한 자신의 삶을 아무렇지 않게 살아갈 때 진정한 복수를 하는 것이라는 변화된 가치관을 가졌다. '강하나'는 초반부에 "우리(검사)가 이런 사람을 외면하면, 누가 억울한 사람의 한을 풀어주겠느냐고요.", "그래도 그쪽(김도기) 방식은 아니죠. 당신 같은 사람들이 넘쳐났다간 세상은 무법천지가 될거야."라며 불법을 전제로 한 복수 대행 서비스에 대해 절대 반대하는 가치관을 가지고 있었다. 하지만 정의를

주제로 한 '김도기'와의 수차례 대화와 자신의 동료 '왕민호'의 죽음으로 피해자들의 심정에 공감하게 되면서 "검사지만 법보다 주먹이 나을 때도 있다고 봅니다.", "인간답지 않은 놈에게 인간적일 필요가 있나?", "법이 완벽하지 않다는 거 알아요, 그 때문에 우리가 놓친 사람들 지켜줘서 고맙습니다."라며 때로는 법이 해결해주지 못한 이들을 구제할 사적 복수 및 처벌이 필요하다는 가치관을 가지게 되었다.

가치관이 변화하지 않은 '김도기'는 "우린 범죄로 가족을 잃었어. 분노의 불꽃 속에서 평생을 살아야 한다는 이야기야."라며 피해자들의 아픔은 쉽사리 공감할 수 없고, 그렇기에 복수는 필요하다라는 가치관을 고수한다. '백성미'는 "내가 세상에서 제일 싫어하는 인간이 돈 빌려가고 죽어버리는 것. 너랑 피 한 방울이라도 섞인 인간 있으면 끝까지 쫓아가서 받아내."라며 돈을 생명보다 중요시 여기는 가치관을, '왕민호'는 "백 명의 범죄자를 풀어주는 한이 있더라도 단 한 명의 억울한 죄인을 만들지 말라."라며 무죄추정의 원칙을 따르는 가치관을 고수하는 모습을 볼 수 있다.

이렇게 캐릭터별로 뚜렷하게 구분되는 가치관은 서로 향유자를 설득하기 바쁘다. 특히 무지개 운수, 검찰, 낙원신용정보 이렇게 크게 세 편으로 나뉘는 캐릭터는 〈그림 17〉, 〈그림 18〉과 같이 대사를 통해 향유자를 이성적으로 설득한다. 정의관을 둘러싼 갈등에서 각자가 왜 자신이 정의로운지에 대해 명확한 근거를 제시하고 있다. 무지개 운수는 법이 처리하지 못한 나쁜 놈들을 직접 처리한다는 이유, 검찰은 법의 울타리 안에 있어야 세상이 어지럽지 않다는 이유, 낙원신용정보는 돈이라는 실리만 보장된다면 뭐든 상관 없다는 이유로 말이다. 이때 향유자는 세 집단의 이성적 설득에 각자 자신이 추구하는 가치관과 비슷한 집단을 선택하게 된다. 물론 뒤에서 말할 관계도 변화로 인해 선과 악이 명확히 구분되기 전까지 말이다.

4. 논쟁의 여지를 열어놓는 캐릭터 구도

1) 선악의 경계를 흐리는 내부적 변화

웹툰 〈모범택시〉는 무지개 택시라는 한 집단만 등장하기 때문에 캐릭터의 갈등이 내부적으로 나타난다.

<그림 19> 웹툰 〈모범택시〉의 초반부 캐릭터 구도

<그림 20> 웹툰 〈모범택시〉의 후반부 인물 관계도

〈그림 19〉는 갈등을 기준으로 초반부 인물 관계를 시각화한 것이다. 이때 갈

등은 무지개 택시 전원과 전 무지개 택시의 구성원이었지만 지금은 개인적으로 업무를 진행하는 기사 '오태영' 사이에서 갈등이 일어났다. '오태영'이 '김도기'의 어머니를 죽인 범인이었고, 그 사실을 알고 공격하는 '김도기' 역시 거의 죽음 직전으로 몰고 갔기 때문이다.

〈그림 20〉은 갈등을 기준으로 후반부 인물 관계를 시각화한 것이다. 이때 갈등은 '오태영'과 자신의 어머니의 복수를 위해 그를 처단할 생각으로 무지개택시를 그만둔 '김도기', 그런 '김도기'를 죽이기 위해 택시 기사들을 동원하는 '박주임', 마지막으로 '박주임'의 명령에도 쉽사리 '김도기'를 죽일 수 없는 무지개 택시의 기사지만 '김도기'의 친구들이기도 한 '이사', '채정은', '이용운', '김고은'으로 나타난다. 갈등이 이렇게 세분화된 이유는 '김도기'의 어머니 역시 '박주임'의 복수 때문에 살해되었기 때문이다.

웹툰 초반부는 〈그림 19〉와 같이 선과 악이 뚜렷한 상태였지만, 후반부로 갈수록 갈등의 양상은 〈그림 20〉으로 변화하고 이는 곧 선과 악의 경계선을 흐리게 만들었다. 선과 악이 뚜렷하다면 작품에서 나타난 정의에 대한 물음에 명확히 답을 할 수 있겠지만, 선과 악이 모호하다면 정의에 대한 판단 역시 모호해지며, 작품에서 나타난 물음에 명확한 답을 할 수 없다. 심지어 선악의 경계가 흐려진 것은 '김도기' 어머니의 죽음의 비밀이 복수였음을 깨달은 뒤이므로, 대부분의 향유자는 과연 누가 정의를 대변하는 캐릭터인지에 대해 알 수 없는 상태로 빠지게 된다.

2) 선악을 선명히 하는 외부적 변화

드라마 〈모범택시〉는 무지개 운수, 검찰, 낙원신용정보 세 집단 간의 갈등이 주를 이루기 때문에 캐릭터의 갈등은 외부적 세력 관계도의 변화를 통해 변화하게 된다.

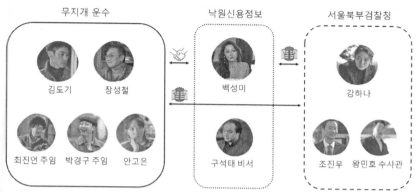

<그림 21> 드라마 <모범택시>의 초반부 세력 관계도

　〈그림 21〉은 갈등을 기준으로 초반부 세력 관계를 시각화한 것이다. 이때 갈등은 복수 대행 서비스를 제공하는 무지개 운수와 복수 대행에 필요한 감옥을 제공하는 낙원신용정보가 한 편으로, 두 집단이 법에 어긋난 행동을 한다고 생각해 수사를 진행하는 서울북부검찰청과의 마찰을 빚는다.

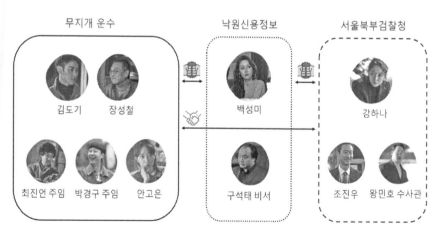

<그림 22> 드라마 <모범택시>의 후반부 세력 관계도

〈그림 22〉는 갈등을 기준으로 후반부 세력 관계를 시각화한 것이다. 이때 갈등은 복수 대행 서비스를 제공하는 무지개 운수와 이에 동의하여 이들을 법으로부터 도피시키는 서울북부검찰청이 한 편으로, 무지개 운수를 배신하고 사적 감옥의 죄수들을 이용해 모두를 제거하려고 했던 낙원신용정보와 마찰을 빚는다.

드라마 초반부는 〈그림 21〉과 같이 선과 악이 모호한 상태였다. 향유자들은 복수 대행 서비스를 제공하는 무지개 운수에게도 공감하고, 법의 테두리 안에서 억울함을 해소해야 한다는 검찰에게도 공감할 것이기 때문이다. 그런 상태에서 후반부로 이야기를 전개할수록 갈등의 양상은 〈그림 22〉로 변화하고 이는 곧 선과 악을 뚜렷하게 구분해준다. 충분한 공감과 지지의 여지가 있는 무지개 운수와 검찰을 한 편에 세움으로써, 향유자는 응원해야 할 명확한 집단이 생기고 공권력의 지지를 받으며 불법이지만 복수 대행 서비스를 제공하는 무지개 운수를 '다크 히어로'로 여기게 된다.

5. 서로 다른 목적의 사회적 맥락

1) 담백한 복수로 타파하는 현실의 답답함

웹툰 〈모범택시〉는 단순히 악인을 처벌하고 이를 통해 쾌감을 느끼게 한다는 원리에 기반한다. 실제 작가는 "모범택시를 만들고 연재하던 것이 벌써 7~8년 전 일이네요. 정확히 기억은 나지 않지만, 당시 저는 몇몇 사건을 보며 세상이 정의로운가에 대한 의문에 휩싸여 있었습니다."라며 작품의 시작이 '세상이 정의로운가?'라는 의문이었음을 알려준다.

Ep 9-8. From. Fans
이윤미를 죽이려는
전상현을 제압하는 장면

Ep 11-8. 약한 남자
나타샤를 납치하고 감금한
이선홍을 압박하는 장면

Ep 4-6. PAY, BACK
재욱을 죽음으로 이끈
이혜린을 고문하는 장면

<그림 23> 웹툰의 복수 장면 중 일부

〈그림 23〉 불합리한 현실과는 달리 재력, 지위, 유명세와는 상관없이 행해지는 복수는 그 자체로 담백한 대리만족의 기회를 제공한다.

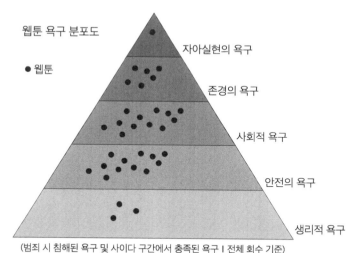

(범죄 시 침해된 욕구 및 사이다 구간에서 충족된 욕구 I 전체 회수 기준)

<그림 24> 웹툰 <모범택시>에서 나타난 욕구 분포도(*좌우 편향 관계없음)

본고에서는 〈모범택시〉의 핵심 소재인 '복수'에 대한 동기를 단순한 억울함

이 아닌 다른 시각에서도 바라보고자 하였다. 그리고 〈그림 24〉처럼 매슬로우 욕구 5단계 이론[4]을 통해 새로운 해석을 할 수 있었다. 매슬로우 욕구 5단계에 의하면 인간은 자아실현, 존경, 사회, 안전, 생리 총 다섯 가지 욕구를 가지고 있다. 필자는 억울함 외에 또 다른 복수동기를 이러한 욕구가 충족되는 것을 방해하여, 욕구 결핍의 상황을 만든 것을 제거하기 위함이라고 생각했다. 〈그림 24〉는 매슬로우 욕구 5단계에 근거하여 각 에피소드에서 복수를 통해 충족시킨 결핍된 욕구[5]를 찍은 분포도이다. 사회적 욕구와 안전의 욕구, 두 욕구에 집중되어 대리만족의 쾌감을 전달하고 있음을 알 수 있다.

이처럼 좁은 범위 내에서 담백한 복수를 통해 쾌감을 전달하고 있는 웹툰 〈모범택시〉와 사회의 연결성은 사회에서 불가능한 것을 콘텐츠 내에서 가능하게 한다는 것 외에는 거의 없다고 볼 수 있다.

2) 다양한 방식으로 건네는 사회적 위로

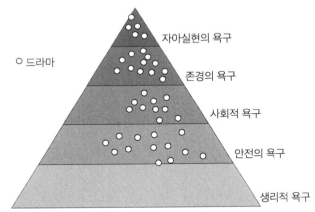

(범죄 시 침해된 욕구 및 사이다 구간에서 충족된 욕구 I 전체 회수 기준)

〈그림 25〉 드라마 〈모범택시〉에서 나타난 욕구 분포도(*좌우 편향 관계없음)

4　사람은 누구나 다섯 가지 욕구를 가지고 태어나는데 이들 다섯 가지 욕구에는 우선순위가 있어서 단계가 구분된다는 이론이다.

5　각 에피소드는 여러 개의 욕구가 동시다발적으로 나타난다. 찍힌 점의 개수는 에피소드의 개수와 비례하지 않는다.

〈그림 25〉는 매슬로우 욕구 5단계에 근거하여 각 사건별로 복수를 통해 충족시킨 결핍된 욕구를 찍은 분포도이다. 드라마에서는 존경의 욕구와 자아실현의 욕구까지 점이 골고루 찍혀있는 모습을 확인할 수 있다. 더 넓은 범위에서 다양한 유형의 통쾌함을 전달하고 있는 것이다.

<표 1> 드라마 <모범택시> 각 사건별 실제 사건

회차	1~2	3~4	5~8	9~10	11~14	15~16
에피소드별 의뢰 사건 사고	젓갈 공장 노예 사건	세정고등학교 학교폭력 사건	유데이터 직원 폭행 사건 불법 동영상 유포 사건	보이스피싱 사태	고동희 실종 사건 대규모 불법 장기매매 사건	오철영 연쇄 살인 사건 주식회사 영길 살인사건
실제 사건사고	신안 염전 노예 사건	(전반적) 학교폭력	위디스크 양진호 사장	(전반적) 보이스피싱	김명철 실종 사건 (전반적) 장기매매	유영철 여대생 청부 살인 사건

그런 다양한 욕구는 〈표 1〉에서 볼 수 있는 사건을 통해 나타난다. 그 사건들은 대한민국 사람이라면 누구나 연상할 수 있는 모두에게 충격을 안겨주었던 실화를 기반으로 제작되어 실제 사회와 연결성을 가지고, 콘텐츠 내에서 행하는 복수는 실제 사건에 대한 위로 혹은 경각심 유지로 이어진다.

<표 2> 드라마 <모범택시>의 회차별 엔딩 카피

회차	각 회차별 엔딩 카피
3	어리다고 죄의 무게가 가벼워지지 않습니다. 누가 던졌건 가라앉는 건 마찬가지니까.
4	누구에겐 학창 시절의 작은 이야기일 수 있지만, 다른 누군가에겐 죽고 사는 문제일 수 있으니까.
5	행동은 대나무처럼 하시더라도 마음은 풀처럼 다시 일어나십시오. 버티세요. 부러지지 마세요.
6	법원권근. 법은 멀고 권력은 가깝다. 법은 멀고 주먹은 가깝다.

7	이제야 그때의 행동들이 무슨 뜻이었는지 조금은 알 것 같아요. 때 이른 작별 인사였다는 걸.
8	너 여기만 광산인 것 같지? 나한테 50원, 100원 내고 다운로드 받아가는 그 개새끼들이 다 내 광산이야!
9	현금 수거 알바, 채권 추심 알바를 가장한 보이스 피싱 현금 수거책 모집에 유의하세요. 보이스 피싱 사기 공법으로 처벌받을 수 있습니다.
10	경찰, 검찰, 금융감독원은 전화로 현금 전달, 기프트카드 핀번호, 개인 정보를 요구하지 않습니다. 일단 전화를 끊고, 긴급 신고 112
11	초법이라고 깎고, 심신미약이라고 깎고, 반성한다고 깎고 근데 그거 알아요? 피해진 그딴 거 신경도 안 써.
12	무죄 추정의 원칙. 백 명의 죄인을 놓치더라도 한 사람의 무고한 사람을 처벌하지 말라. 인간적이잖아요. 한 사람에게도.
13	눈에는 눈, 이에는 이. 복수는 복수로 돌아온다.
14	우린 범죄로 가족을 잃었어. 분노의 불꽃 속에서 평생을 살아야 한단 얘기야.
15	다 잃었는데…아무 벌도 안 받는다는게 말이 됩니까? 공소시효가 사람보다 중요해요?
16	거기 혼자 있는 거 아니죠? 혼자 있지 말아요. 지금 아프잖아요

<그림 26> 엔딩카피 사례

또한 〈표 2〉, 〈그림 26〉과 같이 각 회마다 끝에 엔딩 카피를 넣어 판타지에 머무르지 않고 현실과 해당 회차의 내용이 이어지도록 하여, 향유자들로 하여금 〈모범택시〉를 공익을 지키고 사회의 안전성을 증가시키는 긍정적인 역할의 콘

텐츠로 인식되게 한다.

　이처럼 넓은 범위의 욕구를 충족시킴과 동시에, 실제 사건을 기반으로 한 에 피소드와 제 4의 벽을 허물고 향유자들에게 다양한 범죄에 대한 경각심을 심어 주는 엔딩카피는 드라마 〈모범택시〉와 사회의 연결성을 강화하고 있다.

6. 매체 특성을 고려한 표현방식

1) 스릴러 성격을 강화하는 노골적 묘사

　웹툰 〈모범택시〉는 네이버 웹툰과 시리즈에서 성인인증 후 향유할 수 있으 며, 향유할 때에는 보통 스마트폰과 같은 디바이스를 사용한다. 즉, 보다 개인적 이고 폐쇄적인 특징을 가진 미디어로 향유가 이루어진다고 말할 수 있다.

<그림 27> 웹툰 〈모범택시〉의 자극적인 표현법

웹툰이 그러한 특성을 가졌기 때문에, 작가는 과감히 청소년 관람 불가 등급을 단 채로 스토리를 생산하였고, 〈그림 27〉처럼 말하고 싶은 메시지와 이야기를 그대로 향유자에게 전달하려 노력했다. 그 노력은 전반적인 작품에서 끊임없이 드러난다. 기본적으로 종스크롤 포맷인 〈모범택시〉는 네이버 웹툰에서 기본 제공하는 흰 배경에 컷을 배열하는 방식이 아닌, 〈그림 27〉과 같이 흰 배경 위에 한 번 더 배경이 될 프레임을 제작해 배치하고 그 위에 컷을 배열했다. 그리고 배경 프레임에 어두운 색을 칠함으로써 작품을 읽는 동안 어두운 분위기가 일관 되게 전달되도록 했다. 웹툰의 톤앤매너를 유지시켜 향유자의 몰입도를 향상시킨 것이다. 이를 포함한 다양한 표현법이 웹툰의 장르인 스릴러물의 성격이 잘 드러나도록 구성되어 있다.

2) 범죄오락 성격을 강화하는 시청각적 요소

드라마 〈모범택시〉는 OTT 플랫폼인 Wavve와 SBS에서 동시방영 되었으며, 방영 당시 향유할 때에는 TV, 노트북, 스마트폰과 같은 디바이스를 사용한다. 웹툰과 같이 개인 전자 기기를 포함하지만, '드라마'라는 점에서 보다 대중적이고 개방적인 특징을 가진 미디어로 향유가 이루어진다고 말할 수 있다.

<표 3> 드라마 <모범택시>의 OST 목록

파트	Part 1	Part 2	Part 3	Part 4	Part 5	Part 6	Part 7
발매일	2021. 04.16.	2021. 04.23.	2021. 04.30.	2021. 05.04.	2021. 05.04.	2021. 05.22.	2021. 05.29.
곡명	SILENCE	우울한 편지	산책	All Day	RUN AWAY	달빛	Way Home
아티스트	YB	곽진언	표예진	차지연	사이먼 도미닉	Sanha	

삽입 구간	4회 38:40-40:30 6회 0:35-2:30 7회 33:39-35:37 13회 25:46-27:20 16회 51:37-54:55	11회 67:00-69:00	4회 47:10-49:20 5회 25:24-27:50 7회 1:05-2:45 16회 39:50-43:10	8회 43:15-45:30 9회 03:11-06:08 14회 21:17-23:08	16회 43:13-44:01	-	3회 0:10-1:30 4회 54:40-55:20 5회 0:10-1:55 5회 0:10-1:55

특히 그림과 텍스트 위주의 웹툰에서, 다양한 시청각적 요소가 결합된 드라마로의 전환은 드라마 〈모범택시〉의 장르인 범죄오락물의 성격을 강화한다. 〈표 3〉은 드라마 〈모범택시〉의 OST를 정리한 것이다. 락 장르인 YB의 'SILENCE'와 차지연의 'All Day'는 4회, 6회, 7회, 8회, 9회, 13회, 14회, 16회의 사건 해결 씬에서 사용되어 추격씬과 액션씬에서 향유자로 하여금 더 긴장하고 재미를 느끼게 만든다. 어쿠스틱 발라드 장르인 표예진의 '산책'은 4회, 5회, 7회, 16회의 감성적인 장면에서 사용되어 향유자로 하여금 장면에 공감하게 한다.

한국일보　'모범택시' 이영애, 의뢰 영상 목소리 특별 출연…역대급 존재감 …

<그림 28> 드라마 〈모범택시〉에서의 픽셀 그래픽과 이영애 나레이션

또한, 범죄오락물의 성격을 강화시키는 요소로 픽셀 그래픽과 배우 이영애의 나레이션이 등장한다. 픽셀 그래픽[6]은 각 사건에 대한 복수 대행 서비스가 시작되기 전 의뢰자들이 복수를 의뢰하는 과정에서 등장한다. 범죄오락물로 전환 시 장르가 바뀌었지만 여전히 범죄, 액션, 스릴러물의 성격을 띄는 장면이 많은 드라마에서 과거 오락기 속 게임을 연상시키는 친숙하고 반가운 픽셀 그래픽은 향유자의 관심을 끌 수 있는 요소라고 할 수 있다. 더하여 같은 복수 소재를 다루는 〈친절한 금자씨〉에 출연한 배우 이영애의 목소리를 픽셀 그래픽 장면의 나레이터로 활용하여 두 작품을 모두 접한 향유자에게는 흥미로운 상호텍스트성을, 〈모범택시〉만 접한 향유자에게는 배우 이영애라는 명성을 이용해 마찬가지로 관심을 끌었다고 볼 수 있다.

이솜	이제훈	표예진	김의성
드라마에서 보기 드문 배우	팬덤 존재	기존 배우의 학교폭력 이슈로 교체	모두 악인이라고 예상하는 캐릭터
이전 드라마에서 털털하고, 할말은 하는 캐릭터	대표작 시그널로 굳어진 형사/정의실현/신념 캐릭터	순진한 캐릭터의 범죄/액션/스릴러 데뷔	하지만 강한 신념으로 자신만의 정의 고수
이상적 공권력, 그중에서도 과격한 검사 이미지 부합	소재 및 배역에 부합		

〈그림 29〉 드라마 〈모범택시〉의 배우 캐스팅 (1)

---

6   디지털 화상을 구성하는 단위인 사각형의 픽셀(pixel; 화소)에 최소한의 색을 배열하여 그림을 그리는 디지털 아트의 한 갈래, 또는 그렇게 만들어진 작품을 칭한다.

장혁진	배유람	차지연	이호철
누구나 인정하는 명품 감초 조연 캐릭터	누구나 인정하는 명품 감초 조연 캐릭터	드라마에서 보기 드문 배우	누구나 인정하는 명품 조연 캐릭터
코미디 장르에서 익숙한 얼굴로 덜어주는 텍스트의 무게감	코미디 장르에서 익숙한 얼굴로 덜어주는 텍스트의 무게감	입소문이나 유튜브 콘텐츠로 믿고 보는 이라는 수식어가 붙는 입증된 캐릭터	건달, 사채업자에 부합

<그림 30> 드라마 <모범택시>의 배우 캐스팅 (2)

드라마 〈모범택시〉의 배우 캐스팅 역시 지나칠 수 없다. 주연으로 이제훈, 이솜, 김의성, 표예진, 차지연을 캐스팅하여 화제가 되었는데, 특히 배우 이제훈은 대표작 〈시그널〉로 굳어진 형사, 정의실현을 하는, 신념을 가진 캐릭터라는 이미지가 〈모범택시〉를 향유하는 데에 있어 굉장히 도움이 된다. 또한, 배우 김의성은 이전에 출연한 콘텐츠 대부분에서 악인을 맡았기 때문에, 〈모범택시〉에서도 역시 악인을 맡을 것이라 예상했지만 처음부터 끝까지 강한 신념을 가지고 피해자들을 보호하는 데에 힘을 쓰는 캐릭터였기 때문에 향유자들의 예상을 빗나가는 재미를 주었다.

또한, 극중 배우 이제훈이 사건을 해결하려 여러 곳에 잠입하는 과정에서 보이는 우스꽝스러우면서도 치밀한 연기는 요즘 향유자들 사이에서 붐이 일고 있는 '부캐 열풍'에도 적합하며 몰입을 깨지 않으면서도 적당한 웃음을 주는, 마찬가지로 범죄오락물의 성격을 강화하는 요소라고 볼 수 있다.

이처럼 미디어에 적합한 다양한 표현법으로 이루어진 드라마 〈모범택시〉는 범죄오락물의 성격을 강화하며 향유자들로 하여금 풍부한 자극을 느끼게 하여 몰입도를 향상시킨다.

IV. <모범택시>의 전환전략

1. 차별성의 강화

1) 지향점이 다른 사이다

웹툰과 드라마 모두 〈모범택시〉 IP의 근본적인 가치, 사이다를 담고 있음은 분명하다. 두 작품 모두 향유자의 욕구를 충족시키며 통쾌함을 전달한다. 그러나 작품 내에서 다루는 사이다의 양상은 사뭇 다르다.

웹툰의 경우 장애요소의 수가 많아 불완전한 통쾌함을 확인할 수 있다. 웹툰 〈모범택시〉에서는 의뢰인이 머물 곳을 잃어버리거나, 자살하는 등 부정적인 결말을 맞이하는 경우가 다수 있다.

<표 4> 웹툰 에피소드별 엔딩

에피소드	주요 미시 서사	가해자 및 의뢰인/피해자의 결말
Ep. 1	군대 내 폭력 및 연인 강간 사건	가해자 생존, 의뢰인 안구 손실, 피해자는 가해자와 생활
Ep. 2	불법촬영물 사건	가해자 처벌, 피해자 분신자살
Ep. 3	미성년자 납치 및 성매매 사건	가해자 처벌, 거리로 내몰린 피해자
Ep. 4	임용 사기 사건	가해자 처벌, 의뢰인 자살, 피해자 장기적출
Ep. 5	동네 강간/폭행/살인 사건	가해자 처벌, 의뢰인 그대로 생활
Ep. 6	염산테러 사건	가해자 처벌, 가해자를 사랑하는 피해자
Ep. 7	장기매매 사건	가해자 사망, 의뢰인 그대로 생활
Ep. 8	임산부 거래 사건	가해자 처벌, 피해자 향후 행적 불명
Ep. 9	스토커와 살인 교사 사건	가해자 자살, 피해자 자살
Ep. 10	형제 살인 및 강간 사건	가해자 처벌, 피해자 사망, 의뢰인 및 생존한 피해자 향후 행적 불명
Ep. 11	해외 아동 감금 및 성폭행 사건	가해자 사망, 피해자 향후 행적 불명
Ep. 12	오태영 사건	가해자 사망, 가해자가 된 피해자
RE:CALL	김도기의 복수	가해자 생존, 김고은을 제외한 무지개 택시 전원 사망

Ep. 5의 주민과 Ep. 7의 김평주를 제외하고 의뢰인이나 피해자의 추후 행보를 보여주지 않으며, 앞에 든 예외 또한 서사를 부각시키는 장치로만 활용되었다는 점을 확인할 수 있다. Ep. 5의 주민은 정의와 부조리 사이에 위치한 주인공 김도기의 역할을 부각시키는 일회성 장면에 등장하고, Ep. 7의 김평주는 김도기의 원수인 오태영 추적의 실마리를 제공하는 인물로 보여질 뿐이다. 그렇기에 향유자는 의뢰인의 삶이 나아졌는지 알 수 없고, 도리어 눈이 파내어지거나(Ep. 1 BRAVE MAN) 죽음을 맞는 등(Ep. 2 좋아요/Ep. 4 PAY, BACK/Ep. 9 From. fans) 부정적인 결말을 맞이한다는 점만을 알 수 있다. 이는 미시 서사의 피해자나 의뢰인들뿐 아니라 주요 인물에게까지 이어져, 김고은과 박주임을 제외한 무지개 택시기사들이 전멸하는 엔딩을 만들어냈다. 이러한 유형의 사이다는 결과적으로 불쾌감을 잔존시키며 현실감을 높인다. 그 과정에서 설문조사를 토대로 작성한 향유자 페르소나 A와 B는, 피해자와 주인공의 새드엔딩을 납득하지 않거나 비판할 수 있다. 이러한 면에서 생산적 소란이 일어난다는 점 자체는 긍정적으로 여겨지나, 자칫 향유자의 이탈로 이어질 수 있는 위험이 있다.

반면 드라마 〈모범택시〉는 부정적 반응을 줄이는 쪽으로 전환하여, 비교적 완전한 통쾌함을 전달한다. 드라마에서 의뢰인은 대개 행복해지거나 위로를 받는다. 1, 2화에서 미시 서사로 등장한 젓갈공장 사건의 김마리아, 3, 4화 세정고 학교폭력 사건의 박정민 등은 사건이 해결된 이후에도 파랑새 재단의 지원을 받으며 안정된 생활을 이어간다는 사실을 확인할 수 있다. 에필로그 등을 통해 전달되는 피해자나 의뢰인의 뒷이야기는, 선한 이미지를 강화함과 동시에 향유자들이 안심할 만큼의 정보를 제공한다. 무지개 운수의 주요 인물들 또한 단 한 사람의 낙오자도 없이 모두 살아남으면서, 예상할 수 있는 불안함을 제거한다. 여기에서 오는 깔끔한 사이다는 비교적 이상적이고 희망적인 메시지를 전달하며, 다크히어로물에서 향유자가 기대하는 통쾌함을 충분히 드러낸다.

이러한 유형의 진행과 결말은 모두가 수용할 수 있는 종류로, 향유자 페르소나 C와 D는 긍정적인 반응을 보이나 논의의 여지를 차단할 수 있다는 단점이 존재한다. 따라서 추후 확장에서는 논란을 종결시키지 않게 주의하며, 통쾌함의 장애 요소를 최소화하는 전략을 사용해야 한다.

2) 현실과 이상 사이, 결말의 반전

서사 면에서 특히 주목해야 할 것은 결말의 차이다. 결말의 메시지가 같은 IP를 활용하고 있음에도 불구하고 웹툰과 드라마의 결말은 전혀 다른 양상을 보인다.

원작 웹툰에서는 실제 사회의 심각성을 부각시키기 위해 새드엔딩을 이용했다. 구체적으로는 주인공 김도기를 비롯한 무지개 택시기사 대부분이 죽고, 대립인물 박주임이 살아남으며 이야기를 마무리한다. 작가 인터뷰에 따르면 판타지적인 청량감을 벗어나 결말에서는 다시금 현실을 보여주려는 의도에서 결정된 사항이다. 그래서인지 웹툰의 결말부는 여전히 심각한 현실의 사회 정의에 대한 의문을 마지막으로 제기한다. 또한 등장인물들의 비극적 서사가 기억에 남는 새드엔딩의 미학이 웹툰에도 적용되어 향유자들에게 여운을 남긴다. 드라마를 먼저 접한 향유자 페르소나 A는 새로이 진입한 향유자 B보다 해피엔딩에 대한 기대치가 높기에, 이에 대해 상당히 부정적으로 반응할 수 있다. 반면 새로이 IP에 접근한 페르소나 B는 등장인물의 비극적 결말에 비판적인 입장을 내보이면서도, 다른 한편으로 현실적인 결말을 수긍하는 태도를 보일 수 있다. 웹툰이 내린 결말은 향유자에게 충격을 주고, 작품을 더 오래 기억하게 유도할 수 있다. 물론 주인공 김도기의 작품 내 행보를 부정하는 결말은 인물에게 감정적으로 동조하던 향유자에게 실망감을 줄 수 있다. 그렇기에 추후 확장에서는 향유자가 원하는 결말을 반영하거나, 결말 외의 요소로 메시지를 전달하며 장점만을 강화하는 전략이 필요하다.

〈모범택시〉 드라마는 해피엔딩을 통해 이상적인 다크히어로를 완성했다. 주요 인물 중 누구도 죽음을 맞거나 불이익을 받지 않고, 악으로 대표되는 인물들은 정당한 처벌을 받는다. 정의 집단을 대변하는 주인공의 동료들이 다시 모이는 장면을 연출하여 다음 에피소드로의 확장을 염두에 두게 하여 기대감을 주기도 한다. 그 때문에 결말부에서는 억울함을 온전히 청산하고, 이상적인 모습을 강조하여 깔끔한 만족감이 극대화된다. 현실에서 느끼기 힘든 행복감을 준 작품으로 기억될 가능성이 상대적으로 높다. 웹툰을 먼저 접한 향유자 C의 경우, 웹툰의 결말을 선호했다면 현실성이 떨어지는 이야기로 받아들일 수 있다. 그 외의 향유자 C와 신규 향유자 D는 등장인물과 유대감을 형성했기에 긍정적인 엔딩에 만족감을 느낀다. 이러한 결말은 기존 웹툰에서 느끼지 못했던 만족감을 추가시키고, 〈모범택시〉 스토리 월드에서의 이탈을 최소화할 수 있다는 면에서 긍정적이다. 그러나 작품성 면에서는 자칫 상투적이라 여겨질 수 있고, 사적 복수에 대한 심각성 등 문제의식이 흐려지는 경향이 있어 주의해야 한다.

3) 갈등에 따른 캐릭터 관계 변화

서사 진행 면에 있어, 인물 간 갈등구조는 웹툰과 드라마 등 서사 위주의 텍스트에 중요한 지분을 차지한다. 〈모범택시〉의 거시 서사에서도 인물 사이의 관계는 중요하게 작용하는데, 그 형식이 작품에 따라 상당한 차이를 보인다.

웹툰의 경우 전체 스토리 내 인물 갈등은 무지개 택시 내부에서 진행되며, 그에 맞게 복수 대행 서비스의 규모도 충분히 크다. 주요 인물인 김도기, 채정은, 김고은, 이용운, 박주임, 한준 외에도 택시 회사에서 근무하는 기사 모두가 복수 서비스 RE:CALL 시스템의 한 축을 담당하고 있다. 거대한 회사와 주인공의 대립을 위해 목적을 복수로 두고 넓은 범위에서 좁은 범위로, 무지개 택시 내부로 복수 대상을 좁혀나가는 갈등구조를 사용했다. 작품 후반, SEASON3에 이르러서는 이러한 수직적 갈등이 두드러지게 드러나며, 인물들의 여러 면모를 확인할 수 있다.

<표 5> 주인공 (김도기) 지지도 변화

인물	세부 내용	지지도 변화
김고은	김도기 정보 은닉 - 회사에 동조 - 김도기에게 협력	지지 - 대립 - 지지
채정은	김도기 생존을 위해 활동	지지
이용운	회사에 대한 부정적인 입장 - 김도기에 대한 분노	지지 - 대립

해당 진행은 〈모범택시〉의 서사성을 강화하고 선악의 구분을 모호하게 만들어, 무지개 택시가 행하는 정의에 근본적인 의문을 가지게 만든다. 정의관에 대한 사회적 담론을 불러일으키는 것은 분명한 장점이나, 드라마 속 집단 간의 갈등에 익숙해진 향유자 A는 규모나 진행 면에서 단조롭다고 느낄 수 있다. 한편으로 웹툰을 먼저 접한 향유자 B는 김도기와 회사 사이에서 고민하는 인물과 갈등에서 재미를 느끼기 쉽다. 향유자의 반응을 고려했을 때, 해당 구조를 가져오고 싶다면 부족한 외부 갈등을 인물들의 다채로운 관계로 보완하는 전략이 필요할 것으로 보인다.

반대로 드라마에서는 무지개 운수, 낙원신용정보, 검찰의 갈등구조가 돋보인다. 해당 관계도는 집단 대 개인이 아닌 집단 간의 수평적 갈등구조라는 면에서 웹툰 〈모범택시〉에 비해 대립과 협력의 규모가 확대되었다고 평가할 수 있다. 무지개 운수 자체의 규모는 축소되어 비밀스러운 복수 대행 조직의 면모를 강화하며, 외부 갈등 위주로 진행되기에 같은 집단의 가치관 및 정체성이 확고하다. 드라마 내에서는 각 집단의 주요 인물이 대표하는 가치관의 대립이 주를 이루고, 이는 곧 향유자가 지지할 수 있는 세 가지 선택지가 된다. 명확히 제시된 가치관은 사회적 담론의 여지를 줄이는 대신 선악을 뚜렷이 구분하는 효과를 가져온다. 그리하여 권선징악에서 오는 쾌감을 극대화시켰으므로, 기존 향유자 C와 신규 향유자 D 모두에게서 긍정적인 평가가 예상된다. 캐릭터 관계도와 갈등구조는 드라마가 효과적으로 전환한 부분 중 하나라고 볼 수 있으며, 원작 웹툰과 다른 재미를 추가한 핵심 전략 중 하나로 판단된다.

4) 미디어의 특성에 따른 소통법 변화

미디어가 달라짐에 따라, IP의 표현 방식에도 변화가 생길 수밖에 없다. 〈모범택시〉는 그런 변화를 잘 적용한 대표적인 작품으로, 웹툰과 드라마는 각각 다른 방식을 이용해 향유자에게 대화를 걸고 있다.

웹툰 〈모범택시〉는 그림과 글만으로 모든 내용을 전달하며, 유료 성인 웹툰인 만큼 개인적이라는 특징을 가진다. 특히 작품으로의 접근이 한정되어 있다는 측면에서, 웹툰은 주어진 조건을 잘 살려 선정적인 표현을 가감 없이 이용했다. 거친 선을 이용하여 복수 장면을 그대로 드러내어 느껴지는 담백한 복수의 쾌감은 나노화된 취향을 공략하기에 적합하다. 드라마에서 진입한 향유자 A는 이에 대해, 영상물보다 높은 수위의 복수를 경험할 수 있다는 점에서 긍정적인 반응을 보이거나 노골적인 피해 장면에서는 거부감을 표할 수 있다. 신규 향유자 B는 취향에 따라, 복수의 정도가 적당하다고 느낄수록 지지에 가까운 반응을 보인다. 여기에서 웹툰은 취향이 나노화되어가는 향유자들에게 적합한 전략을 구사한다는 점을 확인할 수 있다.

드라마의 경우 시청각적 자극을 적극적으로 활용했으며, 표현의 수위를 낮추어 진입을 수월하게 만들었다는 특성이 있다. 공중파와 OTT 플랫폼에서의 동시 방영은 곧 웹툰보다 접근이 쉬움을 뜻한다. 그 때문에 공중파의 표현 수위에는 한계가 있고, 선정적인 장면을 줄여야만 한다. 드라마 〈모범택시〉는 그러한 매체 특징에 맞추어 특정 수요에 집중하기보다는 여러 취향을 한꺼번에 공략했다. 보다 다양한 취향 공략을 위해 수위 높은 장면 연출 대신 도트 그래픽, 친숙한 이영애의 나레이션, 전투 장면에서의 BGM 활용을 통해 진입 장벽을 낮

춘다. 동시에 범죄, 오락, 블랙코미디 다양한 장르를 융합하고 있는 하이브리드 콘텐츠다. 이런 소통전략 안에서 웹툰에서 진입한 향유자 C는 더 다양한 감각의 충족을 경험하고 만족한다. 신규 향유자 D 또한 드라마의 표현은 특별한 거부감 없이 받아들일 수 있다. 그래서 드라마는 스릴러 장르의 한계를 보완하여 성공적으로 전환했다고 말할 수 있겠다.

2. 보편과 공감의 유지 및 확대

1) 무한 적용이 가능한 공식

웹툰과 드라마 모두, 미시 서사의 진행 과정에는 나름의 규칙성이 보인다. 이는 곧 〈모범택시〉를 타 콘텐츠로 전환할 때 손쉽게 적용할 수 있는 무기가 된다.

무지개 택시(무지개 운수)의 의뢰는 사건 발생 – 의뢰 – 복수 – 완화의 단계를 거친다. 이 과정에서 콘텐츠의 매력도를 결정하는 요소는 사건 발생 단계와 복수 단계이다.

<표 6> 모범 택시 플롯과 예시

	사건 발생	의뢰	복수	완화
웹툰 Ep.1	군대 사건	허정민의 의뢰	최철용 납치	뒷이야기
드라마 1, 2화	젓갈공장 사건	강마리아의 의뢰	박주찬 등 처벌	에필로그

사건 발생 단계에서는 앞으로 진행할 사건을 소개하는 단계이니만큼 답답하고 억울한 사건을 일으키는 게 중요하다. 사건의 심각성과 피해자의 억울함에 따라 향유자가 후반부에서 느끼는 사이다의 크기가 결정된다. 이때 너무 노골적인 표현이 동반될 경우 취향에 따라 향유자가 이탈할 가능성이 있기에, 피해 정도에는 주의를 기울일 필요가 있다. 복수 단계는 재미와 통쾌함을 전달하는

부분이기 때문에 참신한 방법을 동원해 피해 정도에 상응하는 처벌이 이루어져야 한다. 이 경우에도 역시 윤리적인 문제 의식을 끌어낼 수 있는 과한 복수가 동반될 경우 콘텐츠 향유의 장애 요소로 작용할 수 있음을 인지해야 한다. 〈모범택시〉 스토리월드에서 이와 같은 공식이 공통되게 나타나는 것으로 보아, 이를 기본 틀로 설정하고 복수의 계기와 방법에 차별을 둔다면 확장이 용이할 것으로 판단된다.

2) 대중이 바라왔던 약자의 역전

〈모범택시〉에 등장하는 복수 대행 업체의 주요 인물들은 모두 법적 처벌로는 치유될 수 없는 상처를 가진 피해자들이다. 이는 웹툰과 드라마가 동일하게 설정하고 있는 캐릭터 집단의 정체성으로, 기본적으로 복수의 정당성을 논할 틀을 제공한다.

사회 문제가 나날이 심각해짐에 따라, 향유자들은 기존의 불합리함에서 벗어나고픈 욕망을 가진다. 이는 늘어나는 복수물의 수와 다크히어로물의 인기에서 증빙되는 바다.[7] 〈모범택시〉는 커다란 흐름의 일환으로 다수가 원하는 사이다를 제공하기 위해서, 약자의 역전을 기본 골조로 가져간다. 〈모범택시〉 스토리월드에서 약자는 곧 범죄의 피해 당사자와 그 주변인, 즉 피해자들이다. 그 중에서도 사적 복수를 행할 각오를 마친 피해자를 주요 인물로 설정하며 특별한 지위를 부여하는 것이 특징적이다. 약자와 함께 치유되기 힘든 아픔, 범죄의 극악무도함과 법의 무력함을 직면하여 심정적으로 동조하는 것이다. 여기에 더하여 〈모범택시〉의 약자에게는 상황을 역전시킬 힘이 있다. 같은 처지에 있는 무력한 피해자를 돕고, 복수하며 느껴지는 심적 만족감은 여기에서부터 시

---

7   이승한, 통쾌함 뒤에 숨겨진 체념과 좌절의 정서, 《황해문화》 통권111호, 새얼문화재단, 2021, pp.401-408.

작한다. 이렇게 약자를 주요 인물로 설정하면서 향유자를 트랜스미디어 스토리월드에 끌어들이고, 반복적인 사이다 구조로 Lock-in 효과를 가져오는 것이 〈모범택시〉IP의 또 다른 핵심이다.

V. 사이다 콘텐츠의 스토리텔링 매뉴얼

1. 내용적 측면

1) 기대하는 결말로부터 오는 편안함

〈모범택시〉와 유사한 류의 사이다를 추구하는 콘텐츠에서는 서사적으로 주인공의 당위성을 증명하는 것이 중요하다. 여기서 서사적 증명이란, 주인공의 자격 설정과 어우러지는 납득 가능한 결말이 될 수 있다. 전반부에서 주인공의 행위를 타당한 것으로 여기며 동조하게 설계했다면, 결말은 향유자가 만족할 수 있도록 특정 감정을 충족시켜야 한다. 〈모범택시〉를 예로 들면, 결말에 부정적이었던 향유자 중 일부는 새드엔딩 자체보다 그동안의 지지를 한순간에 무너뜨리는 허무감이 실망스러웠다고 이야기한다.

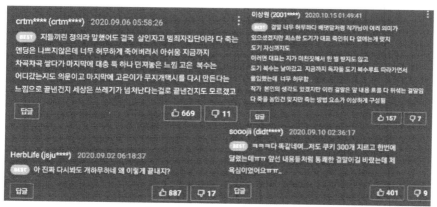

<그림 31> 웹툰 〈모범택시〉 결말 반응

이 경우에는 주인공의 행위에 동조했던 향유자를 고려해 주인공의 비극적 결말을 예상할 수 있는 단서를 제공하거나, 결말 자체에 의미를 부여할 수 있는 영웅적 희생 등을 추가해야 한다. 〈모범택시〉 드라마처럼 향후 시리즈 연장이 확정된 작품은 반전이 첨가된 결말을 낼 필요가 크지 않을 수 있다. 이때는 의도적 해피엔딩과 더불어 향유자의 긍정적 감정을 유도해내는 것이 더욱 효과적일 것이다. 향유자의 몰입과 긍정적 경험을 강화한다는 측면에서, 〈모범택시〉 드라마의 에필로그 등 행복한 엔딩을 보여주는 장치는 본보기로 삼을 만하다.

2) 내외부적 갈등의 상호보완적 배치

서사 진행의 측면에서는, 같은 IP를 활용한 작품이라도 스토리 월드의 서로 다른 부분을 보여줄 필요가 있다. 재미 요소의 추가는 트랜스미디어 스토리텔링의 기본적이고 핵심적인 요소이다. 특히 〈모범택시〉처럼 사이다를 활용하는 작품은 매번 다른 갈등 구조를 통해 향유자에게 새로운 감각을 제공할 필요가 있다. 주인공이 속한 집단에 항상 부조리가 일어나거나 반대로 집단 간의 갈등만 지지부진하게 보여준다면, 스토리 월드의 크기가 한정될뿐더러 기존 향유자의 긴장감을 경감시키게 된다. 그런 면에서 볼 때, 본고에서 분석한 〈모범택시〉는 갈등 구조의 배치 면에서 탁월하다고 평가할 수 있다. 웹툰 〈모범택시〉의 내부적 갈등과 드라마 〈모범택시〉의 외부적 갈등이 서로 다른 재미를 선사하듯, 전환 시에는 갈등 구조 자체의 변화를 염두에 두는 것이 좋다. 갈등 구조는 인물과 함께 변화하므로, IP의 이미지 일부를 지닌 주인공 외의 캐릭터는 자유로이 삭제하거나 추가시켜 원하는 방향의 형태로 재구성해도 무방하다. 이 또한 〈모범택시〉의 사례를 참고하면 도움이 될 것이다.

2. 형식적 측면

1) 사회적 콘텍스트가 불러일으키는 공감

〈모범택시〉와 유사한 경험을 제공하는 사이다 콘텐츠는 사회적 맥락을 고려하여 능동적 경험의 장을 마련하는 것이 무엇보다도 중요하다. 사회에 결핍되어 있는 부분에 집중하는 특성을 가지기에, 그러한 고민이 콘텐츠 전환에 녹아들수록 향유자의 자발적인 참여와 유입을 유도하기 쉽다. 콘텐츠와 사회의 관계는 여러 방식으로 나타날 수 있다. 그 대표적인 예시로 참고 가능한 〈모범택시〉에서는 주로 생산적 소란, 공감 등을 불러오는 방향으로 유의미한 구성을 보여준다. 웹툰 〈모범택시〉의 경우 정의에 대한 의문을 제기하며, 향유자에게 생각의 여지를 주는 소재와 진행 방식을 사용한다. 이는 곧 향유자의 댓글과 SNS 게시물 등 적극적인 반응과 토론의 장 형성으로 이어진다. 드라마 〈모범택시〉의 경우에는 실화 기반 스토리와 지지 가능한 선택지를 제공한다. 현실의 범죄를 연상시키는 사건을 배치하여 향유자의 기존 경험을 자극하는 동시에, 웹툰보다도 화제성과 공감의 가능성을 확보하기 쉽게 전환되었다. 이렇듯 향유자 스스로 향유 경험을 확장할 수 있는 여지를 주면 성공적인 트랜스미디어 스토리월드를 구축할 수 있다.

2) 유니버스 확장이 용이한 포맷

사이다 콘텐츠의 트랜스미디어 스토리월드 확장을 유리하게 만들 수 있는 전략은 포맷의 구축에서 찾아볼 수 있다. 이 부분은 특히 스토리가 중심이 되는 콘텐츠, 소설, 드라마, 영화, 게임 등으로의 전환에 도움이 된다. 포맷이란 새로운 제작의 요소로서 프로그램 개작과 적용의 범위를 확장시켜주는 핵심 아이디어 또는 골격을 뜻한다.[8] 안정적인 IP를 기반으로 시즌제 드라마와 영화 후속

---

8 최세경, 박상호, 멀티 플랫폼 콘텐츠 포맷의 개발과 텔레비전 적용, 《방송과 커뮤니케이션》 제11권 제1호, 문화방송, 2010, pp. 5-47.

작 제작이 선호받는 콘텐츠 시장에서는 적용이 용이하고 일정 성과를 기대할 수 있는 바이블의 구축이 중요하다. 우선 규칙을 도출해내면 미시 서사 면에서 대략적인 진행 양상이 보이고 어느 부분에 변주를 주어야 할지 명확해지기에 콘텐츠의 확장 방향을 결정하기 쉽다. 따라서 활용 가치가 있는 원천 IP를 찾는 경우 해당 부분에 유의하여 살피는 것이 좋다. 판단 시에는 구성의 참신성보다는, 작품 전반에 대체로 적용 가능한 포맷이 구축이 되어 있는지의 여부에 중점을 두어야 한다. 이상적인 형태는 〈모범택시〉가 공통적으로 담고 있는 복수 대행의 4단계처럼 상상이 가능하고 차별점을 줄 수 있는 포맷이다. 상상이 가능하다는 것은 포맷의 구성 여부와 구체성에 근거를 두어야 하며, 차별점은 포맷의 사이다가 발생하는 단계에서 유의미한 변화를 줄 수 있는지 파악해야 한다. 이를 참고하여 향유자에게 기대감을 줄 수 있을 것인지를 고려한다면 전환할 IP를 선정하는 데에 도움이 될 것이다.

웹툰에서 드라마로 성공적인 전환을 거친 작품 〈모범택시〉를 통해서 복수담을 통해 통쾌함을 전달하는 사이다 콘텐츠라면 응당 이렇게 해야 한다는, 즉 매뉴얼을 본고에서 규명해보았다. 복수담은 현실이 불합리하면 불합리할수록, 답답하면 답답할수록 그 인기는 꾸준할 것이다. 또 그런 측면에서 보면 앞으로 복수담의 인기는 쉽사리 가라앉지 않을 것이다.

본고에서 〈모범택시〉를 통해 규명한 내용적, 형식적 측면의 매뉴얼이 사이다 콘텐츠 IP가 확장하는 것에 일조하기를 바라고, 이러한 콘텐츠들을 통해 대중들이 서로 위로하고 위로 받는 보다 나은 사회가 되기를 기대한다.

참고문헌

손동철, 셰익스피어의 비희극과 장르적 특성, 《Shakespeare Review》, Vol.39(No.1), 한국셰익스피어학회, 2003.

유승관, 안수근, 멀티플랫폼 시대 케이블 TV의 경쟁력 강화방안, 《한국콘텐츠학회논문지》, 제12권 2호, 한국콘텐츠학회, 2012.

이승한, 통쾌함 뒤에 숨겨진 체념과 좌절의 정서, 《황해문화》 통권 111호, 새얼문화재단, 2021.

최세경, 박상호, 멀티 플랫폼 콘텐츠 포맷의 개발과 텔레비전 적용, 《방송과 커뮤니케이션》 제11권 1호, 문화방송, 2010.

부록

[2002-2022 복수담 드라마 수]

드라마명	방영년도	장르	채널	원작	총합
인어 아가씨	2002	드라마	mbc	-	1
부활	2005	스릴러, 로맨스, 형사	kbs2	-	1
게임의 여왕	2006	드라마	sbs	시드니 셸던의 소설 <Master of the Game>	1
개와 늑대의 시간	2007	느와르, 액션	mbc	-	4
그 여자가 무서워	2007	막장	sbs	-	
마왕	2007	로맨스, 멜로, 미스터리	kbs2	-	
조강지처 클럽	2007	로맨스, 드라마	sbs	-	
아내의 유혹	2008	막장	sbs	-	1
아내가 돌아왔다	2009	막장	sbs	-	1
몽땅 내 사랑	2010	코미디, 시트콤	mbc	-	2
자이언트	2010	시대물, 모험, 액션	sbs	-	
시티헌터	2011	액션, 멜로	sbs	조 츠카사 <시티헌터>	1
각시탈	2012	드라마, 슈퍼히어로, 액션, 시대극	kbs2	허영만의 만화 <각시탈>	2
노란복수초	2012	막장	tvn	-	
상어	2013	멜로	kbs2		3
돈의 화신	2013	코미디, 범죄	sbs	-	
두 여자의 방	2013	로맨스, 드라마, 멜로	sbs	-	
골든 크로스	2014	드라마, 미스터리, 서스펜스, 범죄	kbs2	-	9
나만의 당신	2014	막장	sbs	-	
뻐꾸기 둥지	2014	복수	kbs2	-	
압구정 백야	2014	가족, 로맨스	mbc	-	
왔다! 장보리	2014	로맨스, 드라마	mbc	-	

전설의 마녀	2014	로맨스, 드라마	mbc	–		
천상여자	2014	복수	kbs2	–		
청담동 스캔들	2014	막장, 드라마	sbs	–		
폭풍의 여자	2014	막장	mbc	–		
내 딸, 금사월	2015	막장 드라마, 아유월드	mbc	–	6	
내일도 승리	2015	드라마	mbc	–		
돌아온 황금복	2015	막장	sbs	–		
리멤버 – 아들의 전쟁	2015	법정, 범죄	sbs	–		
이브의 사랑	2015	막장	mbc	–		
화려한 유혹	2015	멜로, 막장	mbc	–		
굿바이 미스터 블랙	2016	복수, 멜로	mbc	황미나 <굿바이 미스터 블랙>	5	
내 마음의 꽃비	2016	막장 드라마, TV소설	kbs	–		
다시, 첫사랑	2016	가족	kbs2	–		
아임 쏘리 강남구	2016	가족, 막장	sbs	–		
천상의 약속	2016	멜로	kbs2			
꽃 피어라 달순아	2017	TV소설	kbs2	–	9	
돈꽃	2017	드라마, 로맨스, 사업	mbc	–		
돌아온 복단지	2017	드라마	mbc			
부암동 복수자들	2017	코미디, 우정, 드라마	tvn	사자토끼 <부암동 복수자 소셜클럽>		
역류	2017	멜로, 스릴러, 심리, 막장	mbc	–		
이름 없는 여자	2017	범죄, 복수, 서스펜스, 피카레스크	kbs2	–		
언니는 살아있다!	2017	막장, 아유월드, 피카레스크	sbs	–		
피고인	2017	법정, 서스펜스	sbs	–		
훈장 오순남	2017	가족, 멜로, 복수	mbc	–		
그녀로 말할 것 같으면	2018	미스터리 멜로	sbs	–	6	

끝까지 사랑	2018	가족, 멜로	kbs2	–	
무법 변호사	2018	법정, 복수, 액션	tvn	–	
오늘의 탐정	2018	미스터리, 멜로, 피카레스크, 범죄, 서스펜스, 스릴러	kbs2	–	
크로스	2018	의학, 복수, 드라마	tvn	–	
황후의 품격	2018	액션, 로맨스, 미스터리	sbs	–	
나쁜 사랑	2019	막장	mbc	–	5
왼손잡이 아내	2019	복수,멜로	kbs2	–	
용왕님 보우하사	2019	멜로	mbc	–	
우아한 모녀	2019	복수, 멜로, 로맨스, 범죄, 막장, 피카레스크	kbs2	–	
태양의 계절	2019	드라마	kbs2	–	
비밀의 남자	2020	복수, 멜로, 범죄, 서스펜스, 로멘스, 막장	kbs2	–	5
위험한 약속	2020	멜로, 복수	kbs2	–	
이태원 클라쓰	2020	드라마, 복수, 로맨스	jtbc, 넷플릭스	조광진 <이태원 클라쓰>	
찬란한 내 인생	2020	가족, 로맨스	mbc	–	
펜트하우스1	2020	드라마, 서스펜스, 복수, 범죄, 스릴러, 막장	sbs	–	
두 번째 남편	2021	복수, 멜로, 로맨스, 범죄, 피카레스크	mbc	–	11
마우스	2021	범죄, 미스터리, 스릴러, 피카레스크	tvn	–	
마이네임	2021	액션, 범죄, 느와르, 스릴러, 피카레스크, 복수, 미스터리, 드라마	넷플릭스 오리지널	–	
모범택시	2021	범죄, 액션, 스릴러, 블랙 코미디	sbs	까를로스, 크크 재진 <모범택시)	
미스 몬테크리스토	2021	복수, 범죄, 멜로, 미스터리, 코미디, 막장, 피카레스크	kbs2	–	
빈센조	2021	블랙 코미디, 범죄, 느와르, 스릴러, 액션, 로맨스, 드라마, 피카레스크	tvn	–	

<모범택시>, 당신의 의뢰는?

빨강 구두	2021	복수, 범죄, 미스터리, 멜로, 피카레스크, 막장 드라마	kbs2	-	
언더커버	2021	정치, 액션, 스릴러, 멜로	jtbc	bbc 드라마 <언더커버>	
키마이라	2021	범죄, 스릴러, 피카레스크	ocn	-	
펜트하우스2	2021	서스펜스, 복수, 범죄, 로맨스, 스릴러	sbs	-	
펜트하우스3	2021	서스펜스, 복수, 범죄, 로맨스, 스릴러	sbs	-	
닥터로이어	2022	서스펜스, 의학, 법정, 복수	mbc	-	12
더 글로리	2022	복수, 드라마, 휴먼	넷플릭스 오리지널	-	
돼지의 왕	2022	스릴러, 공포, 범죄, 피카레스크, 고어	티빙 오리지널	연상호 <돼지의 왕>	
마녀의 게임	2022	복수, 미스터리, 드라마, 피카레스크	mbc	-	
블랙의 신부	2022	드라마, 복수, 멜로, 풍자극	넷플릭스 오리지널	-	
슈룹	2022	드라마, 가상역사, 블랙 코미디, 복수, 피카레스크	tvn	-	
어게인 마이 라이프	2022	회귀, 법정, 정치, 범죄, 액션, 코미디	sbs	이해날의 웹소설 <어게인 마이 라이프>	
이브	2022	멜로, 복수, 스릴러, 막장	tvn	-	
크레이지 러브	2022	로맨틱 코미디, 복수		-	
태풍의 신부	2022	서스펜스, 복수, 범죄, 로맨스, 코미디, 막장, 피카레스크	kbs2	-	
트레이서	2022	수사, 범죄, 복수	mbc	-	
황금가면	2022	복수, 범죄, 로맨스, 피카레스크, 막장	kbs2	-	

[드라마 <모범택시> 서사 정리]

화수	거시 서사	미시 서사	부가 서사	사이다	시간	매슬로우 욕구 단계
1	무지개 운수와 모범택시의 존재	조도철 처벌 젓갈공장 사건 시작	김도기의 과거 김도기입사 동기	조도철 처벌	06:05~08:33 (조도철 납치) 19:14~20:37 (보복 운전참교육)	2
2	모범택시에 대한 강하나의 관심	젓갈공장 잠입 박주찬 일당처벌	장성철의 정의관 김도기입사 동기	박주찬 일당 처벌	19:08~20:03 (최종숙 납치) 28:20~30:53 (김형욱차량액션) 38:15~39:37 (조종근과의전투) 40:06~43:15 (조종근야구기계고문) 45:47~48:33 (박주찬과의 전투)	2, 4, 5
3	모범택시에 의심을 품은 강하나	세정고 학폭 사건 시작 김도기 학교 침입				2
4	강하나와 김도기의 표면적 화합	박승태 일당 처벌	김도기 트라우마	박승태 일당 처벌	07:28~11:31 (박승태 여학생 성추행으로 몰아감) 16:31~18:45 (박승태일행대마초사건얽힌것처럼꾸밈) 24:44~27:17 (박승태일행압박) 31:31~41:39 (전투및 처벌)	2, 3
5	검찰 내부 갈등	유데이터 직원 폭행 사건, 불법 동영상 유포사건 시작	공권력의 무력함			2, 3, 4
6	백성미 단독행동	유데이터 잠입				2, 3, 4

<모범택시>, 당신의 의뢰는?

7	김도기와 강하나의 가치관 충돌	유데이터 조사	안고은의 과거			2, 3, 4
8	강하나의 모범택시 수사 계기 제공	박양진 일당 처벌	조도철에 의한 장성철 부상	박양진 일당 처벌	43:42~52:04 (박양진 패거리와의 전투 및 제압) 52:57~54:13 (처벌)	2, 3, 4
9	백성미와 무지개운수충돌 강하나의 김도기 수사	보이스피싱 사건 시작				2, 3, 4
10	강하나의 확신	림여사 일당 처벌		림여사 일당 처벌	45:44~54:58 (림여사 일당 속이고 처벌)	3, 4
11	김도기와 강하나의 가치관 충돌	고동희 실종 사건, 대규모 장기매매 사건시작	무지개 운수 내부 가치관 충돌			2, 4, 5
12	강하나의 일시적 좌절	구석태-낙원 사건 시작	김도기의 과거			2, 3, 4, 5
13	낙원, 무지개의 대립	사적 감옥의 죄수들 탈출	김도기의 과거			2
14	낙원, 무지개의 대립 강하나와 김도기 협력	백성미의 무지개 향한 위협 백성미 체포	김도기의 과거	백성미 처벌	53:35~58:10 (백성미 체포)	2, 4
15	강하나의 무지개 실체 확인 무지개해산	오철영 사건 시작	김도기의 과거			3, 4, 5
16	강하나의 가치관 이동 무지개 재결합	오철영 처벌	김도기의 복수	오철영 처벌	16:53~19:53 (오철영 압박) 28:08~29:42 (오철영이 자신의 아들을 폭행했다는 사실을 알려줌) 44:35~46:5 1(오영철의 진심어린 사과)	3, 4, 5

[웹툰 <모범택시> 서사정리]

회수	화 이름	거시 서사	미시 서사	부가 서사	사이다	초/중/후	매슬로우 욕구 단계
1	Prologue	전체 웹툰의 내용 시사	학교폭력 복수		일진들을 햄버거로 응징하는 장면	후반	2, 3
2	Ep 1-1. BRAVE MAN		최철용에 대한 복수 의뢰, 군대내폭력과 여자친구강간		x		2, 3
3	Ep 1-2. BRAVE MAN		최철용에 대한 복수 의뢰, 군대내폭력과 여자친구강간		x		
4	Ep 1-3. BRAVE MAN	복수를 돕는 모범택시	최철용 조사 및 유도	채정은 등장	최철용의 차를 들이받은 후, 의뢰자에게 했던 말을 그대로 돌려주는 장면	후반	
5	Ep 1-4. BRAVE MAN		최철용/김혜빈 납치	김도기의 싸움실력	1대1로 최철용을 이기는 김도기	초반	
6	Ep 1-5 BRAVE MAN		손님이 김혜빈 이라는 반전	김고은의 의뢰자 선정	x		
7	Ep 2-1. 좋아요	김고은의 사적 복수와 내적 갈등	불법촬영물 사건 시작	박주임 등장, 불법촬영물을 보는 이용운	x		3, 4
8	Ep 2-2. 좋아요		서연의 분신		x		
9	Ep 2-3. 좋아요		김고은의 사건 조사	불건전한 언행을 일삼는 이용운	x		
10	Ep 2-4. 좋아요		김고은의 사건 조사		범인으로 의심 되는 사람을 제압하는 김도기	중반	
11	Ep 2-5. 좋아요		복수 완료	한준 등장	범인을 제압하고 불태우는 김도기	중반	
12	Skit.1 - 채정은	채정은의 모범택시 입사동기	두 남자와 얽힌 끔찍한 과거와 모범택시 입사		x		

13	Ep 3-1. 아버지		미성년자 납치 및 성매매 사건		x		2, 3
14	Ep 3-2. 아버지		미성년자 납치 및 성매매 사건	피해자를 아는 아이를 만나는 고은과 한준	x		
15	Ep 3-3. 아버지		광희의 고발 및 장기매매		x		
16	Ep 3-4. 아버지	공권력을 대신하는 모범택시	광희의 고발 실패	부패한 언론과 공권력	모범택시의 개입과 복수	후반	
17	Ep 3-5. 아버지		기세만 의원에 대한 복수 의뢰		모범택시의 개입과 복수	후반	
18	Ep 3-6. 아버지		복수 완료		기세만 의원을 찌르는 성매매 피해 청소년들 상어미끼가 된 기세만 의원	중반	
19	Ep 4-1. PAY, BACK		윤리 선생을 꿈꾸는 재욱	대모에게 빚을 갚는 김도기 김도기를 좋아하는 채정은	x		2, 4
20	Ep 4-2. PAY, BACK		윤리 선생을 꿈꾸는 재욱에게 접근한 이혜린	동생을 죽인 사람에게 면회를 가는 김고은	x		
21	Ep 4-3. PAY, BACK	김도기의 부모	윤리 선생을 꿈꾸는 재욱에게 접근한 이혜린	고기를 사주며 김고은을 위로하는 김도기	x		
22	Ep 4-4. PAY, BACK		빚에 내몰린 재욱의 자살		x		
23	Ep 4-5. PAY, BACK		김도기의 운행 요청	납골당과 대모의 근거지에서 피해자 부모를 만나는 김도기	혜린을 유혹하여 제압하는 김도기	후반	
24	Ep 4-6. PAY, BACK		복수 완료		혜린의 자백을 받아내어 피해자 부모에게 넘기는 김도기	중반	
25	Skit.2 - 고은	김고은의 모범택시 입사동기	살해당한 동생과 모범택시 입사		x		

K-WEBTOON, 원천 IP 스토리텔링 전환 전략

26	Ep 5-1. 섬	공권력을 대신하는 모범택시	동네에서 벌어지는 부조리		x		2, 3
27	Ep 5-2. 섬		동네에서 벌어지는 부조리		x		
28	Ep 5-3. 섬		이정윤의 의뢰와 무능한 법		x		
29	Ep 5-4. 섬		김도기와 채정은의 의뢰 수행	택시회사 지하감옥 등장	x		
30	Ep 5-5. 섬		복수 완료	장갑에 운행료 새겨넣는 김도기	성기가 잘리고 감금된 가석 주민들의 손에 폭행당하고 감금된 마상훈	전체	
31	Ep 6-1. B. MONSTER	복수를 돕는 모범택시	나율의 의뢰	김도기와 한준의 대립	x		1, 2, 3, 4
32	Ep 6-2. B. MONSTER		나율의 과거와 염산테러		x		
33	Ep 6-3. B. MONSTER		나율의 과거와 염산테러	김도기의 개인정보를 찾는 한준	x		
34	Ep 6-4. B. MONSTER		김도기와 채정은의 의뢰 수행	김도기의 방식을 걱정하는 김고은	x		
35	Ep 6-5. B. MONSTER		김도기의 고문		가해자에게 끓는 물을 붓는 김도기	전체	
36	Ep 6-6. B. MONSTER		복수 완료	김도기의 방식을 걱정하는 김고은	염산 테러를 사주한 도진에게 염산을 붓는 김도기	전체	
37	Ep 7-1. HELL.O	개인이 운영하는 모범택시와의 대립	빚을 갚기 위해 장기매매에 가담하는 김평주	채정은과 영화를 보고 우는 김도기	x		1, 2, 4
38	Ep 7-2. HELL.O		김평주의 의뢰	김도기의 개인정보를 찾는 한준 어머니의 원수를 찾는 김도기	x		
39	Ep 7-3. HELL.O		오태영의 의뢰 수락	김도기의 어머니를 알아낸 한준 오태영을쫓는 김도기	x		

40	Ep 7-4 HELL.O		김도기와 오태영의 싸움	김도기를 걱정하는 김고은	x		
41	Ep 7-5. HELL.O		김도기와 오태영의 싸움	김도기를 도우러 가는 김고은과 이용운	x		
42	Ep 7-6. HELL.O		김도기의 죽음	대모가 김도기 원수로 오태영 지목	x		
43	SEASON2. Prologue	다음 시즌의 내용 시사	김도기의 죽음 이후 기사들의 반응		채정은을 구하는 한준	후반	
44	Ep 8-1. 그림자		채정은에게 접근하는 변리나	신입사원 추병우 입사 악몽을 꾸는 오태영	x		1, 2, 3
45	Ep 8-2. 그림자		사연을 이야기 하는 변리나	택시회사 지하감옥을 보는 한준 일반택시로 차량을 바꾼 오태영 김도기의 생존	x		
46	Ep 8-3. 그림자	김도기의 귀환	사연을 이야기 하는 변리나	오태영을 찾는 김고은	x		
47	Ep 8-4. 그림자		진실을 이야기 하는 정다연		x		
48	Ep 8-5. 그림자		채정은의 의뢰 수행	깨어난 김도기	x		
49	Ep 8-6. 그림자		채정은의 의뢰 수행	김도기의 퇴사를 결정하는 한준	x		
50	Ep 8-7. 그림자		위기에 부딪히는 기사들		x		
51	Ep 8-8. 그림자		김도기의 활약		수적 열세를 뚫고 채정은과 기사들을 구하는 김도기	후반	

52	Ep 8-9. 그림자		복수 완료	김도기의 귀환	x		
53	Ep 9-1. From. fans		스토커 이윤미 와 배우 전상현	추병우에게 김 도기 감시를 맡기는 한준	x		2, 3, 4, 5
54	Ep 9-2. From. fans		이윤미에 대한 전상현의 고민	오태영을 찾 는 김도기	x		
55	Ep 9-3. From. fans		이윤미에 대한 전상현의 고민	김도기를 감시 하는 추병우 채정은을 챙 겨주는 김도기	x		
56	Ep 9-4. From. fans	오태영을 쫓는 김도기	전상현의 의뢰		x		
57	Ep 9-5. From. fans		전상현의 의뢰		x		
58	Ep 9-6. From. fans		이윤미의 집에 들어선 김도기	오태영과 김 평주를 찾는 김고은	x		
59	Ep 9-7. From. fans		복수가 완료된 것으로 아는 전상현		x		
60	Ep 9-8. From. fans		이윤미를 죽이 려는 전상현	이윤미를 죽이 려는 전상현을 제압하는 김도기			후반
61	Ep 9-9. From. fans		자살한 전상현 과 이윤미	김평주를 찾 는 김고은	x		
62	skit.3 - 용운	이용운의 모범택시 입사동기	자작곡을 빼앗 긴 과거와 모 범택시 입사		x		
63	Ep 10-1. 거울	유사한 형태의 정의를 실현하는 오태영과 김도기	소미의 도움요청	함께하는 오태영과 피비 김평주를 찾는 김고은과 김도기	x		2,3,4
64	Ep 10-2. 거울		소미의 의뢰		한준과 마주치 는 채정은 김도기를 좋아 하는 채정은	x	
65	Ep 10-3. 거울		소미의 의뢰	감사인사를 받고 정의에 대해 생각하는 김도기	x		

66	Ep 10-4. 거울	소미의 의뢰		x		
67	Ep 10-5. 거울	소미의 의뢰		x		
68	Ep 10-6. 거울	소미의 의뢰		x		
69	Ep 10-7. 거울	시현과 시원의 과거	오태영의 정 의에 대해 묻 는 김고은	x		
70	Ep 10-8. 거울	소미의 의뢰		x		
71	Ep 10-9. 거울	복수 완료	가해자 시원을 폭행해 구덩이 에 넣는 김도기 와 소미	전체	
72	Ep 11-1. 약한 남자	해외 아동을 후원하는 이선홍	김평주와 만난 김도기 피비의 친구를 찾은 오태영	x		2, 3
73	Ep 11-2. 약한 남자	후원하던아이를 팔아넘기는 이선홍	김평주를 회유 하는 김도기	x		
74	Ep 11-3. 약한 남자	후원하던아이를 감금하는 이선홍	피비의 아빠는 이선홍	x		
75	Ep 11-4. 약한 남자	오태영과 무지개 택시의 대립	이선홍의 악행	김도기와 술을 마시는 채정은 김도기의 원수를 알게 된 김고은	x	
76	Ep 11-5. 약한 남자	이선홍의 오물 테러	과음한 김도기 와 잔 채정은	x		
77	Ep 11-6. 약한 남자	이선홍의 악행	무지개 택시 대표를 찾아 오태영 이선홍을 데 려와 달란 부 탁을 받은 김 도기 대표와 만나는 이용운	x	

78	Ep 11-7. 약한 남자		이선홍의 악행	이용운과 맞 붙는 오태영	x		
79	Ep 11-8. 약한 남자		이선홍 응징		이선홍을 폭행 하는 김도기	중반	
80	Ep 11-9. 약한 남자		복수 완료	처리가 끝난 오태영에 대한 피비의 복수	사회에서 멸시 당하는 이선홍	초반	
81	Ep 12-1. 끝에 서서		고민하는 김고은	피비를 돌려 보내려는 오태영	휴가나온 김고 은과 채정은	x	2, 3
82	Ep 12-2. 끝에 서서	김도기의 퇴사	김고은의 결정 계기	오태영의 가족 김도기의 과거 김고은의 원 수가 석방되 었다는 거짓 소식	x		
83	Ep 12-3. 끝에 서서		오태영을 찾은 김도기		x		
84	Ep 12-4. 끝에 서서		오태영과 김도 기의 싸움	김도기가 회사 규정을 어기 도록 유도한 한준	x		
85	Ep 12-5. 끝에 서서		오태영과 김도 기의 싸움	오태영을 돕는 피비 김도기를 원 하는 채정은	x		
86	Ep 12-6. 끝에 서서		오태영을 죽인 김도기		x		
87	SEASON3. Prologue	다음 시즌의 내용 시사	본인을 위한 복수를 다짐하 는 김도기		x		
88	RE:CALL - 1	김도기를 찾는 무지개 택시	김도기의 편을 드는 택시 기 사들		x		3
89	RE:CALL - 2		김도기의 편을 드는 택시 기 사들	복수를 다짐 하는 피비	x		
90	RE:CALL - 3	원수를 찾는 김도기	김도기를 죽여 달라는 의뢰		x		

91	RE:CALL - 4		김도기를 죽여 달라는 의뢰		x		
92	RE:CALL - 5		의뢰 수락		x		
93	RE:CALL - 6			대표에 대해 알아보는 한준	x		
94	RE:CALL - 7			김도기를 위해 희생하는 채정은 친구의 빚을 대신 갚아준 김도기 김도기를 도운 김고은	x		
95	RE:CALL - 8	무지개 택시 대표를 향한 김도기의 복수		김영진 의원 에게 접근하 는 채정은	x		
96	RE:CALL - 9			김영진 의원 에게 접근하 는 채정은	x		
97	RE:CALL - 10			김영진 의원 에게 접근하 는 채정은	x		
98	RE:CALL - 11			대표를 알아낸 한준과 채정은	x		
99	RE:CALL - 12			채정은의 죽음	x		
100	RE:CALL - 13	무지개 택시 전체와 김도기의 대립			x		
101	RE:CALL - 14				x		
102	RE:CALL - 15			김도기와 한 준의 협력	x		
103	RE:CALL - 16		박의철의 개인 적인 복수		x		
104	RE:CALL - 17			전부 죽음	x		

〈술꾼도시여자들〉,
당신에게 건네는 세 여자의 유쾌한 건배

이새한·손추우·이예진·에이야몬푸·주영재

Ⅰ. 〈술꾼도시여자들〉을 주목하는 이유

우리는 콘텐츠의 홍수 속에서 살고 있다. OTT의 등장으로 글로벌 신작들을 언제 어디서든 볼 수 있고, 다양한 플랫폼에서 수많은 콘텐츠가 발매되고 사라지기를 반복한다. 콘텐츠가 범람하는 이 환경 속에서 최근 한국 콘텐츠 시장의 동태를 살펴보면 웹툰을 원작으로 하는 드라마가 많아진 점을 확인할 수 있었다.

이를 최근 10년 사이 증감률 관점으로 바라본다면, 웹툰이 2000~2010년 1개에서 2011년~2020년 사이 48편의 드라마에 쓰이면서 동기간 대비 4700.0%로 기하급수적인 성장을 했다는 것을 알 수 있다.[1]

---

1   이용석, 《2000년대 이후 한국 드라마 제작 시스템 연구: 드라마 기획 방식을 중심으로》, 고려대학교 대학원 박사학위논문, 2021, p.62.

2014년 웹툰 원작 드라마 〈미생〉의 성공 이후 〈치즈 인 더 트랩〉, 〈김비서가 왜 그럴까〉, 〈이태원 클래쓰〉, 〈지금 우리 학교는〉, 〈커넥트〉 등 웹툰을 원작으로 하는 드라마들이 잇달아 등장하며, "웹툰이 드라마 기획의 주류로"[2] 자리 잡게 되었다. 그렇다면 최근 10년 사이 웹툰이 다른 원천 IP에 비해 두드러지게 드라마의 원작으로 사용된 이유는 무엇일까?

웹툰은 기승전결의 서사가 이미 완결된 장르라고 볼 수 있다. 그렇기 때문에 비어있는 부분들 위주로 생각하여 반영하면 대본화 시간을 최소화할 수 있고, 전반적인 콘텐츠 제작 과정의 노력을 줄일 수 있다. 또한 웹툰의 장면을 드라마로 연출할 때 기존의 스토리텔링 방식과 가까운 콘티로 사용 가능하다는 점은 투자 결정과 같은 비즈니스 논의에 있어서 많은 관계자들을 설득하는 데 용이하다. 이 외에도, 웹툰의 팬층을 드라마의 시청자로 유입시킬 수 있고, 수용자의 반응을 실시간으로 볼 수 있기에 원천 IP로서의 잠재적 가능성도 충분하다. 이러한 이유들로 최근 업계에서는 오리지널 대본보다 웹툰을 선호하는 경향이 두드러지고 있음을 알 수 있다.

또한, 〈오렌지 이즈 더 뉴 블랙〉, 〈동백꽃 필 무렵〉, 〈킬링 이브〉, 〈마인〉, 〈웬즈데이〉 등 여성 주체 드라마들이 국내뿐 아니라 세계적으로 OTT 시장을 선도하고 있다. 여성 캐릭터들을 주체적으로 그려낼 뿐만 아니라 여성간의 협조, 연대 등을 다루며 여성에 대한 새로운 시각을 부각시키고 있다. 이는 과거부터 꽤 오랜 시간 남성우월주의 시각에서만 그려지며 다소 억압되어 있었던 여성, 퀴어 등의 소외된 주제들이 격변하는 사회적 분위기에 발맞춰 등장해 과거 현상에 대한 반작용을 일으킨 것이라고 볼 수 있다.

여성의 사회적 지위가 격상되고, 문화 콘텐츠의 주요 소비 주체가 됨에 따라 그들의 니즈에 맞춰서 공적인 영역에서 성취를 이루며 자신의 일과 삶, 사랑에

---

2   위의 글, p.52.

보다 적극적인 여성 주체 캐릭터가 등장하게 된 것이다.[3] 또한 한 명의 여성이 아닌 다수의 여성 캐릭터들이 등장하고 이들의 연대와 협조, 우정을 다루는 콘텐츠들이 많아지고 있다는 것을 확인할 수 있다.

웹툰을 원작으로 하는 드라마, 여성 캐릭터들이 주체가 되는 드라마, 이 두 가지의 특징의 교집합에서 티빙 오리지널 〈술꾼도시여자들〉을 발견할 수 있었다. 〈술꾼도시여자들〉은 2021년 10월 22일~11월 26일까지 티빙 오리지널로 방영된 에피소드 형식의 여성주의 서사 드라마이다. 세 명의 여성 캐릭터를 전면으로 내세워 술과 성, 사회생활 등에 관한 이야기를 현실적으로 담아내 많은 호평을 받은 바 있다. 원작인 웹툰 〈술꾼도시처녀들〉에서 드라마 〈술꾼도시여자들〉로 전환될 때 사회적 분위기를 반영해 '처녀'라는 남성우월주의 시각에서 쓰이는 용어를 타파하고, '여자'로 조정한 제목을 통해 새로운 여성주의 서사 드라마의 시작을 예고하는 듯 했다.

여성주의 서사는 남성의 시선과 욕망에서 여성이 타자화되고 성적 대상화되는 이야기 전개에서 벗어나 주체적인 여성 인물들을 주인공으로 내세워, 여성이 권력의 주체로서 서로 연대하여 적극적으로 욕망을 실현해가는 서사를 말한다.[4]

웹툰과 드라마의 스토리텔링 전략 분석을 통해 어떤 방식으로 여성 주체와 인물 간의 관계를 재현하고, 어떤 서사 전략을 사용했는지를 분석해보도록 하겠다.

---

3   김미라, TV 드라마 〈마인〉의 여성주의 서사 - 가부장제 클리셰의 파기와 질서의 전복,《한국콘텐츠학회논문지》제21권 제11호, 한국콘텐츠학회, 2021, p.269.
4   위의 글, p. 272.

II. 웹툰 <술꾼도시처녀들> 스토리텔링 분석

1. 4컷 만화 구조의 기승전결

웹툰 <술꾼도시처녀들>에서 찾아볼 수 있는 가장 큰 특징은 바로 한 에피소드 당 4컷으로 구성된 4컷 만화라는 것이다. 4컷 만화란 4개의 프레임별로 짧은 이야기를 풀어나가는 만화의 형식 중 하나이다. 기-승-전-결 구조에 따라 각각의 프레임별로 다른 특징이 나타난다.

> 기승전결을 사전적으로 살펴보면, 한시에서 시구를 구성하는 방법 또는 논설문 따위의 글을 짜임새 있게 지어진 형식이라고 정의한다. 이러한 기승전결의 의미는 각각의 한자에 잘 담겨져 있다. '기(起)'는 일어난다는 의미로써 시작하는 부분, '승(承)'은 잇는다는 의미로써 전개하는 부분, '전(轉)'은 구르다, 옮기다, 넘어지다는 의미로써 앞의 내용을 부연하거나 전환하는 부분, '결(結)'은 마치다는 의미로써 맺는 부분이다. 이미 기승전결 안에 이야기의 구성이 함축되어 있음을 알 수 있다. 이야기의 대표적인 장르인 소설의 구성단계를 보면 발단 전개 위기 절정 결말로 구성된다. '발단'은 인물과 배경이 등장하고 사건이 시작되는 부분, '전개'는 사건이 진행되는 부분, '위기'는 사건의 위기감이 고조되어 극적인 요소를 잘 보여주는 부분, '절정'은 인물간의 갈등이 최고조에 달하는 부분, '결말'은 위기와 갈등이 해소되고 사건의 윤곽과 인물의 운명이 분명해지는 부분이다. 이를 기승전결에 빗대면 발단=기, 전개=승, 위기 혹은 절정=전, 결말=결에 비유할 수 있다.[5]

이를 <술꾼도시처녀들>의 4컷 만화에 대입하자면 '기'에서는 사건의 발단,

---

5   박경철, 만화콘텐츠 교육을 위한 네칸만화 구조와 수사법 연구: 경향신문 <장도리>를 중심으로,《만화애니메이션연구》통권 19호, 한국만화애니메이션학회, 2010, p.21.

배경 및 상황 설명을 시작으로 해당 에피소드에서 다룰 소재를 제시하며 '승'에서는 첫 번째 컷에서 일어났던 일을 심화 및 반복 행동 등으로 보이는 것이다. '전'은 앞선 행동의 인과관계에 따른 위기 또는 전혀 다른 전복이 발생하며 '결'에서는 주인공이 드러냈던 욕망이 충족되거나, 또는 실패로 돌아가면서 그에 따른 교훈을 얻으며 마무리된다.

기: 발단,배경 및 상황 설명으로 에피소드 내 소재 제시	승: 첫번째 컷에서 일어났던 일 심화, 행동	전: 인과관계에 따른 위기 또는 앞 내용들과는 다른 전복	결: 주인공이 가졌던 욕망 충족 또는 실패로부터의 교훈
맥주를 마시고 싶어하는 주인공	결국 맥주를 마셔 버림	모든 게 꿈이었음을 깨달음	주인공의 욕망 불충족 및 꿈에서라도 맥주를 마시고 싶어함

<그림 1> 웹툰 <술꾼도시처녀들> 63화 中

이와 같은 문법으로 4컷 만화는 단순해 보이지만 오히려 간단명료하게 에피소드의 메시지를 전달해야 하기 때문에 재미있게 풀어내기란 쉽지 않다. 하지만 해당 IP는 4컷 만화의 문법을 잘 활용하고 있는데, 특히 '결'에서 술과 관련해서 독자들의 기대감을 상승시키고 예측할 수 없는 결말을 부여함으로써 반전의 재미를 느끼도록 한다. 예를 들어 63화에서 첫 번째 컷에는 맥주를 마시고 싶어 하는 주인공의 모습을 보여주며 독자들이 술을 마시고자 하는 욕구에 대한 회차라는 것을 짐작하게끔 한다. 두 번째 컷에서는 '기'에서 일어났던 사건의 심화로 결국 맥주를 다 마셔버리고 세 번째 컷에서는 주인공이 모든 게 꿈이었다는 것을 알게 되며 앞선 내용들을 모두 뒤엎어버린다. 마지막인 네 번째 컷 '결'에서는 욕구가 충족되지 않은 주인공이 꿈에서라도 맥주를 마시고 싶어 다시 잠들고자 하는 상황을 보여준다. 이처럼 짧은 호흡의 구조로 인해 거시적 서

사가 아닌 독립적인 스토리의 에피소드로 현재 시점에서 전개된다. 즉 기승전결의 스토리텔링적 구조를 굉장히 잘 활용했다고 할 수 있다. 이와 같은 짧지만 강렬한 스토리 전개는 독자들이 추후 에피소드를 고대하게끔 유도했다.

2. 실제 안주 사진으로 인한 몰입감 형성

웹툰 내 실제 안주 사진을 배치하며 전체적으로 음주 분위기를 조성하는 전략을 취한다. 매회 스토리가 전개된 후 '술꾼도시처녀들이 추천하는 오늘의 안주'라는 타이틀로 작가가 직접 촬영한 안주 사진으로 마무리된다. 이는 코너 속 코너의 역할을 수행하며 스토리 라인과는 별개인 안주로 돼지곱창, 김치찌개, 골뱅이와 같이 독자들이 흔히 먹을 수 있는 음식은 물론 특정 지역의 한우고기, 닭 안심회 등 쉽게 접해보지 못했던, 작가만의 애정 안주들까지 1~2줄의 짧은 소개 글과 함께 다뤄진다. 이는 오히려 에피소드 내에서 다뤄지지 않는 안주이기 때문에 전체적인 몰입감과 독자들의 상상력을 저해하는 방해 요소로 간주할 수 있다. 하지만 앞선 우려와는 달리 독자들은 긍정적인 반응을 보였다. 댓글창에서는 "안주 고민할 때 완벽한 웹툰이다", "부대찌개에 소주 너무 좋다" 등 안주 추천에 대한 만족도나 기대감을 보이는 댓글들을 확인할 수 있었다. 더 나아가 독자들이 직접 안주를 추천하기도 하며 작가와 독자들의 커뮤니티를 통한 공감대를 형성하고 있었다.

특히 추후 발행된 시즌 1, 2, 3 단행본에서는 "오늘 뭐 먹을까? 고민이 필요 없는 30일 추천 안주"라는 타이틀로 작가가 직접 촬영한 안주 사진과 더욱 자세한 소개 글이 추가되며 도서 전체의 약 1/8이라는 높은 분량을 차지했다. 이와 같이 웹툰 감상 후 음주를 향한 갈망을 작게나마 해소시켜주며 또 다른 재미를 제공하는 요소로 작용했다. 더불어 에피소드에서는 술, 마무리는 안주로 하며 음주 문화와 관련해 전체적인 통일감을 맞췄다.

3. 현실적인 음주 문화가 주는 공감

마지막으로는 누구나 술자리에서 한 번쯤 경험해 보았을 상황들을 바탕으로 현실적인 음주 문화를 표현했다는 것이다. 제목인 〈술꾼도시처녀들〉답게 웹툰의 모든 화가 술과 관련된 사건을 다루며 스토리가 전개된다. 57화 얄미움 특집에서는 술을 마시고 계산을 하지 않고 가는 정산 문제를, 82화에서는 가격을 걱정하며 안주와 술을 주문하는 주인공들의 모습 등을 다루며 판타지적인 요소가 첨가되지 않은 현실적인 스토리를 전달했다. 이는 작가가 술집을 작업실 삼아 오랜 시간동안 사람들을 관찰하고 스케치해 웹툰으로 우리의 이야기를 표현하고자 했기 때문이다.[6] 이러한 작가의 노력은 독자들에게 자신의 경험을 빗대어 떠올릴 수 있는 요소로 작용했고 완전히 몰입할 수 있도록 해 '공감'이라는 기대효과를 불러일으켰다. 댓글창에는 독자들이 해당 에피소드와 관련된 술 사고담 등의 본인의 이야기를 자유롭게 작성하고 서로 읽어보며 즐거움을 느꼈고 이는 타 독자들과 소통할 수 있는 창구의 역할을 했다. 또한 이러한 공감 유발에는 '세 여성'을 메인 캐릭터로 등장시켜 음주 문화를 전달한다는 점도 크게 작용했다. 해당 웹툰은 리우, 꾸미, 정뚱이라는 여성 캐릭터를 중심으로 대부분의 회차가 진행되며 술에 살고, 술에 죽는 그녀들의 솔직한 음주 문화를 표현했다.

지금까지 이처럼 '여성'과 '술'이라는 낯선 조합의 콘텐츠는 찾아보기 힘들었다. 그렇기 때문에 많은 2040대 여성들에게 더욱 부담 없고 오히려 반길 수 있는 대상으로 다가갈 수 있었다. 즉 그 누구도 알아주지 않았던 여성들의 지난 욕구를 해소시켜 주었던 것이다. 더불어 술을 잘 마시지 못하는 독자들도 무겁지 않은 가벼운 소재로 웃고 서로 소통했으며 더 나아가 거침없이 음주 문화를

---

6   남은주, 술꾼들의 취중만담…현장에 답이 있다, 〈한겨레〉, 2015.10.14.(https://www.hani.co.kr/arti/culture/culture_general/712837.html)

즐기는 주인공들을 보며 대리만족을 느끼고 있음을 확인할 수 있었다. 술을 통해 꾸밈없는 솔직함을 표현한 현실적인 스토리는 주 타겟층인 여성뿐만 아니라 30대 직장인, 더 나아가 이 시대의 술꾼들이 향유하고 공감하며 그들의 애환을 달래기에 충분했다.

Ⅲ. 원천 IP로서 웹툰 <술꾼도시처녀들> 평가

1. '술'로 구현된 거시적 서사는 드라마화하기 충분한 경쟁력을 가지고 있는가?

드라마의 특성은 한 회당 60분 정도의 긴 호흡으로 처음과 끝의 높은 몰입도를 유지할 수 있도록 해야 한다. 그렇기 때문에 주인공이 해결하고자 하는, 드라마 전 회차를 관통하는 전체적인 메인 갈등이나 거시적 서사가 내포되어 있는 것이 대다수이다. 거시적 갈등을 토대로 추가적인 미시적 갈등이 첨가되는 것이 보편적인 형태이지만 해당 IP는 전체적인 스토리가 술을 다루고 있는 에피소드 형식일 뿐으로 메인 갈등은 찾아볼 수 없었다. 따라서 술이라는 핵심 소재로 형성된 메인 갈등을 드라마화 하기에는 다소 어려움이 있다.

하지만 지금까지 드라마 <혼술남녀>와 웹드라마 <엑스엑스>를 제외하고 술을 전면으로 내세운 국내 드라마는 전무하다. 음주 문화가 한국인의 생활에 깊이 자리잡고 있는 것에 반해 음주 관련 서사들은 드물었다. 즉 이는 술이라는 소재는 굉장히 신선하고 매력적인 요소로 활용될 수 있음을 뜻한다.

또한 원작 IP 내에서 회차가 연결되는 서사성이 부족하고 추가될 수 있는 스토리가 남아있다는 것은 여러 방면으로 뻗어나가는 다양한 경우의 수를 기대할 수 있음을 의미한다. 그렇기에 긴 호흡으로 향유할 수 있는 충분한 서사성이 추가된다면 향유자들에게 신선하고 파격적인 드라마로 다가갈 수 있을 것이다.

2. 유사한 작품들 내에서 해당 IP만의 차별점을 가지고 있는가?

술을 소재로 4컷 만화를 전개하고 안주의 실사를 삽입한다는 점에서 웹툰 내 음식 사진을 삽입한 〈역전! 야매요리〉가 경쟁작이 될 수 있다. 웹툰 내 음식 실사가 등장한 작품인 〈역전! 야매요리〉는 작가의 요리 도전기를 포토툰으로 표현한 네이버 웹툰으로 2011년부터 2014년까지 연재되었다. 음식 사진을 제공하며 에피소드 형식으로 전개된다는 점에서 〈술꾼도시처녀들〉과의 동일성을 발견할 수 있었다. 하지만 〈술꾼도시여자들〉은 직접 요리한 음식이 아닌 작가만의 맛집 내 음식과 그 장소를 제공했다면 〈역전! 야매요리〉는 전체적인 요리과정을 보여주고 그에 대한 설명 과정을 재치 있는 표현들로 나타낸 개그물의 성격을 띠고 있었다. 또한 해당 웹툰에서의 실사는 요리 과정을 촬영한 사진으로 그 안에 작가가 유쾌하게 표현한 설명을 글로 삽입함으로써 현장의 재미와 생동감을 전달했다. 즉, 실사가 〈술꾼도시처녀들〉에서는 독자들에게 추가적인 즐거움과 공감을 제공하며 코너 속 코너로 작용했다면 〈역전! 야매요리〉는 스토리라인 중 하나로 요리법을 설명하는 도구로써 사용된 것이다. 따라서 매회 새롭고 기대되는 맛집과 술과 어울리는 안주 추천을 원하는 독자들에게 〈술꾼도시처녀들〉의 실사 삽입 방식이 더욱 적합하며 이는 차별성으로 작용한다.

<그림 2> 〈역전! 야매요리〉 2화 中

<그림 3> 〈역전! 야매요리〉 4화 中

또한 술을 소재로 한다는 점에서 〈대작〉을 비교할 수 있다. 술을 소재로 한 〈대작〉은 막걸리를 소재로 한 카카오 웹툰으로 2018년부터 2019년까지 연재되었다. 전주 남부시장을 배경으로 막걸리 대결을 거시적 서사로 하며 전주 막걸리의 가치를 보여준 작품이다. 더불어 시장 속 막걸리라는 친근한 소재로 구수한 서민의 삶을 표현했다. 〈술꾼도시여자들〉은 에피소드 형식으로 매회 다른 소재인 미시적 서사만이 존재하지만 〈대작〉은 막걸리 대결을 중심소재로 채택하여 거시적 서사를 진행한다. 또한 〈대작〉은 막걸리 대결을 통해 회차별 서사를 연결하며 보다 진지하고 완결된 스토리라인을 추구하지만 〈술꾼도시처녀들〉은 호흡이 짧고 가벼운 터치로 코믹 장르를 원하는 향유자들을 타겟으로 하고 있다. 〈대작〉은 막걸리 대결로 회차별 서사가 연결된다는 점에서 탄탄한 스토리라인이 바탕이 되지만 짧은 시간 동안 가벼운 마음으로 코믹스러운 향유를 원하는 독자들에게는 〈술꾼도시처녀들〉이 더욱 매력적으로 느껴질 것이다. 또한 〈대작〉은 막걸리를 중심으로 스토리가 진행되지만 〈술꾼도시처녀들〉은 소주, 맥주, 막걸리, 소맥 등 다양한 주류를 다루며 현실적인 음주 문화 그 자체를 보여주고 있다는 점에서 차별점을 가질 수 있다.

3. 세 여성이라는 주인공은 스토리라인을 구축하기 충분한가?

해당 IP는 여성 캐릭터인 세 주인공 정뚱, 리우, 꾸미를 중심으로 스토리를 풀어내는 여성주의 서사 웹툰이다. 이는 웹툰 연재 당시 굉장한 센세이션을 일으켰는데, 술꾼도시'처녀'들이라는 명칭에 맞게 비중 있는 특정 남성 캐릭터가 존재하지 않았으며 세 여성을 메인 캐릭터로 설정함으로써 그들의 이야기를 풀어낸 웹툰은 극히 드물었기 때문이다. 특히 여성의 음주를 일탈로 여기던 과거와 달리 365일 매일 음주하는 여성들의 모습을 자연스럽게 그려낸 작품은 신선한 시각으로 다가온다.

'여성'과 '술'이라는 낯선 조합은 남성우월주의적 사회를 꼬집고 여성이기에 가능한 스토리라인을 선보였다. 6화에서 주인공 리우가 술을 사는 모습을 보고 혀를 차며 못마땅해하는 어르신, 54화에서는 술을 좋아하는 임산부가 출산 후 음주가 가능해 행복해했지만, 다시 둘째를 가져 강제 금주를 해야하는 내용 등을 다루며 여성이라면 한 번쯤 공감할 수 있는 스토리로 독자들의 씁쓸한 웃음을 자아냈다. 특히 술의 솔직함을 빌려 여성 독자들의 간지러웠던 부분들을 속 시원하게 긁어주며 많은 공감을 전했다. 이로 인해 댓글창에는 많은 여성 독자 본인들이 직접 겪었던 경험담을 서로 공유하며 위로하고, 또 위로받고 있었다. 따라서 세 여성을 메인 캐릭터로 설정하는 것은 충분한 차별점을 가지고 있으며 특히나 여성과 술의 만남으로 매력적이고 참신한 스토리를 진행할 수 있다.

IV. 드라마 <술꾼도시여자들>로의 전환 전략

1. 미시 서사를 강화한 캐릭터 입체화

우선 원작 웹툰과 전환된 드라마 사이의 분석을 통해 캐릭터 간의 유사성을 찾아볼 수 있었다. 웹툰에서 총 3명의 여성들이 메인 캐릭터였던 점이 그대로 적용돼 드라마 역시 3명의 여성들의 이야기가 전개되었다. 그 안에서 얼굴이 예쁘고 술을 제일 잘 마신다는 컨셉을 가진 리우가 한지연으로, 술을 잘못 마시는 남자와 사귀는 정뚱이 안소희로 나타나면서 웹툰과 드라마 내 동일한 캐릭터 전환을 보여주었다. 하지만 드라마와 웹툰 내 캐릭터성만이 무조건적으로 일치하지 않는다는 것 또한 확인할 수 있었다. 웹툰에서 드라마로 전환될 때 특정 인물의 개성이 다른 인물에게 나타나기도 했는데, 예를 들어 꾸미의 캐릭터 설정 자체는 강지구로 가되, 술 마시면 남자가 잘생겨 보이는 술버릇과 수염 있고 부스스한 남자와 사귄다는 설정은 안소희의 캐릭터로 부여된 것처럼 원작의 캐릭터 간의 설정 재배치를 확인할 수 있었다. 이는 원작에서는 크게 두드러지지 않았던 캐릭터들의 성격을 보다 입체감 있게 표현하기 위함이며 세 여성을 주인공으로 그려낸 드라마인 만큼 적절한 캐릭터성을 부여해 동일한 비중으로 스토리라인을 전개시키기 위함이라고 판단했다. 결과적으로 이를 통해 캐릭터들은 뚜렷한 개성으로 향유자들에게 더욱 깊게 각인되었다.

원작 웹툰에서는 인물의 관계도가 복잡했으며 많은 캐릭터가 존재했다. 정뚱의 직장 후배인 강적, 앉은 자리에서 도꾸리 20병을 비우는 동화작가 박우령, 술도녀들 뒤치다꺼리에 매일이 전쟁인 술집 사장 김래원, 그 외에도 김한잔, 마신남, 이홍식 등 많은 주변 인물들이 등장했는데, 그들의 비중은 하나의 에피소드를 차지할 만큼 컸으며 지속적인 등장으로 복잡한 캐릭터 구도를 이뤘다. 하지만 드라마에서는 에피소드 별 필요한 인물들을 일회성으로 설정하여 다양한 캐릭터의 비중이 자연스럽게 사라지도록 하였고, 세 여자와 사장님과 강북구만의 비중과 캐릭터를 살려둔 채 이야기를 전개했다. 이로 인해 모든 회차는 주인공인 세 여성 캐릭터에게 집중된 스토리로 전개되었다.

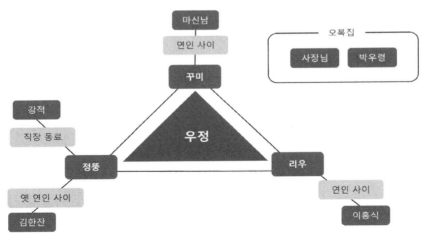

<그림 4> <술꾼 도시처녀들> 캐릭터 구도

K-WEBTOON, 원천 IP 스토리텔링 전환 전략

드라마 안에서 주인공 캐릭터들의 서로 다른 성격은 첫 화인 소개팅 에피소드에서 각인되었다. 먼저 지구는 다짜고짜 처음 본 소개팅 상대에게 반말을 하며, 후래자 삼배를 요구하고, 술을 계속 물처럼 마시게 하는 모습 등에서 예의 없으면서 직설적이고 카리스마 있는 캐릭터의 모습을 잘 나타냈다. 지연은 처음 만난 소개팅 상대와의 대화에서 모든 게 다 좋다고 하는 모습과 첫 만남에 결혼, 추후 자녀 계획에 관한 질문 등을 하면서 엉뚱하고 백치미 있는 성격을 잘 보여주었다. 마지막으로 소희는 소개팅 상대 앞에서는 평범한 듯했지만, 직장에서 걸려 온 전화에서는 180도 돌변하는 모습, 일에 진심인 편이라 소개팅 상대에게 벌칙 테스트를 하는 등 이중인격적인 모습을 보여주며 3명의 캐릭터를 '똘끼'라는 교집합으로 묶되, 서로 다른 매력으로 구별하였다. 하지만 각 캐릭터들은 가끔은 다른 모습들도 보여준다.

기존의 성격과는 반대되는, 특이점을 부여하는 에피소드들로 캐릭터를 더욱 강조했다. 예를 들어, 2화에서는 지구의 인터넷 방송에 악플을 다는 초등학생과 종이로 만든 총으로 싸우는 장면, 9화에서는 소희 아버지의 부고에서 지연이 어른스러운 면모를 보이는 장면, 12화에서는 소희가 맡고 있는 프로그램의 마지막 방송을 위해 헌신하는 모습 등 캐릭터들의 평소와는 다른 이미지를 보여줌으로써 조금 더 현실감과 입체감이 있는 캐릭터를 완성시켰다.

또한 캐릭터들에 따라 그에 맞는 역할이 부여되었음을 확인할 수 있었다. 강지구는 여성의 남성성이 많이 강조된 캐릭터로, 5화에서 소희의 긴급 호출에 제일 먼저 달려와 범인을 제압하는 등 작품 내에서 히어로적인 면모를 보이며 성별에 국한되지 않는 젠더리스한 캐릭터로 설정해 프레임에 갇힌 여성의 이미지를 탈피하는 역할을 했다. 한지연은 성격에 반전은 있지만 딱 예쁜 여성의 이미지를 표본으로 만든 캐릭터로, 5화에서 스토커의 침입, 6화에서 직장 내 성추행 등 주로 위기에 처하는 역할을 맡고 있고, 지구와 정반대의 성격을 띠는 캐릭터로 극과 극의 인물을 나란히 배치하여 드라마의 전반적인 스토리라인을 이끌어간다. 안소희는 두 인물에 비해 평범한 여성의 캐릭터로, 지연과 지구 사이에서 주로 중재자 역할을 한다. 상대적으로 평범한 소희에게 작가는 향유자들이 감정 이입하기가 용이하다고 판단했는지 아버지의 부고, 술 취하고 하는 실수 등을 발생시켜 이입을 더욱 극대화했다. 이로 인해 소희가 3명의 캐릭터 중 분량이 가장 많으며, 작품 내에서 대부분의 내레이션을 맡고 있다.

그리고 세 명의 캐릭터를 조금 더 구분하고, 많은 사건들이 전개될 수 있도록 소희의 고향을 전라도로, 지연의 고향을 대구로, 지구의 고향을 부산으로 설정하며 각 지방의 특색을 살린 다양한 인물들로 묘사했다. 웹툰에서는 세 여성 모두 표준어를 쓰고 고향에 대한 이야기는 나오지 않았지만, 드라마 안에서 소희는 사투리를 씀으로, 이야기의 더 많은 방향성을 제시해주었다. 또한 전국에서 모인 세 여성으로 표현함으로써 서로 다르지만 '우정'이라는 단어로 하나가 되는 그녀들의 매력과 개성들을 표현했다. 작가가 심어 놓은 뚜렷한 개성의 톱니바퀴들이 서로 맞물려 캐릭터들의 케미스트리를 증폭시켰다.

캐릭터성이 불분명했던 웹툰과 달리 드라마 안에서는 각각의 여성 캐릭터에 명확한 개성을 심어주었고 향유자들이 예측할 수 없는 스토리가 전개되면서 그들의 큰 관심과 지지를 얻을 수 있었다. 원작과 드라마 내 캐릭터들의 개성 변화는 웹툰을 재미있게 봤던 독자들이 실망할 수 있는 리스크가 존재했음을 의미한다. 하지만 그것을 능가하는 그들의 탄탄한 호소력들이 뒷받침됨으로써 오히려 그 이상의 많은 시청자 유입이 가능했다. 〈술꾼도시여자들〉 안에서 보여주는 캐릭터들은 지금까지 사회에서 다루는 수동적인 여성상이 아닌 솔직하고 본인만의 길을 나아가는 모습을 보여줌으로써 결과적으로 시청자들에게 긍정적인 반응을 얻을 수 있었다.

2. 서사성 부여를 통한 여성서사로의 변환

웹툰에서 술은 에피소드를 위한 단순 소재로 쓰였다. 하지만 드라마 내에서는 많은 에피소드들을 통해 술의 역할이 확대되었음을 알 수 있었다. 먼저 1차원적으로 술은 해결사 역할을 한다. 드라마 2화 대낮에 벌어지는 회식 장면에서 후배 작가들이 자신을 뒤에서 욕하는 것을 듣고 상처받은 소희가 술을 마시고 별일 아니라고 털어버리는 모습, 7화에서 산삼주의 기운을 받아 인터뷰 대상이었던 회장에게 소희가 정면으로 들이받는 장면 등에서 술을 통해 마음을 비우거나, 용기를 얻어 결심하는 등, 해결사 역할을 확인할 수 있었다. 하지만 언제나 술이 이와 같은 역할만 하는 것은 아니다. 술은 위기와 실수담 제조기 역할도 한다. 7화에서 회장에게 정면으로 들이받은 소희는 그 결과로 퇴사 당하고 한순간에 백수로 전락하며 술은 안정적인 직장인이었던 소희를 위기상태로 만들었다. 3화에서 만취 상태로 소희가 취기로 인해 강북구 피디와 입을 맞추게 되면서 만들어진 실수담은 다음 에피소드와의 연결점이 되었고, 캐릭터 간의 서사를 구축하며 향유자들의 깊은 공감을 불러일으켰다. 또한 술은 캐릭터에 입체감을 더해주는 역할도 하는데, 도도하고 터프한 캐릭터이지만 술 먹은 다음 날, 개집에서 일어나는 강지구, 술에 취하면 앞에 있는 남자가 잘생겨 보이고, 불쌍한 걸 설렘으로 착각하는 안소희 등 술과 관련된 재미있는 설정들이 추가되어 입체감을 더해 캐릭터를 더욱 풍부하게 만든다.

또한, 술에는 함께 살아가는 인생이 담겨 있다. 드라마 12부작 동안, 술과 함께하는 365일을 보여주면서 사계절 속, 각각의 계절감을 담아낸 에피소드를 진행한다. 크리스마스 소개팅 에피소드를 다루고 있는 1화는 2020년 겨울, 2화부터 4화는 2021년 봄, 5화부터 8화는 여름, 9화부터 11화는 가을, 그리고 마지막 화는 다시 크리스마스 소개팅으로 끝나며 수미상관으로 작품 전체의 통일성을 준다. 또 계절에 따라 변화하는 스타일과 패션은 2040 여성 향유자들의 관심을 끌기에 효과적이고, 여름에 꼭 먹어야 하는 민어회와 같은 제철 안주를 계절 에피소드에 등장시킴으로써 향유자에게 보는 재미 및 대리만족을 선사한다. 하지만 인생에는 늘 즐거운 일만 존재하진 않는 것처럼 드라마에서는 술과 함께하는 인생의 희로애락을 모두 담아냈다. 마냥 밝고 유쾌한 에피소드뿐만이 아니라 9화의 장례식 에피소드에서는 술과 관련된 어두운 면도 표현하여 기쁠 때도 그리고 슬플 때도 우리 인생을 위로하는 술의 모습을 전한다. 또한 다소 무거운 주제 속에서 울려 퍼지는 안소희의 담담한 나레이션은 향유자들의 먹먹한 감정을 이끌어내며 공감과 위로를 극대화하는 역할을 해내고 있다.

이렇듯 드라마에서 다양한 소재로 쓰이면서 서사성을 확보하고 있는 술은 역할의 확대뿐만 아니라, '술'에서 세 '여성'의 '우정'으로 포커스를 넓혀, 술, 여성, 우정 이 셋의 밸런스를 적절히 조절함으로써 드라마의 스토리를 더욱 풍성하게 만들었다.

먼저 세 명의 주연 캐릭터들이 모두 30대 여성이라는 설정은 메인 타겟층인 2040 여성 향유자의 공감을 극대화하였다. 그 결과 드라마 시청자 중 2040 여성이 약 65%를 차지하는 것을 알 수 있어, 〈술꾼도시여자들〉이 메인 타겟의 취향을 정조준했다고 볼 수 있다. 타겟층을 고려한 캐릭터 설정과 더불어 2040 여성이 공감할 수 있는 현실적인 스토리텔링 요소들을 적절히 녹여낸 것도 인기 요인이었다. 직장생활에서 겪는 어려움, 부모님의 부고, 결혼을 걱정하는 모습 등을 그리며 서른은 처음인 여성 캐릭터들을 통해서 향유자들에게 위로와 공감을 건넨다.

다음은 술, 여성에 이은 우정이다. 이 드라마의 궁극적인 스토리텔링 요소라고 할 수 있다. 작품에선 각자의 고된 하루를 공유하기 위해 술을 마시자며 서로를 찾는다. 얼핏 보면 술이 세 명의 캐릭터를 모아주는 역할을 하는 것처럼 보일 수 있지만, 오직 술을 먹기 위함이 아니라 털어놓고 위로하고 또 위로받는 것이 세 명의 캐릭터가 오복집에서 술잔을 부딪히는 이유이다. 건배를 하는 순간 한 사람의 고민이 벌써 모두의 것으로 나누어져 있고, 서로의 술잔을 서로가 채워주는 그녀들의 든든한 우정을 드라마 전반에 걸쳐서 확인할 수 있다. 4화에서 소희를 위해 인턴을 상대로 친구들이 릴레이로 술 대결을 하는 장면, 5화에서 지연의 집에 수상한 남자가 들이닥쳤을 때, SOS 비상 알람을 듣고 바로 달려와 준 지구, 9화에서 소희의 아버지 부고에 모든 일을 다 팽개치고 달려와 준 친구들, 12화에서는 지연의 유방암 소식에 같이 울어주고, 힘이 되어주는 친구들의 모습에서 드러나는 여성들의 우정이 작품 전체를 관통하는 핵심 요소이다.

사실 드라마 안에서 그려지는 우정은 어쩌면 현실적인 우정보다는 '친구라면 응당 이래야 해'라는 당위적인 우정에 가까운 모습이다. 하지만 〈술꾼도시여자들〉에서는 오히려 이 당위적인 우정을 통해 향유자들이 무의식 속에서 갈망하던 '이상적인 친구'의 모습을 보여줌과 동시에 여성들의 연대를 그리며 시청자들에게 위로감과 대리만족감을 전하고 있다.

	회차별 중심 내용		회차별 중심 내용
1화	소개팅	7화	세 주인공들의 과거 직업
2화	직장동료의 뒷담화를 들은 소희를 위로해주는 지구와 지연	8화	세 주인공들의 바닷가 여행, 과거 남자친구들과의 바닷가 데이트
3화	술의 부작용, 소희와 북구의 러브라인 시작	9화	소희의 아버지 부고
4화	세 주인공과 인턴의 술 대결	10화	소희의 아버지 부고2
5화	세 주인공들의 만남 스토리, 지연이 스토킹 피해	11화	지연의 새로운 러브스토리, 지구가 과거 힘들어했을 때 위로해 준 지연과 소희
6화	세 주인공들의 과거 직업	12화	지연의 유방암, 오복집 시즌2 암시

<그림 5> 〈술꾼 도시여자들〉 회차별 중심 내용

그리고 웹툰과는 달리 드라마에서는 사회적인 컨텍스트를 반영한 에피소드와 그에 따른 인물을 추가해 서사성을 부여했다. 6화부터 7화에 걸쳐서 나오는

에피소드인 〈우리가 직장을 그만둔 이유〉에서는 직장 내 성희롱, 갑질, 회식 문화, LGBTQ[7] 등의 사회적 컨텍스트에 기반한 소재들을 다루며 세 주인공 모두가 직접 문제를 겪고 이를 해결하는 과정에서 주인이 되는 삶을 찾아가는 방법을 보여주었다.

그중 지구와 성 수소자 제자를 그린 에피소드에서는 성 소수자를 마음 깊이 응원하는 메시지를 담아냈다. 강제 커밍아웃을 당하고 가족과 세상에 외면당한 아픔을 끝내 감당하지 못해 자살을 택한 동성애자 제자의 모습을 그리며 이를 통해 사회적으로 성 소수자가 겪는 차별과 아픔을 다시 한 번 시사하였다. 그이후 자살을 막지 못한 지구는 자신을 자책하며 교사라는 직업을 내려두고, 죽은 제자가 접었던 종이접기를 떠올리며 세상과 단절한 채 온라인에서 종이접기 유튜버로 활동한다. 이처럼 7년 넘게 추모하는 지구는 '아직까지도 과거의 아픔에서 벗어나지 못한 인물'의 모습을 보여주며 사회문제에 대한 깊은 울림을 전한다.

또한 드라마 전반에 걸쳐서 대사와 나레이션을 통해 작가가 향유자들에게 메시지를 전달하고 있다.

"술에 취하면 별것도 아닌 일이 다 별게 되고, 그리고 진짜 별거였던 일은 별 게 아닌 게 된다."(2화)

"너무 많은 걸 기억하고 살아야 하는 세상이다…가끔은 좀 잊고 살라고 술이라는 게 있는 거 아닐까?"(3화)

"애초에 거꾸로 태어난 건, 거꾸로 걸어간 건, 네가 앞이라고 하면 그게 앞인 거

---

7   LGBT는 성소수자 중 레즈비언(Lesbian), 게이(Gay), 양성애자(Bisexual), 트랜스젠더(Transgender)를 의미한다.

야 좋아하는 게 잘못은 아니잖아요. 좋아하는 걸 못하고 사는 게 더 불행한 거지.”(7화)

“사랑들 해 사랑보다 좋은 게 없어, 밥 먹듯이 해봤다고 건너뛰지 말고, 안 했다고 미련하게 가만히 있지 말고, 그저 시치미 뚝 떼고 처음 해본 것처럼 이쁘게 해”, “30살이 된 그녀들은 이제 울지 않는다. 세상에 남자는 많고, 바다는 언제나 저기 있으니까”, “못 가면 안 가는 거지, 결혼하려고 태어났냐?”(8화)

“지구와 지연이 나를 안았다. 내가 영정사진이 되어버린 아빠를 마주한 순간, 지연이와 지구는 내가 놓아버린 내 몸의 무게를 전부 붙들어야 했다.”(9화)

“왜 그러냐고, 왜 그러고 있냐고, 그래서 어떻게 할 거냐고 물어보지 않고 묵묵히 기다려 주는 친구들, 그냥 빈 잔을 채워주고, 같이 마셔주고, 그러다 또 잔이 비면 또 채워주고…”, “소희야 세상에 그 좋은 결혼을 하는데 밑지는 건 없어, 아이들은 그냥 그 사람의 과거일 뿐이고, 그 사랑의 결과로 남아있는 거지.”(11화)

“어머 물이 반이나 남았네? 이게 지연이에요. 수술하면 생존확률이 50이나 된다는데, 지연이에게 살 확률이 반이라는 건 무조건 산다는 거예요.”, “지나친 음주는 몸에 해롭다. 하지만 인생을 살면서 술 앞에 지나쳐보지 않았던 사람들이 과연 있을까? 오늘도 넘어지지 않기 위해 열심히 버틴 우리들, 집에 갈 땐 좀 비틀대도 되잖아.”(12화)

이러한 대사들로 향유자들에게 ‘우리 모두 이렇게 살아가는 거야.’라는 메시지를 전달한다.

그리고 웹툰에서는 현재 시점을 중심으로 다룬다면, 드라마에서는 현재와 과거를 넘나들면서 시간의 흐름을 재구성한다. 5화에서는 10년 전으로 돌아가 그들이 만나게 된 이유를 담아낸 에피소드였고, 8화에서는 10년 전 여름으로 돌아가 그들의 과거 연인들을 다루는 에피소드를 진행했다. 6~7화는 7년 전으로 돌아가 그들의 첫 사회생활을 담아냈다. 이처럼 10년 전, 7년 전 등 다양한 과거 스토리를 공개함으로써 인물들 각자의 과거 서사를 부여해 현재의 성격 및 행동의 당위성과 입체감을 제공하여 탄탄한 스토리를 구축했다.

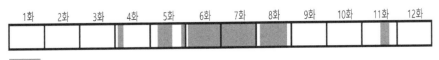

<그림 6> <술꾼 도시여자들> 과거 스토리 구성

　원작도 에피소드 기반 웹툰이었기 때문에 거시적 서사가 존재하지 않았으며, 회차 별로 소재가 계속해서 바뀌어 1~2화를 제외하고는 거의 서사가 연결되는 회차가 없었지만, 드라마에서는 사회적인 컨텍스트를 기반으로 한 에피소드와 그에 따른 인물을 추가하여 서사성을 부여하여 이야기를 풍부하게 만들었다. 이러한 <술꾼 도시 여자들>의 전체적인 서사구조를 파악하기 위해 토도로프의 시퀀스 분석틀을 활용했다.

　　모든 서사물은 평형-불균형-새로운 균형 회복으로 전개되는데, 평형에서 불균형 상태를 가져오는 원인과, 다시 새로운 균형 상태로 복원되는 과정에서 그것을 가능하게 하는 주체와 힘이 어디에 있는지를 파악함으로써 텍스트가 지향하는 핵심 가치를 알 수 있기 때문이다.[8]

8　김미라, 앞의 글, p.272.

<표 1> 균형-불균형-균형 복원의 서사구조

	균형	불균형	균형회복
안소희	예능 작가로 성실히 일하고 있음	아버지의 부고	친구들의 위로와 도움이 있었기에 잘 버틸 수 있었음
강지구	고등학교 교사로서 안정적인 직장을 가짐	제자의 죽음, 엄마의 꿈 강요, 가출	묵묵히 기다려주는 친구들로 인해 마음의 문을 열 수 있었음
한지연	진정으로 사랑하는 사람을 만나 결혼하고 싶어 함	유방암 3기, 결혼 상대와 이별	친구들의 응원 속 수술 잘 마치고 간호사와 새로운 러브스토리

　〈표 1〉에서 알 수 있듯이, 안소희는 작품 내 티빙에서 예능 작가로 성실히 일하고 있는 직장인이다. 그러던 중 3화~4화에서는 피디와의 원나잇 실수담, 9화~10화에서는 아버지의 갑작스러운 부고를 통해 불균형을 맞게 된다. 이러한 위기를 자신의 삶을 자신이 개척해나가는 주체적인 모습과 친구들과의 연대로 극복하며 균형을 회복한다. 강지구는 교사로서 안정된 삶을 살아가고 있었다. 하지만 강제 커밍아웃 당한 제자가 끝내 자살하게 되고, 이에 죄책감과 허탈감을 느껴 좌절하던 중, 엄마가 진로 선택을 강요하는 것에 지쳐 교직을 내려놓고 가출하며 불균형을 맞는다. 지구는 7년이라는 긴 시간 동안 학생을 추모하며 종이접기를 하며 지냈고, 친구들은 그런 지구를 묵묵히 기다려 줌으로써 지구의 마음을 열게 하며 균형을 되찾아갔다. 한지연은 직업인 요가강사로, 진정으로 사랑하는 사람을 만나 결혼을 하고 싶어 하는 인물이다. 정말 결혼하고 싶은 남자를 만났지만, 유방암에 걸리게 된다. 결국 암이 결혼의 발목을 잡아 사랑은 끝이 나며 불균형에 처하게 된다. 하지만 친구들의 응원 속에서 수술을 잘 마치게 되었고, 이별을 고한 남자가 결국 다시 돌아왔지만, 이미 간호사와 새로운 사랑을 시작하고 있는 모습을 보이며 균형을 회복했다.

　이를 통해 불균형에서 균형 회복으로 가는 과정에 있어 가장 주축이 되는 것은 자신들이 겪는 어려움에 맞서 문제를 해결해 나가는 주체적인 모습과 친구

들과의 정서적 공감과 지지를 바탕으로 한 연대의 힘이라는 것을 알 수 있다.[9] 이를 통해 술꾼 도시 여자들은 최근의 여성주의적 요구와 시대상을 적극 수용하여 진화된 여성 서사 드라마를 보여주었다고 평가한다.

3. OTT 플랫폼을 활용한 방영전략

드라마 안에서는 술과 욕설들이 자유롭다. 공중파에서 방영되었다면 방송통신위원회에서 권고 조치가 내려졌을 수위이지만, OTT에서 방영함으로써 과음, 욕설 등 19금 요소를 작품 곳곳에 자유롭고 효과적으로 배치가 가능했다. '술'이라는 소재를 선택하는 19금적인 요소가 없었더라면 재미있는 스토리적 부분들이 가려졌을 것이다. 또한 형식에 구애받지 않는 OTT이기에 빠른 전개를 특징으로 하는 미드폼 드라마로 구성이 가능했고, 이런 요소들 덕분에 향유자들의 큰 공감을 이끌어 낼 수 있었다.

〈술꾼도시여자들〉은 퇴근 후 술 한 잔이 일상이 된 세 여자 주인공들을 빌려 30대 여성을 압박하는 사회 편견과 맨정신으로는 말 못 할 고민들, 술과 안주, 우정과 사랑을 담아냈다. 방송국 예능 작가 안소희의 직장 내 동료 때문에 스트레스를 받는 모습으로 공감을 사고, 한선화는 해맑고 솔직한 요가강사 한지연으로 극에 활기를 불어 넣고, 정은지는 무뚝뚝하지만 정이 깊은 종이접기 유튜버 강지구를 표현함으로 이들의 음주와 관련된 에피소드를 모두 쏟아내면서 2040 여성들의 공감대를 형성할 수 있었다. '여고추리반', '환승연애' 등으로 이미 20~40대 여성 시청자가 메인 향유자로 자리 잡고 있는 티빙에서 타겟이 같은 작품을 론칭했기 때문에 이미 시청자층을 어느 정도 확보할 수 있었고, 거기에 〈술꾼도시여자들〉의 스토리텔링 요소가 결합하여 티빙 1위라는 좋은 결과를 거둘 수 있었다.

---

9   김미라, 앞의 글, p.277.

19금 요소를 자유롭게 보여준 것과 메인 타겟이 일치한 티빙에서 방영한 것은 성공적인 선택이다. 이 드라마로 티빙 유료 가입자가 대폭 늘어났고 7~8회 유료 가입 기여 수치는 공개 대비 3배 이상 증가해 일일 가입 기여 최고 수치를 갱신했으며, 역대 티빙 오리지널 콘텐츠 주간 유료 가입 기여 1위를 달성했다고 한다. 이렇듯 티빙과 〈술꾼도시여자들〉의 시너지의 효과는 컸다. 2040의 여성이 공감할 수 있는 문제들을 드라마 속에서 제시했으며, 코믹스러운 부분과 감동적인 부분을 효과적으로 배치하였다. 그리고 30분 내외의 짧은 러닝타임으로 많은 시간을 할애하지 않고 볼 수 있다는 점도 매력 요소로 작용하였다.

V. <술꾼도시여자들>의 가치와 전망

최근 웹툰에서 드라마로 전환되는 사례가 급격히 증가됨과 함께 콘텐츠 시장의 파이 또한 커졌고, 향유자들의 선택지의 폭이 넓어지면서 향유자들의 자유성 또한 높아졌다. 또한 과거에는 브라운관 즉, TV 채널 내 공중파 또는 지상파에 의존했다면, 시공간의 제약이 사라진 지금은 주로 OTT 플랫폼을 통해서 콘텐츠를 소비하는 추세를 보이고 있다. OTT의 등장은 글로벌 콘텐츠 시장을 흔들었고, 한국 콘텐츠 산업에 지각변동을 야기했다. 이에 따라 한국 드라마의 소재와 포맷도 다양해지게 되었다.

TVN이 드라마 시장의 편성 시간을 늘리며 양적인 확대를 가져왔다면, 넷플릭스는 다양성을 추구할 수 있게 한 것이다.[10]

2017년 〈옥자〉로 처음 대한민국에 상륙한 넷플릭스는, 이후 2019년 〈킹덤〉

10　이용석, 앞의 글, pp.53-54.

을 시작으로 한국 시장을 공략해나갔고, 넷플릭스의 성공 이후, 한국 드라마는 60분의 분량, 16부작, 20부작, 24부작 등의 기존에 정해진 틀의 형식을 탈피했다. 이에 따라 과거에는 실현되지 않았을 기획이 수면 위로 드러나게 되었는데, 6부작, 8부작, 웹드라마, 미드폼 드라마 등 포맷이 자유로워지고 다양해짐으로써 한국 드라마 기획이 플랫폼에 따라 보다 다양한 내용과 형식의 드라마를 지향할 수 있게 되었다. 이는 한국 드라마 산업에 다양성이란 가능성을 던져 준 것으로 볼 수 있다.[11]

또한 웹툰의 이용 규모도 계속 늘어가는 추세이다. 웹툰이 드라마 기획에서 중요한 원작이 되는 이유는 '원작으로 활용'에서 끝나지 않고, 계속해서 트랜스가 가능하기 때문이다. 이러한 변화와 트렌드를 잘 받아들인 작품이 〈술꾼도시여자들〉이다. 작품의 소재, 표현 등을 고려했을 때 이는 성공적인 전환 사례였으며 앞으로 이와 같은 사례가 증가할 것이라고 생각한다. 그 이유로는 향유자들의 자율성을 보장하는 OTT의 장점 외에도 표현의 규제에서 비교적 자유롭다는 것이 웹툰에서 드라마로 전환되는 콘텐츠 시장에서 매우 긍정적으로 작용할 것이기 때문이다. 전환 과정에서 원작 작가가 의도한 거침없는 표현들을 줄이는 것이 아니라 오히려 이를 부각시키고 기존 독자들의 기대를 뛰어넘는 높은 완성도를 구현한다. 이렇게 그 IP가 가진 독창성과 차별성을 매력으로 노출하는 것이 콘텐츠의 홍수 속에서 살아남을 수 있는 방법이다.

〈술꾼도시여자들〉은 또한 드라마로 전환 시, 대부분 전환 작품에서는 찾아볼 수 없었던 캐릭터들의 캐릭터성, 메인 갈등 추가 등의 기본적인 스토리라인을 재구성하는 다양한 시도들을 진행했다. 그로 인해 원작 IP와 비교했을 때 스토리라인의 상당한 부분이 변경되었음을 확인할 수 있었다. 이는 신선하면서도 굉장히 대담한 시도였다. 특정 웹툰의 드라마화는 기존 웹툰의 홍행과 독자들의 반응을 바탕으로 어느 정도의 홍행 가능성을 예측할 수 있는 이점을 가지

---

11 이용석, 앞의 글, p.54.

고 있다. 하지만 〈술꾼도시여자들〉은 전환 시 원천 IP와 상당한 부분이 차이를 보였고 이는 앞서 언급한 '흥행 안정성'이라는 이점을 고려하지 않았으며, 오히려 기존 독자들의 반발로 충성도를 잃을 수도 있었다는 가능성을 뜻한다. 하지만 오히려 거시적 서사가 없다는 원작 IP의 부족한 점을 보충하고 술이라는 소재 외에도 많은 향유자가 공감할 수 있는 '세 여성의 우정'이라는 핵심 서사성을 추가시켜 결과적으로는 성공적인 전환이었다.

여기서 그치지 않고 기존 드라마에서 탈피되는 여성상도 보여주었다. 드라마 서사에서 보편적인 여성상을 탈피하려는 노력들은 2000년대 중반부터 계속 감지되어 왔었다. 김훈순과 김미선의 연구를 인용한[12] 김미라에 따르면 〈결혼하고 싶은 여자〉, 〈내 이름은 김삼순〉, 〈여우야 뭐하니〉 등 세 편의 드라마를 분석한 결과 어머니와 딸, 자매 간에 연대를 보여주지만, 여전히 남성이 주도하는 사랑과 결혼을 추구함은 주체 드라마가 젊은 여성들의 공적 영역에서의 자기 성취 등 하나의 주체로서의 욕망을 잘 드러내면서도 결국은 남성과의 결합으로 안정을 찾는 양가적인 모순을 보여준다고 지적한다.[13]

2010년대에 와서는 이런 현상이 나아졌을까? 2010년에 방영되었던 〈시크릿가든〉은 여성 캐릭터의 직업을 기존 남성들의 업이라고 여겼던 스턴트우먼으로, 성격도 털털하게 표현해 주체적인 여성으로 설정한 듯 보였지만, 정작 실상은 여자 주인공의 가난한 설정과 재벌과의 결혼을 꿈꾸는 백마 탄 왕자님과의 로맨스 모티프는 그대로 답습하면서 여성 향유자들의 판타지 드라마로만 남게 되었다. 그 이후, 2013년에 방영했던 한국판 가십걸인 〈상속자들〉은 오히려 앞서 언급한 문제점들을 더욱 부각하며 여성주의 관점에서 역행하는 모습을 보였다. 하지만 〈술꾼도시여자들〉은 남성에게 의지하지 않는 주체적인 캐

---

12 김훈순, 김미선, 여성 담론 생산의 장(場)으로써 텔레비전 드라마 = 30대 미혼여성의 일과 사랑을 중심으로,《한국언론학보》Vol.52 No.1, 한국언론학회, 2008, pp.244-270.

13 김미라, 앞의 글, pp.270-271.

릭터를 그려낸다. 특히 여성의 남성성을 강조하고 성별에 국한되지 않는 젠더리스한 지구 캐릭터의 삽입을 통해 기존 여성 캐릭터 설정의 담론을 전복하며 진화한 여성 서사 드라마를 보여주었고 최근 여성 향유자들의 니즈와 시대상을 충분히 반영하여 메인 타겟으로부터 큰 호응을 얻었다. 이와 같은 앞선 전략들은 원작 IP를 타 콘텐츠로 전환할 때 한정적인 부분만 바라보는 것이 아니라 작품만의 메시지와 아이덴티티만 있다면 흥행할 수 있다는 의미를 부여한다.

성공한 드라마라면, 트랜스미디어 스토리 월드를 구축할 수 있는 가능성도 더욱 커지게 된다. 술이라는 솔직하고 예측할 수 없는 소재는 다양한 에피소드가 생성 가능해 새로운 포맷으로 전환이 용이하다는 장점을 가지고 있다. 현재까지 술을 소재로 한 드라마는 〈혼술남녀〉, 웹드라마 〈엑스엑스〉 외에는 찾아볼 수 없었으며 비슷한 소재의 에피소드 드라마인 〈와카코와 술〉, 〈식샤를 합시다〉, 〈고독한 미식가〉 등이 최소 3개의 시즌 이상 방영한 사실을 통해 〈술꾼도시여자들〉도 충분히 장기적인 방영을 노려볼 수 있다고 판단된다.

또한 현실적이고 직접적인 음주문화를 드러냄으로써 많은 인기를 끌어낸 작품은 〈술꾼도시여자들〉이 유일무이하며 독자적이었다. 그렇기 때문에 〈술꾼도시여자들〉은 큰 신드롬을 일으킬 수 있었고 신드롬의 중심에는 세 명의 여성 캐릭터가 있었다. 이들의 이러한 인기를 바탕으로 〈술꾼도시여자들〉의 주인공 캐릭터별로 스토리를 추가하여 스핀오프나 외전 등도 검토해볼 수 있겠다. 이 외에도 시즌 8까지 성행리에 방영했던 〈위기의 주부들〉처럼 시즌마다 새로운 캐릭터를 배치하여 기존의 캐릭터와 새로운 관계도를 형성하면 향유자들에게 끊임없이 즐길 거리를 제공할 수 있다.

더불어 술과 관련된 PPL, 음주 관련 굿즈를 제작하는 등의 트랜스미디어 스토리 월드 구축이 가능하다. 해당 드라마에서는 미쏘(미지근한 소주)가 큰 인기를 끌어 미쏘라는 신조어가 생성됐는데, 이러한 파급력으로 드라마 내 특정 신제품 주류를 출연시킨다면 〈술꾼도시여자들〉만의 주류도 제작 가능할 것이다. 또한 드라마에 술안주로 나오는 음식을 편의점과 콜라보하여 출시하는 방향도 생각해 볼 수 있다.

그리고 술이라는 소재가 문화적 할인율이 낮은 소재이기 때문에 글로벌 OTT 진출이나 판권 판매 등도 고려해볼 만하다. 드라마 방영 이후에는 기존 스핀오프 예능 '산꾼도시여자들'처럼 산 이외에도 바다, 또는 지역별 시장을 돌아다니며 각 특산물과 음주 문화를 즐기는 콘텐츠를 제작할 수 있다. 더군다나 드라마 속 세 여성들이 입었던 옷들도 많은 화제가 되었는데, 그렇기에 의류 브랜드와의 협업도 기대해 볼 수 있다. 이렇듯 하나의 콘텐츠에만 그치지 않고 다양한 갈래로 뻗어나갈 수 있는 잠재력은 〈술꾼도시여자들〉 안에 많이 내포되어 있다. 추후 이와 같은 발전 가능성으로 지속적인 트랜스미디어 스토리 월드를 구축할 수 있을 것이다.

코로나19 사태가 길어지게 되면서 타인 접촉으로 인한 감염 위험이 만연한 외부 활동 대신에 실내에서 즐길 수 있는 '콘텐츠'에 대한 수요가 급격히 증가하고 있다. 특히 넷플릭스를 필두로 하여 다양한 온라인 동영상 서비스들이 자리를 잡으면서, 수동적이었던 향유자들이 방송사가 송출하는 프로그램을 시청하는 것에서 그치지 않고 적극적인 태도로 자신의 취향에 맞는 콘텐츠를 찾아 즐기고 있는 추세이다. 즉, OTT의 시대의 장이 열리고 있다고 볼 수 있다. 이러한 OTT 환경 속에서, 〈술꾼도시여자들〉과 같이 웹툰이 드라마화된 작품들도 늘어나며, 다양한 형식의 작품들도 많이 등장하고 있다. '포스트 OTT' 시대에 한국은 K-콘텐츠를 중심으로 판도를 뒤집어, 눈에 띄는 성장을 기록한 국가로 평가받고 있다. 더 이상 한류는 아시아에 국한되지 않는다. '오징어 게임'과 '지옥', BTS 열풍 등으로 K 콘텐츠는 OTT 시대에 무한한 잠재 가능성을 가지고 있다는 것을 확인 할 수 있었다. 그렇기에 앞으로 더 발전될 OTT 환경은 한국 콘텐츠 산업을 더욱 크게 성장시킬 수 있는 발판이 될 것이다.

참고문헌

김미라, TV 드라마 <마인>의 여성주의 서사 - 가부장제 클리셰의 파기와 질서의 전복, 《한국콘텐츠
학회논문지》제21권 제11호, 한국콘텐츠학회, 2021.

김훈순, 김미선, 여성 담론 생산의 장(場)으로써 텔레비전 드라마 = 30대 미혼여성의 일과 사랑을 중
심으로, 《한국언론학보》Vol.52 No.1, 한국언론학회 2008.

남은주, 술꾼들의 취중만담…현장에 답이 있다, <한겨레>, 2015.10.14. (https://www.hani.co.kr/
arti/culture/culture_general/712837.html)

미깡, 《술꾼도시처녀들》2권, 예담, 2015.

박경철, 만화콘텐츠 교육을 위한 네칸만화 구조와 수사법 연구: 경향신문 <장도리>를 중심으로, 《만
화애니메이션연구》통권 19호, 한국만화애니메이션학회, 2010.

이용석, 《2000년대 이후 한국 드라마 제작 시스템 연구: 드라마 기획 방식을 중심으로》, 고려대학교
대학원 박사학위 논문, 2021.

정다정, 역전! 야매요리, 네이버웹툰, 2011. (https://comic.naver.com/webtoon/list?titleId=409630)

미깡작가님과의 인터뷰

미깡 작가님께 SNS로 인터뷰를 요청 드린 내용

Q1. 웹툰과 드라마를 비교해 보았을 때. 두 작품의 스토리나 주인공의 설정
이 차이가 큼을 확인할 수 있었는데요! 드라마로 전환될 때 작가님께서
이러한 부분에 참여하시면서 각색하신 건지, 만약에 하셨다면 어느 영
역까지 참여하신 것인지 궁금합니다.

미깡: 전혀 참여하지 않았습니다. 종종 원작자가 각색에 참여하는 경우도 있
긴 합니다만 술도녀의 경우 판권만 판매하고 나머지는 전부 제작사에
권한을 일임하였습니다.

---

14 본 인터뷰 내용은 2022년 12월 2일에 미깡 작가님 개인 SNS와 이메일로 부탁을 드려
2022년 12월 7일에 서면으로 답변 받은 내용입니다. 다시 한 번 인터뷰에 응해주신 미깡
작가님께 감사드립니다.

<술꾼도시여자들>, 당신에게 건네는 세 여자의 유쾌한 건배   105

Q2. 한 인터뷰에서 드라마화 제안을 많이 받으셨다고 말씀하셨던 것을 확인할 수 있었는데요. 웹툰 연재로부터 약 7년이 지난 시점에서, 그 중에서도 티빙 오리지널을 선택하신 특별한 이유가 있는지 궁금합니다.

미깡: 2015년부터 판권은 두어 차례 다른 곳에 판매한 적이 있는데 실제로 제작이 되지 못했습니다. 편성에 어려움이 있었던 것으로 추측됩니다. 제가 티빙 오리지널을 '선택'했다기보다는, 본팩토리라는 제작사에 판권을 판매했는데, 그곳이 CJ 계열이었기 때문에 자연스럽게 티빙에서 방영하게 된 것이구요. 수년째 드라마화가 안 되다가 작년에 된 것은 역시 OTT 전성시대를 맞았기 때문인 것 같네요. 술 마시는 여성들 이야기가 지상파보다는 OTT에 적합하지요.

Q3. 세 번째 질문으로는 웹툰에 다양한 형식이 존재하는데 그 중에서도 네 컷 만화의 형식을 취한 것과 마지막에 직접 촬영하신 안주 사진을 삽입하신 부분에 대해 독자들과 소통하고 공감대를 형성하기 위함이라고 생각했습니다. 혹시 이 외에도 다른 의도가 있으셨는지 궁금합니다.

미깡: 원래 제가 네 컷 만화를 좋아하기도 하고, 사실을 밝히자면 매주 수십 컷을 소화할 역량도 없었기 때문에 가장 편한 방식을 택했는데, 그게 또 의외로 신선하게 작용했던 것 같네요. 마지막 안주 사진은 제 만화의 독자들이라면 대개 술꾼일 것이므로 술꾼들이 안주 사진을 분명 좋아할 거라는 확신이 있어서 시작했습니다.

Q4. 마지막 질문으로는 웹툰이 드라마화되며 주인공 세 여성의 우정이나 회사 내 갑질 및 성희롱, LGBTQ 등의 사회적 문제에 대한 스토리가 많이 추가되었는데 이 부분에 대해서는 어떻게 생각하시는지, 이 외에도 바뀐 설정 중에 매력적으로 다가오신 부분이 있는지 궁금합니다!!

미깡: 드라마가 정말 탁월하게 잘 만들어졌다고 생각합니다. 말씀하신 것처럼 다루고 있는 내용도 풍성하고, 또한 표현도 과감했고요. 여성들이

자기 욕망을 표현할 때 자기검열에서 자유롭기가 쉽지 않은데, 술도녀의 세 인물들은 너무나도 솔직하게 자기 생각을 표현하고, 행동으로 직진하고(그래서 실수도 합니다만) 좌충우돌하면서도 끝내 성장하는 모습이 멋지다고 생각합니다.

답장 전체답장 전달 삭제 스팸차단 안읽음   이동 ▼ 더보기 ▼   목록 ∧∨

안녕하세요, 미깡입니다.
질문에 답변 드릴게요.

첫번째 질문으로는 웹툰과 드라마를 비교해보았을 때, 두 작품의 스토리나 주인공의 설정이 차이가 큼을 확인할 수 있었는데요! 드라마로 전환될 때 작가님께서 이러한 부분에 참여하시면서 각색하신 건지, 만약에 하셨다면 어느 영역까지 참여하신 것인지 궁금합니다.

전혀 참여하지 않았습니다. 종종 원작자가 각색에 참여하는 경우도 있긴 합니다만 술도녀의 경우 판권만 판매하고 나머지는 전부 제작사에 권한을 일임하였습니다.

두번째 질문으로 한 인터뷰에서 드라마화 제안을 많이 받으셨다고 말씀하셨던 것을 확인할 수 있었는데요! 웹툰 연재로부터 약 7년이 지난 시점에서 그 중에서도 티빙 오리지널을 선택하신 특별한 이유가 있는지 궁금합니다.

2015년부터 판권은 두어 차례 다른 곳에 판매한 적이 있는데 실제로 제작이 되지 못했습니다. 편성에 어려움이 있었던 것으로 추측됩니다.
제가 티빙 오리지널을 선택했다기보다는, 본팩토리라는 제작사에 판권을 판매했는데, 그곳이 CJ 계열이었기 때문에 자연스럽게 티빙에서 방영하게 된 것이구요.
수년째 드라마화가 안 되다가 작년에 된 것은 역시 OTT 전성시대를 맞았기 때문인 것 같네요. 술 마시는 여성들 이야기가 지상파보다는 OTT에 적합하지요.

세번째 질문으로는 웹툰에 다양한 형식이 존재하는데 그 중에서도 네컷 만화의 형식을 취한 것과 마지막에 직접 촬영하신 안주 사진을 삽입하신 부분에 대해 독자들과 소통하고 공감대를 형성하기 위함이라고 생각했습니다. 혹시 이 외에도 다른 의도가 있으셨는지 궁금합니다.

<술꾼도시여자들>, 당신에게 건네는 세 여자의 유쾌한 건배   107

원래 제가 네컷 만화를 좋아하기도 하고, 사실을 밝히자면 매주 수십 컷을 소화할 역량도 없었기 때문에 가장 편한 방식을 택했는데, 그게 또 의외로 신선하게 작용했던 것 같네요 ^^ 마지막 안주 사진은 제 만화의 독자들이라면 대개 술꾼일 것이므로 술꾼들이 안주 사진을 분명 좋아할 거라는 확신이 있어서 시작했습니다.

마지막 질문으로는 웹툰이 드라마화되며 주인공 세 여성의 우정이나 회사내 갑질 및 성희롱, LGBT 등의 사회적 문제에 대한 스토리가 많이 추가되었는데 이 부분에 대해서는 어떻게 생각하시는지, 이 외에도 바뀐 설정 중에 매력적으로 다가온 부분이 있는지 궁금합니다.

드라마가 정말 탁월하게 잘 만들어졌다고 생각합니다. 말씀하신 것처럼 다루고 있는 내용도 풍성하고, 또한 표현도 과감했고요. 여성들이 자기 욕망을 표현할 때 자기검열에서 자유롭기가 쉽지 않은데, 술도녀의 세 인물들은 너무나도 솔직하게 자기 생각을 표현하고, 행동으로 직진하고(그래서 실수도 합니다만) 좌충우돌하면서도 끝내 성장하는 모습이 멋지다고 생각합니다.

답변이 잘 되었을까요? ^^
학술연구라고 하셨지요?
나중에 결과물 보여주실 수 있으면 보여주세요. 어떤 내용인지 궁금하고 흥미로워서요 ^^
그럼 모두 힘내시고 건강하시길요!

이메일로 주신 미깡 작가님의 답변

〈스위트홈〉, 좀비 아포칼립스의 새 지평

박준용·강윤수·박진희·이영동·진국우

Ⅰ. 새로운 시각에서 바라보는 〈스위트홈〉

웹툰 〈스위트홈〉은 김칸비, 황영찬 작가의 작품으로 인간의 억압된 욕망이 표출되어 괴물이 되는 괴물화 사태가 벌어진 상황에서 건물에 갇힌 그린홈 주민들의 생존 이야기를 그리는 내용이다. 웹툰의 큰 인기에 힘입은 〈스위트홈〉은 넷플릭스 오리지널 드라마로 제작되며 한국형 크리쳐(creature)물 IP의 성공 사례로 다뤄지곤 한다.

장르는 향유자가 콘텐츠를 접할 때 가장 먼저 보이는 범주이자 콘텐츠 선택의 중요한 척도가 되기도 한다. 따라서 트랜스 미디어 스토리텔링 분석의 장르적 접근은 IP가 향유자에게 장르로서 익숙한 것과 새로운 것의 구분과 이에 대한 조합을 파악할 수 있기에 기본적이면서도 중요하다고 할 수 있다. 하지만 〈스위트홈〉의 장르로서 크리쳐물은 사람을 살해하거나 잡아먹는 괴물이 나오는 작품을 일컫지만 크리쳐의 종류가 좀비, 드라큘라, 괴수, 유령 등으로 다양하기 때문에 각 크리쳐가 가지는 특성으로 인해 플롯과 인물의 양상이 다르게 나타난다. 따라서 이렇게 다양한 양상을 포괄하는 크리쳐물이 특정한 장르적 특성을 지닌다고 보기 어렵다. 그렇기 때문에 〈스위트홈〉 IP의 트랜스미디어 스토리텔링 성공 사례를 분석하기 위해선 크리쳐물보다 더 세부적인 장르로 접근하여 분석할 필요가 있다. 그렇다면 〈스위트홈〉은 어떤 세부 장르로 접근해야 하는가에 대해 알아보겠다.

1. 〈스위트홈〉의 크리쳐 정체

크리쳐물의 세부 장르로 접근하기 위해서는 〈스위트홈〉의 크리쳐가 무엇인지 먼저 규명하는 것이 우선이다. 〈스위트홈〉 크리쳐인 괴물은 인간이 어떠한 영향을 받아 변화한 존재이다. 작품 내에서는 환청이 들리고 코피가 흐르는 '괴물화 증상'이 나타나는 인간을 '감염자'라고 칭한다. 감염이란 병원성 미생물이 사람이나 동물, 식물의 조직, 체액, 표면에 정착하여 증식하는 일을 말하는데, 작품 내에선 어떠한 종양으로부터 감염된 감염자는 신체 내부의 종양이 내면의 욕망을 부추기는 소리를 지속적으로 듣는다. 결국 그 욕망을 받아들이는 감염자는 괴물이 된다. 그리고 그 괴물은 그러한 내적 욕망이 외형적 특징으로 발현되어 사람과는 거리가 먼 모습을 한다. 이들은 근육질 몸매를 갖고 싶은 욕망이 발현된 '근육 괴물'이 사람을 섭취하여 프로틴을 보충하는 것처럼 채우지 못한 욕망만을 추구하며 본능만이 남은 존재가 된다.

그리고 이러한 괴물에게는 어떠한 사회적 함의가 있는 것처럼 보인다. 최근 현대사회에서 사람들의 불안과 고독이 심화되며 많은 사회적 문제를 낳고 있다. 2016년 보건복지부에서 진행한 〈정신질환실태 조사〉에 의하면 18세 이상의 우리나라 성인 남녀의 불안장애 평생유병률은 2006년 6.9%, 2011년 8.7%, 2016년에는 9.3%로 꾸준히 증가하고 있는 추세이다. 또한 2011년과 비교해 가장 큰 폭으로 증가한 불안장애 유형은 사회공포증으로 2011년 0.5%에서 2016년 1.8%로 증가하였다.[1] 이러한 문제는 단지 개인의 심리적 차원의

---

1   보건복지부, 2016년도 정신질환실태 조사, 2017, p.267 참조

문제로 볼 것이 아니라 사회적 측면에서 바라보고 그 원인을 찾아야 한다. 찰스 테일러(Charles Taylor)는 오늘날 사회의 특징을 개인주의와 다원주의로 바라보고 이를 현대인의 불안과 고독에 대한 원인으로 규명하였다. 개인주의 사회가 되면서 오늘날 자유로운 개인은 자신의 삶의 가치와 의미를 공동체와 분리시키고자 하는데, 그 과정에서 스스로 자신의 생활 방식과 신념을 선택할 수 있게 되었지만 자기 자신을 벗어나 보다 넓은 차원에서의 고귀한 가치나, 높은 목적의식은 더 이상 가지지 못하게 되었다는 것이다.

찰스 테일러는 이러한 두 가지 특징을 지닌 현대 문화를 '나르시시즘의 문화(the culture of narcissism)'라고 규정한다. 이는 자신의 욕구에 대한 충족에만 관심을 두고 외부의 도덕적 요구 같은 것에는 관심을 두지 않는 태도가 확산되어 있는 문화를 말한다. 이러한 문화 속에서 현대인들은 자신의 가치를 높이지도, 평가하지도 못한 채로 불안과 고독에 휩싸여 부유하며 타인과 공동체를 자신의 욕망 충족을 위한 수단으로 이용한다. 마치 〈스위트홈〉의 괴물처럼 말이다. 〈스위트홈〉은 현대 사회를 살아가는 불안과 고독에 휩싸인 현대인들을 자기 욕망 충족에 대한 본능만이 남은 괴물로 은유한 것이다.

이를 바탕으로 〈스위트홈〉의 크리쳐인 '괴물'의 특징을 정리해보자면,

첫째, 인간이 변화한 존재이다.

둘째, 그 원인이 감염병이며, 증상이 있는 자를 작품 내에서 감염자로 칭한다.

셋째, 괴물은 욕구 충족이라는 본능만이 남은 존재이다.

넷째, 현대 사회를 괴물로서 은유했다는 점이 있다.

이러한 특징들은 사람으로부터 변화해서 생긴 크리쳐 종류인 드라큘라, 늑대인간 등 그 어떤 크리쳐들보다도 좀비물의 '좀비'의 특성과 동일하다. 좀비물이란 호러물의 하위로 칭해지는 장르로 인간의 시체가 살아나거나 인간이 감염되어 겉으로는 인간이지만 공격성만이 남은 좀비가 나오는 작품을 일컫는다. 조지 로메로 감독의 〈살아있는 시체들의 밤〉을 기점으로 독자적 장르로 인

정받았던 좀비물은 21세기에 이르러 이른바 '좀비 르네상스'를 거치면서 '현대적인 좀비물'로 새롭게 자리잡았다. 가장 큰 특징은 감염 원인의 다각화이다. 초기 좀비들이 주술에 의해, 로메로의 좀비가 방사능 추정 물질로 인해 만들어졌다면, 현대적 좀비는 과학 기술이나 다른 원인들로 발생하지만 바이러스에 의한 감염을 주원인으로 한다. 또 이런 원인으로 발생한 좀비는 움직임이 느리고 살아있는 시체에 불과했던 고전적 좀비에서 벗어나 빠르고 완력이 강화되어 이른바 '뛰는 좀비' 혹은 '밀레니엄 좀비'로 변화했다. 이로 인해 좀비떼 장면이 더 긴박하고 효과적으로 구현되면서 반복적으로 사용되어 새로운 장르적 클리셰로 자리잡았다. 이 점에서 〈스위트홈〉의 괴물 특징 중 첫째, 둘째, 셋째가 좀비와의 동일성을 확보한다. 조지 로메로 영화의 좀비는 사회적 불안, 공포, 분노, 혐오들을 실어나르고 재조직하는 상징의 다의적 운반체로 해석되기도 하며 만족을 모르고 끊임없이 인간의 살을 탐하는 좀비의 모습을 통해, 1950년대[2] 이후 경제적 번영을 구가해 가던 미국 사회의 물질만능주의를 정면으로 비판[3]했다고 해석되기도 한다. 또한 주체 의식이 없는 좀비들은 소통이 불가한 침묵의 집단으로서 좀비의 집단적 실어는 현대 자본주의 사회에서 발언권을 빼앗긴 대중에 대한 은유로 표현되기도 한다.[4] 이렇게 태생부터 현대에 이르기까지 좀비는 하나의 은유 장치로서 기능해왔다. 따라서 〈스위트홈〉은 네 번째 특징까지 좀비와 동일성을 확보한다. 그러므로 이제부터 〈스위트홈〉의 괴물이 외형적으로 좀비와 다르더라도 좀비의 특징과 모두 일치하기 때문에 이들을 좀비라고 칭하고 새로운 장르로 규명하고자 한다.

---

2   복도훈, 살아 있는 좀비대왕의 귀환 – 조지 A. 로메로를 추모하며, 《문학동네》 92호, 문학동네, 2017, p.4

3   권혜경, 좀비, 서구 문화의 전복적 자기반영성: 조지 로메로의 〈살아있는 시체들의 밤〉과 〈시체들의 새벽〉을 중심으로, 《문학과 영상》 3호, 문학과영상학회, 2009, p.54

4   쉬자오이, 최원호, 좀비 영화의 상징성 연구, 《한국콘텐츠학회 종합학술대회 논문집》, 한국콘텐츠학회, 2021, p.82

2. 좀비 아포칼립스물로서 <스위트홈>

앞서 서술한 좀비 르네상스 이후 좀비 서사는 '감염'이라는 발생 원인으로 인해 좀비 확산 속도가 빨라졌고, 완력과 속도를 갖추고 집단적으로 움직이는 좀비들에 대한 집단적 대응이 필요해져서 좀비 서사의 배경 공간이 국지적에서 세계적으로 확산되었다는 특징을 가진다. 이러한 공간의 확장은 대재앙, '아포칼립스(apocalypse)'로 이어진다. 따라서 좀비 서사는 이젠 단순한 좀비물이 아닌 '좀비 아포칼립스물'이라고 할 수 있다.

괴물의 정체를 좀비로 규명했으므로 이제 <스위트홈>이 '좀비 아포칼립스물'로서 갖춰야 할 요소들을 점검할 필요가 있다. <스위트홈> 세계관은 욕망 발현을 통해 생겨난 좀비들로 인해 멸망한 세계관을 연결되지 않는 전화, 웹툰 5화의 무너지고 불이 타오르는 창밖의 장면 등을 통해 볼 수 있다. 또한 호러물의 하위 장르로서 인간을 살해하는 좀비를 통해 연출되는 호러적 긴장감을 볼 수 있다. 그리고 좀비 아포칼립스 세계관의 서사가 진행되는 데에 가장 큰 요소인 인간의 생존 본능은 근원에서 탐욕으로 이어져 극단적인 갈등이 된다. 이러한 갈등의 양상은 좀비와 인간을 넘어 인간과 인간으로 확대된다. 좀비화 증상을 보이는 차현수를 극단적으로 배제하는 김석현(웹툰 39화), 김석현에게 가정폭력을 당해왔지만 좀비가 되기 전에 본인의 의지로 김석현을 살해하려는 안선영, 그리고 그러한 살해를 부추기고(51화), 남들에게 괴물 퇴치를 떠밀다가 홧김에 류재환을 살해한 손혜인(65화)까지 다양한 갈등 양상을 확인할 수 있다. 좀비 아포칼립스 세계관이 갖춰야 할 요소인 멸망한 세계, 좀비를 통한 호러적 긴장감, 생존과 탐욕으로 인해 벌어지는 갈등을 모두 갖춘 <스위트홈>은 이제 좀비 서사를 가진 '좀비 아포칼립스' 장르라고 할 수 있다.

<스위트홈>을 좀비 아포칼립스물로서 바라보면서 좀비 서사의 장점이 드러난다. 좀비 서사는 21세기에 이르면서 앞서 서술한 특징들에 더해 소설, 영화, 드라마를 넘어 애니메이션, 만화, 예능 프로그램 등 서사를 포함하고 있는 거의

모든 매체로 확산되었는데, 아울러 여러 매체가 서로 영향을 주고받으며 서사가 확대·재생산되는 경우도 있다. 연상호 감독의 애니메이션 〈서울역〉과 〈부산행〉의 트랜스미디어 스토리텔링이 대표적 사례이다. 현대적 좀비 서사의 세계관 확장과 매체로의 확산이 가지는 두 가지 특성은 좀비 아포칼립스물의 확장성을 더욱 증대시킬 수 있었다. 〈스위트홈〉 또한 크리쳐물이 아닌 좀비 서사를 가진 하나의 좀비 아포칼립스물로서 확장성의 장점을 지니고 있다.

3. 좀비 아포칼립스물의 트랜스미디어 스토리텔링 가능성

좀비 아포칼립스물은 21세기에 이르러 트랜스미디어 스토리텔링에 있어서 확장성이라는 큰 장점을 가지게 되었음에도 불구하고 애니메이션 〈서울역〉부터 시작된 연상호의 좀비 시리즈와 게임 IP 〈바이오하자드〉, 최근에 들어선 웹툰 IP 〈지금 우리 학교는〉 외에는 트랜스미디어 스토리텔링 사례가 거의 없다. 이는 좀비 아포칼립스물의 장르적 특성 때문인데, 크게 4가지로 설명할 수 있다.

장르를 대표하는 캐릭터인 좀비의 태생은 시체이고, 현대에서도 전통적 이미지를 이어받아 시체의 외형을 그대로 가져온다. 따라서 향유자들이 시체가 갖고 있는 역겨움 뿐만 아니라 친숙한 것을 낯설게 느끼게 될 때 사용되는 정신분석학적 용어인 언캐니(uncanny)함 또한 느끼게 되어 깊은 거부감을 가질 수 있다. 이와 더불어 대부분의 작품이 동시대의 암울한 면을 은유한다는 특성도 가지고 있다. 사람들에게 거부감을 일으키는 이 두 가지 특성 때문에 IP에 대한 향유자의 공유가 이루어지기 쉽지 않다.

또한 좀비 아포칼립스물은 인간을 해치는 좀비들로 인해 멸망한 세계를 무대로 하기 때문에 생존을 메인 플롯으로 설정한다. 좀비와 아포칼립스라는 장르적 한계 때문에 생존 외에는 다른 플롯을 메인으로 서사를 전개하기 어렵고 메인으로 하더라도 생존이 필수적인 요소로 포함된다. 그렇기 때문에 클리셰가 반복되고 서사 구조 또한 대부분 동일하게 전개되므로 향유자에게 있어서 대부분의 좀비 서사는 뻔한 이야기가 되어 버린다는 한계가 존재한다.

이에 더해 공포물로서 긴장감을 유지하기 위해 고립된 환경과 그곳에서 발생하는 혼란을 주 무대로 하기 때문에 확장을 위한 더 큰 무대, 혹은 또 다른 환경으로 나아가기 위한 확장 가능성의 여지가 존재하지 않으면 확장이 이루어지기 쉽지 않다.

이 4가지 이유로 좀비 아포칼립스물의 트랜스미디어 스토리텔링 구축 사례가 부진하다고 볼 수 있다. 따라서 트랜스미디어 스토리텔링 월드를 구축하기 좋은 좀비 아포칼립스물 원천 IP는 이러한 한계를 극복할 수 있어야 한다. 그렇기 때문에 좀비 아포칼립스물의 원천 IP 평가 기준을 '거부감을 일으키는 좀비의 외형을 보완할 수 있는 요소를 지녔는가, 암울한 사회에 대한 은유에서 오는 거부감을 어떻게 완화시켰는가, 생존의 뻔한 이야기에서 벗어날 수 있는 플롯이나 요소가 존재하는가, 더 큰 무대나 또 다른 환경으로 확장될 수 있는 여지가 존재하는가'로 두고 이 네 가지 평가 기준을 토대로 원천 IP〈스위트홈〉에 대한 분석을 전개하고자 한다.

II. 웹툰〈스위트홈〉, 좀비 아포칼립스물의 변형

1. 좀비의 일반적 성격 탈피

〈스위트홈〉이 제시하는 좀비는 보편적인 좀비 아포칼립스물에서 볼 수 있는 좀비와 외형적으로 굉장히 다르다. 보편적인 좀비는 외형적으로는 인간의 형상을 기본으로 하여 기괴한 관절구조와, 충혈된 눈, 피가 범벅이 된 몸 등 그로테스크한 모습을 하고 있다. 그러나 스위트홈의 각 좀비들은 변형 이전 인간의 욕망이 외형적으로 표출된 모습을 갖고 있기 때문에 외형적으로는 보편적 좀비와 거리가 멀고 생김새가 획일적이지 않아 다양성을 가진다. 따라서 〈스위트홈〉의 좀비가 그로테스크하지 않는 건 아니지만 인간의 외형에서 조금 더 멀어져 외형적 측면의 언캐니가 완화될 수 있었다. 또 이러한 좀비들은 각각 개성 있는 외형을 가져 괴물의 별명을 붙여 공유하기 용이하고 더 몰입할 수 있는 요소로 작용하였다. 대표적 사례로 작중 머리가 잘린 좀비가 지속적으로 인물들을 공격하는데, 9화의 베스트 댓글 "왜 연근같이 생겼지"라는 댓글을 시작으로 해당 괴물에 '연근이'라는 별명이 생겼고 단행본 1~3권 세트 초판 부록으로 주는 좀비의 포토카드의 설명에서 '머리의 단면이 연근을 연상시킨다.'라고 서술됨으로써 작가가 인정하는 공식적인 별명이 되었다. 이는 향유자의 참여를 통한 트랜스미디어 스토리텔링의 예시로도 볼 수 있다.

<그림 1> 향유자의 참여를 통한 트랜스미디어 스토리텔링 예시

2. 갈등의 다각화를 위한 감염의 변주

〈스위트홈〉은 좀비 발생의 원인이 과학 기술 혹은 바이러스에 의한 감염이 아니라 어느 순간부터 몸 속에서 종양이 자라나 감염되고, 그렇게 감염된 인물의 욕망이 표출되어 발생한다는 원인을 지녀, 지금까지의 좀비 아포칼립스물과는 다른 차별적 세계관을 가지고 있다. 좀비의 타액이나 공기 등을 통해 전염되는 것이 아니라, 어느 순간 몸에 욕망 표출을 유도하는 종양이 자라난 뒤 감염 증상이 시작된다. 체외의 원인으로 인해 감염되는 것이 아니라, 체내의 변화로 인해 감염이 되는 〈스위트홈〉의 좀비 감염은 감염자가 코피를 흘리는 모습이 밝혀지기 전에는 인물 사이에서 감염자 구분이 어려워 누가 감염자일지, 언제 감염자가 생길지 모른다는 극적 긴장감을 극대화시킨다. 39화부터 40화까지에서 좀비화가 진행되고 있는 차현수의 퇴출 여부를 두고 주민들 사이에서 투표를 하는 장면에서 그 긴장감이 잘 드러난다. 내보내자는 표가 압도적으로 많을 것이라는 짐작과는 달리 내보내지 말자는 의견이 1표 더 앞서면서 차현수가 주민 무리에 잔류하게 된다. 이러한 투표 결과에 이은혁은 '투표한 주민들 사이에서도 좀비화 증상을 겪고 있는 사람이 있기 때문'이라 언급한다. 투표 이후 적극적으로 차현수 퇴출에 동의하던 김석현도 좀비화 증상을 겪게 되었고, 그의 아내인 안선영도 좀비화를 숨기는 등 그 외에도 다른 인물들도 이를 숨기면서 향유자는 물론 극중 인물들 또한 각 인물에 대한 의심이 가중되면서 극적 긴장감이 올라간다.

　시체나 외부의 감염으로 인해 발생하는 일반적인 좀비는 외형은 변형 이전의 사람과 비슷하나 이성을 잃고 공격욕 혹은 식욕만이 남았다는 점에서 외형의 익숙함과 이성의 낯설음의 언캐니를 발생시킨다. 하지만 감염자 내면의 욕망이 표출되어 발생하는 〈스위트홈〉 좀비는 외형이 변형 이전의 사람과 다르나 그 사람의 일부인 욕망을 해소하려는 존재로서 이성의 익숙함과 외형의 낯설음의 언캐니를 발생시킨다. 예를 들어 작중 근육좀비는 사람일 때 근육을 키우고자 했던 강한 욕망이 발현된 좀비이다. 그 결과 육중한 근육을 지니고 인간을 섭취하면서 단백질을 보충하려는 행동을 보인다. 단순히 식욕이나 공격욕과는 달리 인간일 때 갖고 있던 가장 큰 욕망을 표출한다는 점에서 일반적인 좀비와 〈스위트홈〉의 좀비는 구별된다. 즉 〈스위트홈〉의 좀비가 변형 이전의 인간이나 절대적 타자로 변형되는 것이 아니라 내면의 억압된 타자가 발현된다고 할 수 있다.

3. 좀비의 변주를 통한 갈등 다각화

이러한 〈스위트홈〉 좀비의 발현은 일반적인 좀비 아포칼립스물이 인간과 인간, 좀비와 인간으로 한정된 갈등을 그리는 것과 달리 갈등 양상을 다각화시킨다. 〈스위트홈〉의 주 갈등 양상은 크게 네 가지로 구분할 수 있다. 좀비 아포칼립스물로서 가장 기본적으로 갖고 있는 좀비와 인간 간의 갈등이 있고, 다음으로 생존을 위한 이기심으로 발생하는 인간 간의 갈등이다. 앞서 언급했던 40화의 투표 결과를 수긍하지 못하고 사람들에게 언성을 높인다. 이후 김석현은 좀비화 증상인 코피를 보이는데 언제라도 본인이 좀비가 될 수 있는 가능성은 열려 있다는 점도 간과한 채 오로지 생존만을 위해 무작정 현수를 몰아가는 모습을 볼 수 있다. 62화의 손혜인 본인은 뒤에 머무른 채 타인에게 좀비를 무찔러라고 등 떠미는 모습을 볼 수 있다. 이렇게 생존을 위해 이기심에 휩싸인 인간들로 인해 발생하는 갈등을 볼 수 있다.

다음은 좀비화가 진행되는 과정 중에서 발생하는 내적 갈등이다. 앞서 언급했듯 〈스위트홈〉은 자신의 내부에 생긴 종양이 내면의 목소리를 통해 끊임없이 유혹하며 욕망 표출을 유도한다. 즉, 욕망을 표출시키려는 내면과 인간의 이성을 유지하려는 이성의 충돌이 발생한다. 이러한 내적 갈등은 68화에서의 김석현, 총합 16화에서의 차현수 등을 통해서 볼 수 있다.

마지막으로 가장 주제 의식이 선명하게 반영되어 있는 인간 정체성과 관련된 갈등이다. 선과 악으로 대비되는 기존의 인간과 비인간의 선명한 구분에서 탈피해 이 둘 간의 경계를 모호하게 하여 갈등을 만들고 그러한 갈등을 바탕으로 인간성에 관한 질문을 건넨다. '좀비 아포칼립스'라는 인류 멸망의 위기에서 절체절명의 상황에 처한 인물들이 침착함을 유지하기란 어려운 일이다. 그렇기 때문에 대부분의 '좀비 아포칼립스물'에서는 생명의 위협을 느끼는 인물이 자신의 안위만을 생각해 이기적으로 행동하는 모습이 나타난다. 그렇게 만들어진 갈등은 일반적으로 사회에서 쉽게 드러나고 접하는 표면적 층위에서 이루어진다.

<표 1> 경계가 모호한 네 가지 존재

유형	사진	내용	예시
인간의 이성을 유지하고 있는 좀비 (반좀비)		인간과 좀비의 경계를 모호하게 만듦	차현수, 조이현
인간에게 해를 끼치지 않는 좀비		좀비 살해에 대한 윤리적 문제 제기	아기좀비, 젤리좀비
좀비보다 더 비인간적인 인간		인간과 좀비의 경계에서 인간과 비인간의 경계로 확장	신중섭, 백호연, 임현식, 서갑수, 손혜인
좀비 고치에서 탄생한 인간		외형적으로 구분되는 인간과 좀비의 경계를 완전히 지움	고치 인간

<스위트홈>, 좀비 아포칼립스의 새 지평

그러나 본 작품에서는 인간의 이기심 발현이라는 문제를 넘어 더욱 깊은 인간 내면의 정체성의 갈등에 대해 다룬다. 〈스위트홈〉은 인간과 비인간의 경계가 모호한 4개의 존재를 통해 인간 내면의 정체성에 관한 갈등을 제시하고 이를 통해 향유자에게 질문을 건넨다. 인간의 이성을 유지하여 인간과 좀비 사이의 존재인 반좀비, 인간에게 해를 끼치지 않는 좀비, 좀비보다 더 비인간적인 인간, 좀비 고치에서 탄생한 인간이 그 존재이다.

가장 먼저 주인공 차현수를 통해 인간과 좀비 사이의 존재를 드러냈다. 좀비화 진행으로 남다른 회복력과 자가 치유능력을 가지고 있지만 괴물이 되지 않기 위해 이성을 놓지 않으며 반인간, 반좀비의 모습을 띤다. 차현수에 대해 적대적인 그린홈 주민들과 차현수를 인간으로서 대하는 몇몇의 주민들 사이의 갈등을 통해 차현수의 인간과 좀비 사이의 정체성을 질문하고 인간과 좀비의 경계를 모호하게 만든다.

이어서 인간을 공격하지 않는 좀비가 등장한다. 아기를 잃어버리고 이에 대한 충격으로 빈 유모차를 끌며 아이가 있다고 착각하는 임명숙은 아이에 대한 집착이 매우 강한 인물로, 결국 욕망에 못 이겨 아기 좀비가 되어버린다. 태아의 형태를 한 아기 좀비는 그저 아이에 대한 욕망의 발현된 모습이었기에 인간에 대해 적대적 모습을 보이지 않는다. 또한, 액체괴물은 옷장에 숨어있던 어린 아이가 좀비에게 보이지 않았으면 하는 욕망이 발현되었기에 인간을 해하지 않는다. 지금껏 인간을 해하는 존재로서 적대하던 좀비의 틀을 부숴 모든 좀비는 살해해야 하는가에 대한 윤리적 문제를 제기한다.

세 번째로 좀비보다 더 비인간적인 인간인데, 앞서 언급한 손혜인의 모습을 통해 조금씩 내비치다가 84화에 이르러 신중섭을 필두로 하는 범죄자 패거리가 등장하면서 이에 대한 갈등이 고조된다. 이들은 좀비화가 진행 중인 선영을 너무도 가볍게 총으로 죽이는 모습을 보이고, 시체를 토막 내 좀비의 시선을 분산시켜 무사히 그린홈에 도달할 수 있었다는 사실도 드러난다. 범죄자 패거리는 자신들이 살기 위해 어떠한 수단도 가리지 않으며 비인간적인 행동을 일삼는다. 비인간성의 주축이던 좀비보다 더 비인간적인 모습을 보이는 인간을 제시하면서 인간과 좀비의 경계는 인간과 비인간의 경계로 확장되고 그 경계는 더욱 모호해져 과연 인간이 좀비보다 나은 존재인가에 대한 질문을 던진다.

마지막으로 제시하는 인간과 비인간의 경계를 모호하게 만드는 존재는 작중 신인류로 칭해지는 존재이다. 좀비는 내면에서 욕망이 다 소진된 후 고치가 되고 그 고치에서 다시 외형적으로 인간과 동일한 존재가 태어난다. 인간에서 좀비로 변하고 다시 외형적으로 인간이 된 존재는 비인간적인 인간을 제외하고 인간과 비인간을 구분지었던 외형적 구분을 완전히 깨뜨렸고 본인들을 신인류로 지칭하면서 인간과 비인간의 경계를 완전히 지워버린다.

이러한 〈스위트홈〉의 경계 지우기는 일반적인 좀비 서사에서 제시되는 인간성과 비인간성의 모호한 존재에 더 확장하여 세 층위의 존재를 제시하고 모호했던 경계를 완전히 지움으로써 향유자에게 새로운 질문과 향유를 이뤄낼 수 있었으며 인간 정체성에 관한 질문을 향유자 스스로 사유하며 더욱 깊은 몰입을 유도할 수 있었다.

4. 좀비 아포칼립스물을 탈피한 <스위트홈>의 가치

〈스위트홈〉은 앞서 서술한 스토리텔링 전략들을 통해 좀비 아포칼립스물로서의 IP 원천 가치 기준인 '거부감을 일으키는 좀비의 외형을 보완할 수 있는 요소를 지녔는가, 암울한 사회에 대한 은유에서 오는 거부감을 어떻게 완화시켰는가, 생존의 뻔한 이야기에서 벗어날 수 있는 플롯이나 요소가 존재하는가, 더 큰 무대나 또 다른 환경으로 확장될 수 있는 여지가 존재하는가'의 네 가지 기준으로 평가할 수 있다.

우선 거부감을 일으키는 좀비의 외형에서 탈피하여 보편적 좀비가 주는 그로테스크함을 완화하고 각 좀비의 특징을 과장하는 방법을 통해 하나의 밈을 만들어 향유자의 깊은 몰입을 이끌어냈다. 〈스위트홈〉은 앞서 서술한 외형의 탈피에 더해 인간을 해치지 않는 좀비, 인간의 이성을 유지하는 반좀비, 좀비에서 깨어나 신인류라고 자칭하는 존재를 서사에 추가하면서 좀비 아포칼립스물에서 보기 힘들었던 새로운 요소로서 작용하였고 이러한 인간과 비인간의 경계를 모호하게 만드는 존재는 IP의 주제의식을 더욱 깊게 만들 수 있었다. 암울한 사회에 대한 은유에서 벗어나진 못 했지만, 그러한 은유에만 집중하지 않고 더 확장하여 인간성 자체에 대한 사유를 유도함으로써 암울함에 대한 거부감을 완화했다고 볼 수 있다. 하지만 깊은 사유를 요구하는 주제의식과 다각화된 갈등은 향유자로 하여금 피로감을 줄 수 있기 때문에 대중성을 확보했다고 보긴 힘들다. 마지막으로 〈스위트홈〉의 더 큰 무대나 또 다른 환경으로 확장될 수 있는 여지는 다분하다. 신인류라 자칭하는 존재들의 정체가 완전히 밝혀지지 않았으며, 좀비화 사태의 원인 또한 밝혀지지 않았다. 웹툰의 마지막 화에서 군의 존재가 파악이 되었으며, 탈출한 그린홈을 만나는 고치에서 깨어난 차현수, 아직 고치에서 깨어나지 않은 이은혁 등 수많은 여지들이 남아있다. 그렇기 때문에 4가지 장르적 한계를 탈피하여 트랜스미디어 스토리텔링에 유리한 좀비 아포칼립스물로서의 원천 IP라고 평가할 수 있다.

III. 〈스위트홈〉 전환, 보완과 강화, 타이밍

  웹툰 〈스위트홈〉은 2020년 12월에 넷플릭스 오리지널 드라마로 전환되었다. 좀비 아포칼립스물로서 〈스위트홈〉이 전환이 이루어질 때 원천 IP의 강점을 보완하고 강화하는 것이 전환 전략이 될 것이다. 이 부분을 중점적으로 파악하고 드라마 〈스위트홈〉이 성공할 수 있었던 이유를 분석하고자 한다.

1. 축소와 확대/추가를 통한 대중성 확보

원천 IP 〈스위트홈〉의 평가 기준에서 유일한 약점은 다각화된 갈등과 깊이 있는 주제의식으로 인해 대중성 측면에서 부족함이 있었다. 드라마 〈스위트홈〉은 이 부분을 보완하기 위해서 대중성 확보가 어려운 부분은 축소시키고 축소된 만큼 대중성을 겸할 수 있는 요소를 추가함으로써 다소 부족한 대중성을 확보하였다.

웹툰 〈스위트홈〉의 스토리텔링 전략 중 큰 축을 담당하는 인간과 비인간의 경계가 모호한 존재들을 대거 축소시킴으로써 향유자 스스로의 사유와 깊은 몰입을 유도하는 질문들을 삭제하였다. 먼저 신중섭을 주축으로 한 범죄자 패거리는 웹툰에서 85화에 등장해 마지막화에 가까운 139화까지 절반에 가까운 분량 동안 주 갈등축으로 작용하고 비인간성을 지닌 인간으로서 그 경계를 크게 혼동시킨 인물들이다. 하지만 드라마에서는 총 10화 중 9화에만 등장하는데, 해당 회차의 마지막에 죽임을 당함으로써 아주 짧게 등장하였다. 또한, 동일하게 비인간성을 지닌 인간으로 기능했던 손혜인이 드라마에서는 감초 역할을 하는 캐릭터로 성격이 변화되었다. 마지막으로 인간과 비인간을 구분 지었던 외형적 구분을 완전히 깨뜨리고 본인들을 신인류로 지칭하면서 인간과 비인간의 경계를 완전히 지워버리는 기능을 하는 고치에서 태어난 존재를 완전히 삭제함으로써 드라마 〈스위트홈〉은 깊은 인간 정체성의 성찰을 주제의식으로 다루지 않았다.

하지만 드라마는 다양한 층위의 인간과 비인간의 경계가 모호한 존재들의 비중을 축소하고 반좀비인 차현수와 정의명, 인간에게 해를 가하지 않는 좀비 이 두 존재에만 집중을 한다. 웹툰에서 차현수가 그린홈 주민들과 힘을 합치면서 인간으로서 받아들여지는 반면에 드라마는 지속적으로 차현수가 그린홈 주민들의 배척을 받으며 인간과 좀비 사이의 정체성에 혼란스러워하는 플롯이 생존과 함께 주를 이루었다. 이에 대한 갈등은 지속적으로 쌓이다가 10화에

가서 인간에게 해를 가하지 않는 좀비인 액체 좀비를 자연스럽게 살해하는 그린홈 주민들의 모습을 보며 차현수가 인간의 정체성에서 돌아서게 만드는 요인이 된다. 이후 차현수도 그린홈 주민들로부터 괴물로 취급받는데, 이렇게 드라마는 명확하게 좀비와 인간, 그 사이의 차현수를 구분지으면서 드라마의 주 갈등축을 간소화시켜 서사의 복잡성을 대폭 완화시켰다. 이로 인해 드라마 〈스위트홈〉은 웹툰에 비해 향유하는 것에 큰 부담을 덜어주며 대중성을 확보했다고 할 수 있다.

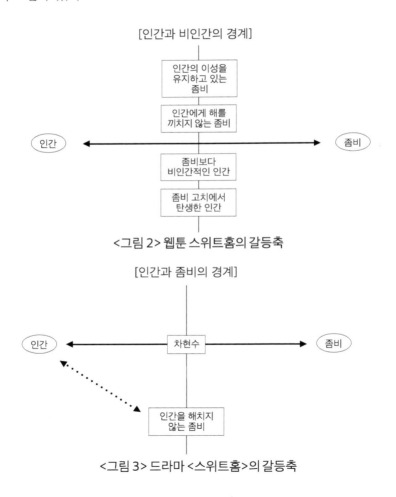

<그림 2> 웹툰 스위트홈의 갈등축

<그림 3> 드라마 〈스위트홈〉의 갈등축

또한 내면 갈등도 대폭 축소하였다. 웹툰에서는 차현수의 내면 갈등이 총 15화에 걸쳐 나오고 다른 인물들도 조금씩 내면의 욕망과 갈등하는 장면들이 배치되었다. 하지만 드라마는 그러한 내면 갈등을 차현수로만 한정짓고 그마저도 2~3화, 7~8화를 합쳐 총 5분 정도의 짧은 분량만이 제시된다. 인간 정체성에 관한 질문 축소와 내면 갈등 축소로 인해 발생한 공백 분량은 대중의 감정을 자극하는 신파극과 새로운 인물과 이야기를 추가함으로써 채울 수 있었다. 안선영의 비중 확대로 김석현과의 갈등만 부각되던 것에서 더 나아가 그린홈 주민의 어머니 같은 존재로서 서이경, 차현수 등에게 따뜻한 위로를 건네는 역할을 하게 되었다. 또한 사망한 주민들의 무덤을 만들어 추모하거나 그린홈 주민끼리 모여 술을 마시거나 대화하는 장면을 추가하여 이들에게 가족 같은 분위기가 형성되도록 하였다. 대중에게 다소 거부감을 일으킬 수 있는 신파극이 좀비 아포칼립스물의 계속된 갈등과 긴장감을 완화시키는 효과를 불러일으키면서 대중의 거부감보단 호응을 얻을 수 있었다. 또한 서이경과 실험에 대한 비밀을 가지고 있는 서이경의 남편 남상원, 군인 한유진을 오리지널 캐릭터로 추가하면서 그린홈에만 한정될 수 있었던 이야기가 군부대라는 거대한 세력과 좀비 발생의 원인으로의 연결을 만들어 확장성 또한 추가적으로 확보할 수 있었다.

2. 선택과 집중의 확장성 방향 잡기

드라마는 주요 캐릭터의 비중을 변화시키는 전략을 취했는데, 본고는 이에 대한 이유와 효과를 파악하기 위해 연결선 개념을 제시한다. 연결선이란 캐릭터 간의 실질적 관계와 대화를 기준으로 파악한 관계성을 선으로 표현한 것이다. 연결선을 사용하면 각 요소 및 사람 간의 관계를 가시화하고 많은 요소의 관계를 명확하게 정리할 수 있다는 장점을 가진다. 더 나아가 연결선을 수치화함으로써 객관적인 비교가 가능하다. 연결선은 보이지 않고 겉으로 표현되지 않는 관계를 가시화하는 데 목적이 있기에 이를 통해 인물 비중의 변화 이유를 구체적으로 파악하고 이해와 분석의 효율성을 높일 수 있다. 단순히 인물 간의 대화 장면이 있다고 해서 연결선이 생기는 것이 아니라, 인물 간의 서사가 존재해야만 연결선이 존재한다고 본다. 인물 간의 관계성이 깊어질수록 연결선은 두꺼워지며 두께에 따라 1, 2, 3, 4점을 부여할 예정이며 사망한 인물은 0점으로 부여한다.

평가는 윤지수, 이은유, 박유리, 편상욱을 대상으로 할 것이며 이 인물들과 연결선을 지닌 인물을 위주로 서술할 것이다. 서사를 주로 이끌어나가는 윤지수, 차현수, 이은혁을 메인 인물로, 이들에 이어 큰 비중을 차지하는 편상욱, 박유리, 정재헌, 안길섭을 서브 인물로 설정한다. 한 캐릭터가 보유한 연결선의 개수가 많을수록 다양한 인물과 상호작용을 이루고 있다는 것이며 주요 인물들과의 연결선이 두꺼워질수록 전개에서 중요한 역할을 맡을 가능성이 커진다. 즉, 연결선의 총점이 인물의 확장성을 대변할 수 있다는 것이다. 또한 메인 인물이 아니지만 비중이 높은 서브 인물의 수를 줄임으로써 새로운 인물의 유입을 기대하고 메인 인물들의 확장성에 집중하면서 IP 자체의 확장성을 증대시킬 수 있다.

첫 번째로 이은유와 윤지수의 비중의 변화가 있다. 원래 웹툰에서 주요 인물이었던 윤지수와는 다르게 이은유는 큰 비중을 맡지 못하였다. 드라마로 전환되면서 이은유는 극 중 그린홈 주민들의 위로를 담당하고, 최종화에 도달해서는 차현수를 끝까지 인간으로서 받아들이는 몇 안 되는 인물로 그려진다. 웹툰에서의 윤지수와 이은유의 연결선을 나타내 보았을 때, 윤지수는 정재헌과의 깊은 유대 관계를 가지지만 해당 인물이 사망했으므로 0점, 차현수와도 서로 깊은 유대와 정신적 지주로서의 관계인 4점으로 총 4점으로 평가된다. 이은유는 차현수가 좀비로부터 구출해주는 서사만이 존재하므로 1점, 좀비화 사태 이전부터 관계를 맺고 이후에도 몇 번의 서사가 조금씩 있었으므로 편상욱과는 2점, 친오빠인 이은혁과는 3점이 부여되며 총점 6점을 가진다. 이러한 연결선 총점으로 보아 아무리 비중은 윤지수가 더 높더라도 확장성은 은유가 더 큰 것을 알 수 있다. 그렇기 때문에 드라마는 이은유의 비중을 크게 확대한 것으로 보인다. 드라마로 전환되면서 윤지수는 차현수와의 서사가 일부 축소되고 후반부에 이르러 차현수를 배척하는 인물로 완전히 변모하였고, 이은유는 그린홈의 정신적 지주 역할을 맡아 비중이 확대되면서 연결선의 변화도 일어났다. 윤지수는 정재헌과의 연결선은 사랑 서사가 추가되면서 4점으로 두꺼워지지만 드라마로 전환되어도 정재헌은 사망하기 때문에 0점, 차현수와의 연결선 점수는 그대로이지만 적대 관계로 바뀌었다. 추가로 이은유와 서로 위로와 현수에 대해 대비되는 관계를 가지면서 4점이 부여된다. 드라마의 윤지수는 연결선 점수 총 8점으로 평가된다. 이은유는 앞선 윤지수와의 관계에서 생긴 4점, 편상욱의 정신적 지주가 되어주지만 편상욱이 사망하게 되면서 0점, 편상욱과 동일하지만 사랑 서사가 추가되면서 차현수와 4점, 친오빠인 이은혁과 더 애틋한 관계를 보여주는 서사가 추가되었으므로 1점을 추가하여 4점으로, 점수는 총점 12점으로 평가된다. 윤지수도 연결선 점수가 높아졌지만 이은유의 경우 압도적으로 높은 점수를 가진다. 이는 비중을 떠나서 높은 연결선 점수를 가진 이은유를 비중 또한 높임으로써 더욱 큰 확장성을 지닌 인물로 만드는 전략을 취했다고 본다. 따라서 이은유는 높은 확장성으로 앞으로 전개될 〈스위트홈〉의 트랜스미디어 스토리월드에서 여러 기능을 할 것으로 예상된다.

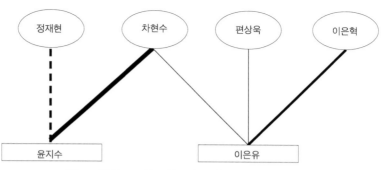

<그림 4> 웹툰 〈스위트홈〉의 윤지수와 이은유의 연결선

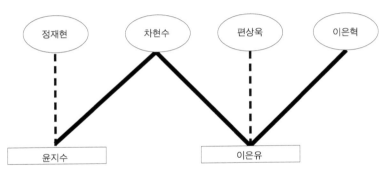

<그림 5> 드라마 <스위트홈>의 윤지수와 이은유의 연결선

<표 2> 윤지수와 이은유의 연결선 점수

	웹툰	총점	드라마	총점
윤지수	차현수 (4점) 정재헌 - 사망 (3점→0점)	4점	차현수(4점) 이은유(4점) 정재헌- 사망(4점→0점)	8점
이은유	차현수 (1점) 이은혁 (3점) 편상욱 (2점)	6점	차현수 (4점) 이은혁 (4점) 윤지수 (4점) 편상욱 - 사망 (2점→0점)	12점

다음은 편상욱과 박유리의 생사 여부의 변화이다. 웹툰에서 드라마로 전환되면서 박유리, 편상욱은 후반부에 이르러 사망을 하게 된다. 이에 대한 이유도 연결선을 평가함으로써 파악할 수 있다. 웹툰에서 편상욱은 차현수와 큰 서사는 없지만 내면의 욕망에 시달릴 때 도움을 주는 역할을 하므로 2점, 박유리와는 사랑의 관계를 가지므로 3점을 부여하여 편상욱의 연결선 총점은 5점이고, 박유리는 편상욱과의 관계에 더해 안길섭과도 깊은 유대를 가지지만 안길섭이 사망하게 되면서 연결선 총점 3점을 가진다. 편상욱과 박유리 모두 앞선 인물들과 비교해서 낮은 점수를 가진다. 이들이 드라마로 전환되면서 편상욱 이은유와의 연결선이 두꺼워지면서 3점을 가졌지만 차현수의 내면 갈등 축소로 차현수에게 도움을 주는 편상욱의 역할이 적어져 1점으로 줄어들었다. 하지만 점

수가 가장 낮은 박유리가 사망하게 되면서 연쇄적으로 상욱 또한 7점이 아닌 4점으로 점수가 하락하였다. 낮은 점수가 부여된 두 서브 인물 편상욱과 박유리가 사망함으로써 생긴 빈자리는 기존의 메인 캐릭터의 비중을 늘리거나 세계관 확장으로 그린 홈 밖의 공간이 스토리 전개의 주 무대가 될 가능성을 암시하는 만큼 새로운 공간의 새 캐릭터들이 채울 것이다.

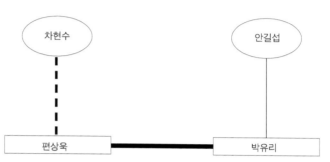

<그림 6> 웹툰 <스위트홈>의 편상욱과 박유리의 연결선

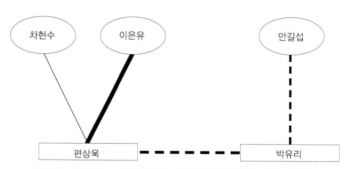

<그림 7> 드라마 <스위트홈>의 편상욱과 박유리의 연결선

<표 3> 편상욱과 박유리의 연결선 점수

	웹툰	총점	드라마	총점
편상욱	차현수 (2점) 박유리 (3점)	5점	차현수 (1점) 이은유 (3점) 박유리 - 사망 (3점→0점)	4점
박유리	편상욱 (3점) 안길섭 - 사망 (3점→0점)	3점	편상욱 (3점) 안길섭 - 사망 (3점→0점)	3점

3. 그 어떤 때보다도 시의 적절했던 방영시기

2019년 12월을 시작으로 전세계적으로 'COVID-19'가 퍼져 나가기 시작하면서 2020년 1월, 세계보건기구는 국제적 공중보건 비상사태를 선언하였고, 이후 3월엔 펜데믹 즉 세계적 범유행으로 격상시켰다. 세계적으로 나타난 수많은 사상자와 지속되는 마스크 착용과 방역으로 사람들의 피로감을 불러일으켰다. 드라마 〈스위트홈〉의 방영 시기는 펜데믹이 시작되고 약 1년이 지난 2020년 12월이다. 펜데믹이 1년 사이에 끝날 것이라는 희망이 점점 사라지며 지속적인 마스크 착용과 거리두기에 지쳐가던 시기이다. 특히 당시 12월의 한국은 하루 확진자 1,240명의 기록을 세우는 3차 유행과 더불어 수도권 거리두기가 2.5단계로 격상하며 사회적 관계의 단절이 지속적으로 이루어지던 시기이기도 하다. 'COVID-19'에 의한 현실 속 펜데믹에 대한 우려와 공포가 확산되면서 대중들은 세계 종말에 대한 의식을 갖게 되었다. 그러한 시점에서 좀비 아포칼립스물은 그들의 우려와 공포를 실체화한 콘텐츠로서 소비되면서 그에 대한 수요도 확보할 수 있었다.

또한 〈스위트홈〉에서 드러나는 혐오와 비난의 양상이 COVID-19 펜데믹의 모습들이 굉장히 닮아 있다. 드라마 4화에서의 그린홈 주민과 감염자인 차현수의 잔류 여부를 두고 겪는 갈등과 지속적인 인간으로서의 모습을 보임에도 10화에 이르러 그린홈 주민들에게 괴물로서 배척당하는 감염자 차현수의 모습을 통해 볼 수 있다. 단순히 비난과 혐오를 볼 수 있다는 점에서 더 나아가 그러한 양상의 원인이 〈스위트홈〉에서 잘 드러나 있다는 점이 〈스위트홈〉의 큰 인기 요소라고 할 수 있다. 좀비서사에서 대부분 좀비를 비가역적 존재로 설정하여 치료가 필요한 환자가 아닌 감염증과 동일시해서 바라보는 배척해야 할 존재로 그려진다. 이러한 양상은 COVID-19 펜데믹에서 벌어지는 다양한 혐오와 비난 사건들에서도 드러난다. 프랑스에서 벌어진 해시태그 운동 "#Jenesuispasunvirus"은 '나는 바이러스가 아닙니다.'라는 문장에서도 알 수

K-WEBTOON, 원천 IP 스토리텔링 전환 전략

있듯이 아시아인들을 바이러스와 동일시하는 사회적 낙인을 통해 혐오의 근거로 삼는 모습을 볼 수 있다.[5] 비록 바이러스를 통한 감염이 이루어지는 일반적인 좀비 서사와는 다른 〈스위트홈〉은 억압된 내면의 발현을 좀비 발생 원인으로 한 설정은 감염증과 좀비는 완전히 동일하다고 할 수 있다. 이 점에서 다른 좀비 아포칼립스물보다 COVID-19 펜데믹 상황과 더 유사한 혐오와 비난의 양상을 〈스위트홈〉에서 볼 수 있기 때문에 국내외를 막론한 사람들이 모두 깊게 공감할 수 있는 요소로서 작용하며 향유자의 큰 공감을 이끌어낼 수 있었다.

Ⅳ. 좀비 아포칼립스물의 새 지평

트랜스미디어 스토리텔링 구축 성공 사례로 〈스위트홈〉을 분석하기 위해 단순히 장르적 성격을 크리쳐물로 규정하는 것에 문제의식을 갖게 되었다. 이에 더 세부적인 장르 설정을 위해 작품 내 크리쳐의 정체를 규명하기 시작했다. 〈스위트홈〉의 크리쳐는 사람으로부터 변형된 존재라는 점, 감염으로 인해 발생한다는 점, 발현된 욕망만을 추구하는 존재가 된다는 점, 사회적 함의가 담겨 있다는 점을 특성으로 가지는 것을 알 수 있었다. 이는 좀비의 특성들과 동일하였고, 〈스위트홈〉의 크리쳐의 정체를 좀비로 규명하였다. 이후 〈스위트홈〉의 장르를 21세기에 이르러 나타난 좀비 서사의 특성들로 단순한 좀비물이 아닌 좀비 아포칼립스물로 설정하고 분석을 진행하였다.

하지만 21세기에 이르러 나타난 좀비 서사의 특징들은 확장에 용이한 특성을 지녔기에 트랜스미디어 스토리텔링에 유리해 보였다. 그러나 트랜스미디어 스토리텔링이 이루어진 사례는 거의 없었다. 이에 대한 이유로, 좀비의 외형과 암울한 사회에 대한 은유로부터 오는 거부감, 이미 뻔한 이야기가 되어

---

5   김기홍, 전염병 희생양과 보건 선전영화, 그리고 공공성, 《월간 공공정책》 Vol.174, 한국
     주민자치학회, 2020, p.104

버린 좀비 서사, 고립된 상황으로 인한 확장을 위한 여지의 부족을 문제점으로 바라보았다. 그렇기 때문에 이러한 한계를 깨뜨릴 수 있는 좀비 아포칼립스물이 원천 IP로서 가치가 있다고 판단하였다.

이를 위해 평가 기준을 '거부감을 일으키는 좀비의 외형을 보완할 수 있는 요소를 지녔는가, 암울한 사회에 대한 은유에서 오는 거부감을 어떻게 완화시켰는가, 생존의 뻔한 이야기에서 벗어날 수 있는 플롯이나 요소가 존재하는가, 더 큰 무대나 또 다른 환경으로 확장될 수 있는 여지가 존재하는가'의 네 가지 평가 기준을 토대로 원천 IP 〈스위트홈〉에 대한 분석을 전개하였다.

〈스위트홈〉은 거부감을 줄이고 공감을 확대하기 위해 보편적 좀비의 외형을 탈피하는 전략을 취했다. 사람과 비슷한 외형과 잃어버린 이성에서 오는 언캐니를 반대로 사람의 일부의 이성과 사람과 다른 외형으로 구현하면서 외형적 거부감을 완화시켰다. 또한 일반적인 좀비 바이러스의 감염에서 벗어나 전염이 되지 않고 증상이 외적으로 드러나기 전에는 감염 여부를 알 수 없다는 설정을 통해 극적 긴장감을 늘렸고 타자가 아닌 내면의 억압된 타자가 발현된 형태의 좀비는 갈등 양상을 다각화시킨다. 그 중에서도 인간과 비인간의 경계를 허무는 존재로 인한 갈등은 인간 내면의 성찰을 다루는 주제의식까지 도달하며 향유자의 깊은 사유와 몰입으로 이어질 수 있었다. 앞선 전략들에 더해 〈스위트홈〉에 제시된 여러 확장 가능성을 암시하는 여지들이 충분하다는 점에서 트랜스미디어 스토리텔링에 유리한 좀비 아포칼립스물로서의 원천 IP라고 평가할 수 있었다.

이러한 〈스위트홈〉을 드라마로 전환하면서 다소 부족할 수 있는 대중성을 증폭하기에 이르렀다. 무거운 주제의 축소, 그에 대한 갈등의 단순화 등 비교적 가벼운 이야기로 변화시켰다는 것을 알 수 있다. 또한 차현수 등의 인물들이 좀비화 과정에서 겪는 내면 갈등 장면들도 대폭 축소하였다. 그 자리는 안선영의 비중 확대, 무덤에 관한 에피소드와 같은 신파극이 대신하며 대중성을 키웠다. 다음으로는 확장성을 염두에 두고 인물의 비중을 변화시킴으로써 새로운 인물의 추가와 주요 인물로 확장성을 집중시켜 IP 자체의 확장성을 증가시키는 전략을 취하였다. 대표적으로 서이경, 한유진 등 오리지널 캐릭터의 추가로 그린홈 외부로 공간을 확장시켰다. 또한 연결선 개념을 근거로 은유와 지수 캐릭터의 비중 변화와 상욱, 유리 캐릭터의 생사가 변화되었다.

한편 이러한 변화를 바탕으로 OTT 플랫폼 넷플릭스에서 공개된 드라마 '스위트홈'은 방영 시기를 펜데믹 상황이 극심해진 시기로 설정하면서 향유자들의 큰 공감을 얻을 수 있기도 했다. 이러한 전환 전략은 좀비 아포칼립스물로서 〈스위트홈〉의 IP 가치의 단점이었던 대중성과 확장성을 보완하였다. 그리고 이렇게 보완된 가치를 향유자들의 공감을 가장 크게 받을 수 있는 시기에 방영하는 전략을 취해서 국내외에서 큰 인기를 얻을 수 있었다.

이와 같이 분석한 〈스위트홈〉을 통해 트랜스미디어 콘텐츠로서의 가치를 확인하였고, 향후 원천 IP가 다양한 영역으로 확장하기를 기대해 본다. 또한 본고에서 제시한 연결선을 기반으로 한 캐릭터 확장 전략이 트랜스미디어 스토리월드 구축에 일조하기를 바란다.

참고문헌

권혜경, 좀비, 서구 문화의 전복적 자기반영성: 조지 로메로의 <살아있는 시체들의 밤>과 <시체들의
　　　새벽>을 중심으로, 《문학과 영상》 10권 3호, 문학과영상학회, 2009.

김기홍, 좀비와 공공성, 《월간 공공정책》 Vol.161, 한국주민자치학회, 2019.

김기홍, 전염병 희생양과 보건 선전영화, 그리고 공공성, 《월간 공공정책》 Vol.174, 한국주민자치학
　　　회, 2020.

박성호, 좀비 서사의 변주와 감염병의 상상력 - 신종감염병에 대한 공포와 혐오의 형상화를 중심으
　　　로, 《현대소설연구》 83호, 한국현대소설학회, 2021.

복도훈, 살아 있는 좀비대왕의 귀환 - 조지 A. 로메로를 추모하며, 《문학동네》 24권 3호, 문학동네,
　　　2017.

쉬자오이, 최원호, 좀비 영화의 상징성 연구, 《한국콘텐츠학회 종합학술대회 논문집》, 한국콘텐츠학
　　　회, 2021.

음영철, 넷플릭스 드라마 <스위트홈>에 나타난 파국의 서사와 감염의 윤리, 《한국콘텐츠학회논문
　　　지》 21권 10호, 한국콘텐츠학회, 2021.

<유미의 세포들>, 공감콘텐츠의 힘

이승경·정승주·김건아·최하나·김현문

Ⅰ. 트랜스미디어 스토리텔링과 원천 IP

"트랜스미디어 스토리텔링은 여러 가지 독립체가 하나의 맥락에서 같은 세계관을 공유하고 있으며, 이는 외부로 확장되기도 하고, 내부로 방향을 끌고 들어와 분열되는 형태를 띠기도 한다."[1] 창작자의 입장에서 접근했을 때 그들은 트랜스미디어 스토리텔링을 통해 기존에 보유하고 있었던 컨셉과 여러 가지 가치들을 외부로 파생하고 확장하여 원천 IP에 대한 이해를 도울 수 있는 조각과 대중들의 접근성을 용이하게 할 수 있다는 장점이 있다. 더불어 소비자의 입장에서는 자신이 향유하고 있는 콘텐츠를 본인 나름의 해석을 기반으로 재창조하고 생산자, 그리고 다른 향유자들과 소통할 수 있는 계기를 마련할 수 있다는 장점을 가지고 있다. 이렇게 생산자와 향유자 양측에서의 즉각적인 상호작용과 2차적 생산을 통해 동일 세계관의 콘텐츠는 원천 IP로서의 높은 활용 가치 및 재창조 가능성을 지니게 될 것이다. 그만큼 트랜스미디어 스토리텔링은 전환에 있어서 다양한 방면으로의 확장 가능성과 지속 가능성을 띠고 있다. 특

---

[1]   이진, 가상과 현실을 융합시키는 트랜스미디어 스토리텔링의 힘, 《방송 트렌드 & 인사이트》 25호, 한국콘텐츠진흥원, 2022.

히 전환을 바탕으로 원작과 전환된 작품에서 발생하는 문제점을 극복할 기회가 되기도 한다.

1. 웹툰 IP의 콘텐츠 경쟁력

웹툰 IP는 최근 원천 IP로서 급부상 중에 있다. 원작 팬덤의 인지도를 바탕으로 미디어로 전환 시 향유자들의 관심도를 갖기 시작한다는 것, 영상화가 용이하다는 점, 서사의 완결성이 확보되어 대본화가 빠르다는 점, 상상의 폭이나 캐릭터의 스펙트럼이 넓기 때문에 전환이 용이하다는 점 등 웹툰 IP는 영상 미디어로 전환하기에 매우 적절한 콘텐츠이기 때문이다.

원천 IP의 파급력이 높아지면서 "카카오는 2020년 '슈퍼웹툰 프로젝트'를 론칭하였다. 영상화 IP를 전방위적으로 발굴한다는 슬로건 아래 시작된 슈퍼웹툰 프로젝트는 〈이태원 클라쓰〉, 〈스틸레인〉, 〈승리호〉 등의 전환 작품을 여러 차례에 걸쳐 선보이며 국내 웹툰 영상화 트렌드에 탄력을 붙였다."[2] 이는 영상 시청자와 웹툰 유저가 맞물려 시너지를 내면서 IP 2차 창작 사업의 가능성을 보여준 사례로 꼽힌다. 본래 카카오엔터테인먼트는 작품 선정 시 영상화 가능성, IP 완성도, 작품성을 보았는데 여기에 더불어 2022년부터는 글로벌 가능성까지 중점으로 두어 작품을 선정하는 추세를 보이며 최근 '글로벌 슈퍼웹툰 프로젝트'의 첫 라인업으로 카카오페이지 신작 〈세이렌〉을 선정한 바 있다.

2. 원천 IP로서 좋은 웹툰이란?

원천 IP란, 콘텐츠를 활용하여 다양한 방향성과 수단을 가지고 확장해 나가

---

2 채윤정, 카카오엔터테인먼트 '슈퍼 웹툰 프로젝트' 론칭, 국내외 시장 공략 나서, 〈메트로〉 2022.03.11.(https://news.zum.com/articles/74308293).

는 데 가장 밑천이 되는 꼭 필요한 리소스이다. 원천 IP에는 웹소설과 웹툰, 시나리오, 대본 등 여러 가지가 해당할 수 있으며, 이를 확장하거나 변형한 형태의 2차적 창작물이 지속적으로 확대되고 있는 추세이다. 앞서 언급하였듯, 콘텐츠 자체의 가치와 인지도를 지속적으로 유지하고 하나의 상품으로서 가치를 지닐 수 있도록 하기 위해서 오늘날 '트랜스미디어 스토리텔링'이 적극적으로 활용되고 있다. 그렇기에 "기업들은 IP를 중심으로 콘텐츠를 확대해 나가는 데 큰 관심을 두고 있으며, 이렇게 재창조된 콘텐츠는 원작에 대한 수요 증가, 그리고 기업의 경쟁력 확보에 영향을 미치기도 한다.[3] 다음은 IP 확장 사례이다.

<표 1> IP 확장 사례

작품명	IP 확장 형태	성과
<화산귀환>	웹소설-웹툰-오디오 드라마	• 오디오 드라마 론칭 당일 목표 금액 달성, • 웹툰 연재 이후 웹소설 누적 매출액 100억원 돌파
<D.P.>	웹툰-단행본-드라마(OTT)1-드라마(OTT2) 예정	웹툰 누적 조회 수 1,000만 회 달성
<유미의 세포들>	웹툰-웹소설-드라마(OTT, TV)-게임	• 웹툰 누적 조회 수 32억 회 • 평균 시청률 2.4% (유미의 세포들1 기준)
<사내맞선>	웹소설-웹툰-드라마(OTT, TV)	웹툰 누적 조회 수 3.2억 회
<전지적 독자 시점>	웹소설-웹툰	• 웹소설 다운로드 수 1.5억 회 이상 • 웹툰 조회 수 3.6억 회 이상 • 웹툰 연재 후 웹소설 거래액 최대 41배 증가

3   이아름, 오현주, 콘텐츠 IP 확장 유형별 특성과 한계_원작자 중심 vs 플랫폼 중심 사례 비교, 《Kocca Focus》 144호, 한국콘텐츠진흥원, 2022, p.5.

〈표 1〉에서 제시했던 IP 확장 사례를 통해 도출할 수 있는 원천 IP의 장점은, 다른 미디어와 경로를 통해 2차적 창작이 이루어지는 과정에 있어서 제약과 정해진 형식이 없기 때문에 창작의 자유가 보장된다는 것이다. 〈D.P.〉를 예로 들어보면, 넷플릭스의 제작 투자로 영상화 시작 단계부터 웹툰의 스토리를 유지하되, 드라마라는 포맷에 최적화된 형태에 가장 적합하도록 전환할 수 있었다. 이처럼 동일한 소재를 통해 동일한 세계관 내에서 조금씩 다른 형태로 다양하게 원천 IP를 향유할 수 있다는 점이 트랜스미디어 스토리텔링의 장점이라 할 수 있다.

　다음은 전환 이전의 수많은 원천 IP 중에서도 '웹툰'이라는 포맷이 유독 주목받고 확장 가능성을 지니고 있는 배경이다. 한국 국제 문화 교류 진흥원에 제시된 자료[4]에 따르면, "웹툰은 이미지 기반의 세계를 구현하는 데 영화, 게임, 드라마 등과 비교해 상대적으로 적은 제작비가 투입되기에 트랜스미디어 환경에서 새로운 세계의 세계관을 표현하는 데 있어 보다 적극적으로 활용될 것으로 예상된다."고 한다. 더불어 구독자들과의 즉각적인 의사소통과 상호작용이 가능하다는 것, 그로 인해 스토리라인이 변경될 수 있다는 사실 또한 웹툰의 자유로움과 창의성을 부각할 수 있는 특성이라고 할 수 있다. 이러한 것들을 종합해 보자면, 트랜스미디어 스토리텔링을 위한 원천 IP로서 좋은 웹툰은 높은 개방성과 창의성, 자유성을 보장한 작품이어야 한다. 더불어 확장을 통해 많은 소비자들로 하여금 원작과 2차적 저작물에 대한 수요와 화제성을 불러일으킬 수 있을 만한 '공감'의 요소가 반드시 포함되어야 한다. 향유자들과의 지속적인 상호작용과 수요 발생 또한 콘텐츠를 오래 유지할 수 있는 방법 중 하나이기 때문이다.

4　채희상, 트랜스미디어 환경 속 웹툰의 가능성, 〈뉴스&이슈〉 2022.12.18, 한국국제문화교류진흥원. (https://kofice.or.kr/b20industry/b20_industry_03_view.asp?seq=8056)

Ⅱ. 웹툰 <유미의 세포들>의 스토리텔링 전략

〈유미의 세포들〉은 30대 평범한 직장인 유미의 일상과 연애 이야기를 머릿속 세포들의 시각으로 표현한 작품으로 머릿속 세포들을 의인화하여 각 캐릭터의 이성과 감성, 식욕, 사랑 등을 조절한다는 독특한 설정으로 많은 사랑을 받았다. 〈유미의 세포들〉은 30대의 유미에게 공감하고, 가장 높은 몰입도를 보일 수 있는 2030여성들이 주 향유자로 〈유미의 세포들〉 작가는 앞서 말한 독특한 설정을 활용하여 향유자의 공감을 끌어내기 위해 노력하였다. 이에 〈유미의 세포들〉 향유자는 30대의 유미에게 공감하고, 몰입하는 2030여성들이다. 2030세대는 현재 MZ 세대들의 표본으로 자기애와 개성이 강한 것이 특징이다. 스스로의 만족이 가장 중요하고, 자신의 가치관에 따라 돈과 시간을 아끼지 않아 소비시장의 주도권을 쥐고 있기도 하다. 이들은 인생에서 스스로를 1순위로 보고 행동하는데 여기서 나온 트렌드가 바로 평균 실종이다. 《트렌드 코리아 2023》에 따르면 "평균 실종은 집단을 대표하는 평균값이 사라지고 있다는 의미로 각자의 개성이 있고, 각자의 삶을 좋아하는 N 분화 라이프가 중요시되는 시대를 의미"[5]한다. 이에 소비자들은 자신만의 확고한 색을 찾아서 집중하는 생활을 하는가 하면 기업들은 모두를 만족시키기는 어렵다고 보고, 소수 집단에 최적화된 서비스를 제공하는 초 다극화 전략을 세우게 된다. 〈유미의 세포들〉은 이러한 전략을 통해 2030세대들에게 최적화된 공감 스토리를 제공하였다.

1. 자아성장 세계관

예전부터 영웅 서사는 사람들에게 인기 있었던 스토리 구조로 웹툰이나 만화 혹은 영화 등에서 주인공 스스로 성장하는 이야기를 담은 작품들을 흔하게

---

5   김난도 외, 《트렌드 코리아 2023》, 미래의 창, 2022, p.142.

볼 수 있다. 본고에서는 이것을 '자아성장 세계관'이라고 칭한다.

　'자아성장 세계관'이란 전 생애적으로 자신에 대한 견해 및 인식이 성장하는 과정을 보여주는 세계관이다. 사람은 내면에 다양한 감정, 생각이 있는데 이것을 의인화 시킨 세포로 표현하고, 이 세포들이 하나의 공동체로서 하나의 '자아'를 형성하는 과정에서 결국 한 사람이 성장하게 되는 세계관이다. 이는 〈유미의 세포들〉에서 유미가 사랑이라는 주요 행위로 세포들과 성장하면서 진짜 자신을 찾아가는 세계관이라고 볼 수 있다.

　이와 유사한 작품으로 유미의 세포들과 비슷한 시기에 나왔던 픽사 스튜디오의 3D 장편 애니메이션 〈인사이드 아웃〉이 있다. 이 작품에서는 머릿속에 여러 종류의 세포들 대신 감정들 즉, 기쁨, 슬픔, 분노, 경멸, 두려움 이렇게 정해진 다섯 가지의 감정들이 주인공 라일리를 제어하고, 각 감정이 제어를 맡을 때마다 라일리의 감정도 따라서 바뀐다는 점에서 〈유미의 세포들〉과 비슷하다는 것을 알 수 있다. 또한, 유미의 일상과 세포의 마을, 라일리의 일상과 감정들이 사는 세계가 같은 시간을 공유하고 있다는 점에서 두 작품 모두 평행세계의 성격을 띠고 있다는 점을 알 수 있다.

　이처럼 자아성장 세계관은 보통 주인공이 일상에서 스스로 느끼는 감정을 통해 성장하는 이야기를 다룬다. 주인공의 내면을 자세하게 나타내고, 주인공의 시점에서 다양한 사건을 다룬다는 점에서 향유자가 주인공에게 자신의 감정을 대입할 수 있는 요건을 만들어주어 매력적인 세계관으로 작용한다. 즉, 〈유미의 세포들〉에 등장하는 말 하나하나, 행위 하나하나가 향유자에게는 공감 요소이며 매력적으로 다가온다는 것이다. 이는 〈그림 1〉과 〈그림 2〉에서 찾아볼 수 있다.

<그림 1> 웹툰 155화

<그림 2> 웹툰 25화

　〈그림 1〉과 〈그림 2〉는 〈유미의 세포들〉에 등장하는 대표적 공감 요소 예시이다. 〈그림 1〉에서는 하고 싶은 것은 다 하면서 사는 유미의 모습을 통해 자신의 가치관에 따라 돈을 아끼지 않는 2030 여성들의 모습을 보여준다. 〈그림 2〉에서는 〈유미의 세포들〉에서 가장 큰 부분을 차지하고 있으며 향유자들에게 가장 큰 호응을 얻은 연애사 부분을 보여준다. 155화의 유미는 "헤어질 마음이 없는 여자친구는 결국 '져주는 것' 말곤 선택할 게 없어"라는 공감성 멘트로 향유자들의 연애 감성을 자극하였다.

2. 차별화된 일상툰

일상툰은 "일상과 웹툰을 임의로 합성한 단어[6]"이다. 일상툰은 보통 작가 본인에게 종종 생기는 재미있는 일이나 사건 등을 웹툰으로 짧게 풀어내는 경우도 있으며, 때로는 조석 작가의 〈마음의 소리〉처럼 일상에 판타지 장르처럼 현실에 있을 수가 없는 요소들을 넣어 향유자들에게 조금은 터무니없는 방식으로 웃음을 자아내기도 한다. 가끔은 가스파드 작가의 〈선천적 얼간이들〉 같이 정말로 작가 개인이 겪었던 일상이라기에는 믿기지 않을 정도로 일상보다 환상에 더 가까운 스펙타클한 이야기를 다루는 경우도 존재한다. 그래도 삶의 이야기를 담은 일상이라는 주된 주제를 다루는 장르다 보니 타 장르보다 향유자들의 삶과 크게 괴리감이 느껴지지 않고, 무조건 남들보다 비범한 삶을 그려내는 것이 아닌 소소하고 평범한 주제를 다루기도 하여 작가의 일상을 담은 소소하면서도 공감이 가는 매력이 있어 적지 않은 향유자들이 일상툰을 찾고 있다.

이와 유사한 작품으로는 자까 작가의 〈대학일기〉라는 작품이 있다. 〈대학일기〉는 〈유미의 세포들〉과 비슷한 시기에 연재된 일상툰으로 작가 본인이 주인공으로 등장하여 작가의 대학 생활과 집에서 보내는 일상생활을 우스꽝스럽게 그려 향유자들에게 큰 호응을 받은 작품이다. 〈유미의 세포들〉과 다른 점은 〈유미의 세포들〉에서는 유미의 이야기 외에 구웅과 서새이의 시점에서 이야기를 진행하는 등 다른 캐릭터의 시점의 스토리를 주로 다루는 화도 존재하는 반면, 〈대학일기〉는 철저히 작가 본인의 이야기가 주를 이루고 있다는 것이다. 〈대학일기〉는 이름에 걸맞게 대학 생활 혹은 방학을 맞아 일상에서 흔히 벌어지는 일들을 그려냈다. 17화에서 강의를 거의 듣지 않았음에도 불구하고 뜻밖의 이유로 좋은 성적을 받아 감탄하는 장면도 등장하고, 전공과목에서 좋은 점수를 받기 위해 큰 노력을 기울였지만, 그와 별개로 무려 D+로 낮은 성적을 받

---

6   김유나, 《한국 일상툰의 풍자》, 커뮤니케이션북스, 2021, p.10.

아 충격을 받는 장면이 나오기도 한다. 이러한 장면들은 성적이란 요소 외에도 대학교 내에서 소재로 삼을 만한 요소들 즉, 수강 신청, 과제, 시험, 종강 등을 이야기 주제로 만들어 웹툰으로 전개하면서 대학생인 향유자들에게 큰 공감을 얻을 수 있게 된다. 결과적으로, 이야기의 주인공 역할을 맡는 인물은 작품마다 다를지라도, 사람이 일상에서 겪을 수 있는 일들을 기반으로 진행되는 이야기의 틀은 벗어나지 않는다는 공통점이 존재한다.

<그림 3> 웹툰 199화

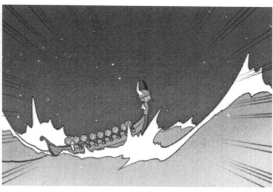

<그림 4> 웹툰 208화

〈유미의 세포들〉은 이러한 일상툰의 보편적 장점에 차별점을 더해 좀 더 매력적인 일상툰으로 자리를 잡았다. 세포를 의인화하여 유미의 심리를 보여주고, 유미의 내면을 세포의 마을로 표현한 방식이다. 〈그림 3〉 199화에서는 웅이에게 화가 난 유미의 심리를 세포들이 박 터뜨리기를 하는 식으로 표현하는가 하면, 〈그림 4〉에서는 유미와 웅이가 헤어지고 나서 유미의 심리를 폭풍이 몰아치는 세포 마을로 표현하였다. 이러한 차별화된 전략을 통해 유미의 세포들은 다른 일상툰보다 매력적인 일상툰으로 자리 잡을 수 있었다.

3. 세포들을 통해 보여주는 캐릭터성

세포 마을에 거주하는 수많은 세포들을 살펴보면 유독 눈에 띄는 '프라임 세포'를 발견할 수 있다. 프라임 세포는 한 사람의 정체성 중 가장 큰 부분을 차지하는 세포를 의미한다. 예를 들어 유미의 프라임 세포는 사랑 세포로, 〈유미의 세포들〉 웹툰 내에서 가장 큰 비중을 차지하고 있는 유미의 연애 스토리에서 유미가 사랑하고, 이별하면서 느끼는 감정을 누구보다 잘 표현하면서 유미와 함께 성장하는 세포이다. 프라임 세포는 세포 중에서도 능력이 월등히 뛰어난 세포이며 사람마다 각양각색 세포들이 프라임 세포로 자리 잡고 있다. 더하여 프라임 세포는 작품의 초반부 22화를 통해 루비의 세포가 사랑 세포와 거짓말 세포가 합쳐져 여배우 세포가 탄생하였다는 점에서 세포 두 마리가 융합해 융합형 프라임 세포를 만들 수 있다는 특징과 후반 391화에서 작가 세포가 새로운 프라임 세포로 임명되는 장면을 통해 프라임 세포가 하나의 인물에 2마리씩 존재할 수 있다는 특징을 가지고 있다.

<그림 5> 주요 캐릭터와 프라임 세포의 유사성

K-WEBTOON, 원천 IP 스토리텔링 전환 전략

이러한 프라임 세포들은 다른 세포들에 비해 유독 자기 주인을 닮았다. 〈그림 5〉를 보면 유미의 사랑 세포는 유미를 닮았고, 루비의 여배우 세포는 루비와 닮았음을 느낄 수 있다. 이는 세포의 마을에서 이야기를 전개할 때 누가, 누구의 세포인지 명확하게 캐릭터를 구별하여 향유자가 스토리의 혼동을 느끼지 않도록 돕는다.

<표 2> 캐릭터별 프라임 세포와 세포마을의 특징

인물	프라임 세포	프라임 세포 색깔	일반 세포 색깔	세포 마을 특징
유미	사랑 세포 (후반부 작가세포)	분홍색	파랑색	개미굴 같은 집, 나무와 덤불이 많은 지형
루비	여배우 세포	보라색	보라색	뾰족한 산이 주를 이루는 지형
(채)우기	X	X	연보라색	모든 것이 침수된 지형
(지)우기 (유미 전남친)	자신감 세포	차콜	차콜	어둠의 성
이다	X	X	연두색	산이 많고, 큰 강이 있는 지형
구웅	응큼 사우르스	검정색	남색	푸석푸석한 사막
새이	감성 세포	청록색	주황색	벼랑 끝 성 내부를 주로 보여줌
바비	명탐정 세포	회색	녹색	숲속, 평화로운 마을
다은	관찰 세포	다홍색	다홍색	기본 지형
순록	사랑 세포	하늘색	진한 노랑색	기본 지형

〈표 2〉를 보면 알 수 있듯, 인물마다 다른 퍼스널 컬러가 있으며 작중 루비의

여배우 세포와 다은의 관찰 세포, 유미의 전 남친인 우기의 자신감 세포를 제외하면 프라임 세포의 이미지 컬러/모습은 다른 뇌세포들과 다르다. 이에 향유자가 색채 심리학적인 면에서 '컬러'라는 요소만으로도 인물의 성격을 추측하도록 한다. 유미의 세포 마을에서 일반적인 세포들이 파란색인 것은 유미의 차분하고, 이별의 아픔으로 인한 차가움, 두려움 등으로 볼 수 있다. 그 중 프라임 세포인 사랑 세포가 분홍색인 것은 유미의 따뜻한 면을 보여준다고 보았다. 또, 루비의 퍼스널 컬러인 보라색은 긍정적인 면에서 화려하고 우아하지만, 부정적인 면에서는 고통, 허영심, 외로움을 표현할 때 많이 쓰는 색깔이다. 이는 22화 '고통이 만들어낸 힘'을 보면 힘들어하고 외로움을 타는 루비, 23화 '방심하는 순간 탄로 난다'를 보면 허영심이 많은 루비를 표현한 것을 통해 루비에게 딱 맞는 퍼스널 컬러라는 것을 알 수 있다.

뇌 속 세상을 지칭하는 '뇌내랜드'(= 세포 마을)를 각 캐릭터의 특성에 맞게 표현하여 캐릭터의 성격을 간접적으로 드러내기도 하였다. 〈표 2〉에서 새이의 세포 마을은 주로 벼랑 끝 성 내부에서 이야기가 전개되는데 이는 사람에게 마음의 문을 잘 열지 않고, 예민한 새이의 성격을 잘 보여주고 있다. 이러한 표현 방식을 통해 향유자는 등장인물의 성격과 감정 상태를 인물이 언급하지 않아도 간접적으로 이해하고 공감할 수 있게 된다.

4. 매력적인 반숙형 캐릭터의 성장 스토리

반숙형 캐릭터란 완벽하지 않고, 한 가지 이상의 약점을 가지고 있는 캐릭터를 의미한다. 유미의 세포들에 대입해 보자면 사랑과 이별에 있어 아직 자신의 감정을 숨기지 못하고 미숙한 유미의 모습을 일컫는다. 향유자는 보통 완벽한 캐릭터보다 약점이 있고, 이를 보완하기 위해 노력하여 성장하는 모습을 보이는 캐릭터를 매력적이라고 생각한다. 이는 향유자들이 영웅 서사를 좋아하는 것과 일맥상통한다. 감정 이입론에 의하면 극 중 캐릭터가 나와 다르지 않은 인간적인 면모를 가지고 있음을 느낄 때 친숙함을 느끼고 인간적인 공감대를 느낄 수 있다고 하였다. 허점 없는 완벽함보다는 나와 비슷한 모습, 즉 실수도 잦고 부족함도 일부 있는 그런 사람에게 공감하고 호감을 느낀다는 것이다. 이는 최근 웹툰 원작을 기반으로 하여 드라마로 나온 〈약한 영웅〉과 같다. 〈약한 영웅〉 역시 키도 작고, 여자 같은 외모를 가진 주인공이 자신의 단점을 오히려 역이용해 비상한 머리와 주변의 도구를 천재적으로 활용하는 성장 스토리를 보여준다. 이처럼 향유자들은 불완전한 캐릭터에 자신을 대입해 보며 성장하는 캐릭터를 응원한다.

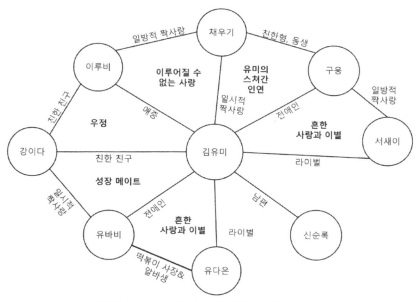

<그림 6> 〈유미의 세포들〉 웹툰 캐릭터 관계도

---

7   전영돈, 영웅서사의 내적 성장형 캐릭터와 대중적 공감 형성 - 마블과 DC의 시네마틱 유니버스를 기반으로, 《한국콘텐츠학회논문지》, 제20권 1호, 한국콘텐츠학회, 2020, pp.364-377 참고.

이러한 매력적인 반숙형 캐릭터는 유미의 세포들에서 유미뿐 아니라 다른 캐릭터를 통해서도 느낄 수 있다. 〈그림 6〉은 유미의 세포들 웹툰 캐릭터 관계도이다. 이를 통해 유미의 세포들에 나오는 등장인물은 모두 사랑과 우정, 이별 등에 서툰 존재로 불완전함이 주는 매력을 지닌다.

먼저, 김유미, 강이다, 유바비 세 명의 관계는 성장 메이트라고 볼 수 있다. 이다와 유미는 서로 힘들 때 의지하는 사이지만 남자로 인해 233화, 234화에 우정에 금이 갈 뻔했다. 유미와 이다는 이 일을 통해 서로 한 단계 성장하여 더 끈끈한 우정을 지킬 수 있었다. 유미와 바비는 커리어적으로 서로 도우며 성장하고, 또 연애에서 연인으로서 사랑과 갈등을 겪으며 성장하는 사이, 이다는 바비를 짝사랑하지만, 친구의 연인이 된 후에는 우정을 택하면서 한 단계 성장하는 캐릭터이다. 그렇기에 이 셋은 사랑과 우정이라는 감정에서 불완전한 인물들이 성장하는 구도라 볼 수 있다.

김유미, 유바비, 유다은 그리고 김유미, 서새이, 구웅은 모두 '사랑'이라는 키워드 안에서 삼각구도를 이룬다. 우선, 유미는 전남친 지우기와의 이별을 통해 사랑과 이별에 서툰 불완전한 인간의 모습을 보여준다. 하지만 구웅, 유바비와의 연애를 통해 '내 인생에 가장 중요한 것은 나', '연애 하면 상대방에 대해 알아가기보다 나에 대해서 더 많이 알게 된다.'와 같은 문구를 통해 스스로 성장하는 모습을 볼 수 있다.

한편, 김유미, 이루비, 강이다의 관계는 '우정'이라는 키워드 안에서 삼각구도를 이루기도 한다. 김유미, 이루비 / 이루비, 강이다는 본래 친한 친구의 설정이며, 김유미, 이루비는 초반에 라이벌 구도였으나 후반부에 애증의 관계로 발전하여 루비가 틱틱되지만 유미를 돕는 모습을 볼 수 있다. 이 셋은 '사랑 VS 우정'이라는 키워드를 연상시키기도 한다. 주변에서 한 번쯤 '넌 사랑이야, 우정이야?'라는 말을 들어 본 적이 있을 것이다. 유미와 이다는 바비, 유미와 루비는 우기를 두고 사랑과 우정 속에서 고민하는 모습을 보여준다. 이를 통해 유미,

이다, 루비는 '사랑'이라는 요소 때문에 갈등하게 되고 이 과정에서 좀 더 참된 우정을 찾아가며 성장한다.

그 외에도 김유미, 채우기, 이루비는 이루어질 수 없는 사랑이라는 키워드, 김유미, 채우기, 구웅의 관계는 유미의 스쳐 간 인연이라는 키워드로 묶어 볼 수 있다.

5. 평행세계를 활용한 거리 좁히기 전략

평행세계란 같은 모습을 가지고 같은 시간을 공유하는 것을 말한다. 〈유미의 세포들〉은 이러한 점에서 현재 우리의 삶과 평행세계를 맺고 있다. 〈유미의 세포들〉은 일상을 소재로 이야기를 전개하는데 실존하는 지역을 공간적 배경으로 삼고, 현실에서의 계절감과 계절을 일치시키는 등의 요소를 통해 유미의 세포들과 현재 우리의 삶이 평행세계임을 추측해 볼 수 있다. 이는 웹툰 속 시간, 장소, 계절 등 시공간적 배경이 현실의 배경과 최대한 가깝게 흘러가도록 전개하는 방식으로, 작품 속 등장인물의 상황을 향유자가 자신의 상황과 동일시한다. 작품 속 익숙한 배경이 가져다주는 몰입감과 작품과 현실의 희미해진 경계를 통해 전달되는 공감성에 향유자들이 반응하는 것이다.

우선, 공간적으로 〈유미의 세포들〉은 경기도 일산이라는 현실적인 배경을 활용한다. 유미의 세포들 2화에서는 유미가 일산에 산다고 언급을 하는가 하면 12화에서는 동네에서 꽃 축제가 열린다는 것을 언급하였다. 이는 2015년 5월 8일경 연재된 작품인데, 실제로 2015년 4월 24일부터 5월 10일까지 고양 국제 꽃 박람회가 열렸었다. 이를 통해 유미가 사는 공간적 배경이 일산 고양시임을 암시할 수 있다.

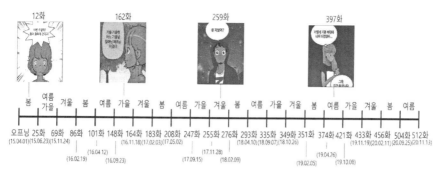

봄　여름　겨울　봄　여름　가을　겨울　봄　여름　가을　겨울　봄　여름　가을　겨울　봄　여름　가을　겨울　봄　여름
　　가을

오프닝 25화　69화　86화　101화 148화 164화 183화 208화　247화 255화 276화 293화 335화 349화 351화　374화 421화 433화 456화　504화 512화
(15.04.01)(15.06.23)(15.11.24)　(16.11.18)(17.02.03)(17.05.02)　(18.04.10)(18.09.07)(18.10.26)　(19.11.19)(20.02.11)(20.09.25)(20.11.13)
　　　　(16.02.19)　(16.04.12)　(16.09.23)　(17.09.15)　(17.11.28)　(18.02.09)　(19.02.05)　(19.04.26)　(19.10.08)

<그림 7> 웹툰 시간적 배경

〈그림 7〉을 통해 알 수 있듯, 연재 시기가 봄 즈음에는 웹툰 내 캐릭터들의 옷 차림이라던가, 분위기, 배경 등이 계절에 따라 바뀌는 것을 확인할 수 있다. 이를 통해 향유자의 시공간과 웹툰 상의 시공간을 최대한 가깝게 만들어 몰입을 강화한다.

이러한 거리 좁히기 전략은 공감성 웹툰이라면 쉽게 볼 수 있다. 정다정 작가의 〈역전! 야매 요리〉를 예시로 들어보자면, 내용을 전개할 때 조리 과정을 그림 대신 직접 촬영한 사진으로 대체하여 어떻게 조리했는지, 그리고 조리 후 결과물이 어떻게 나왔는지도 사진으로 보여준다.

<그림 8> 〈역전! 야매요리〉 13화 파테드 카나드 앙 크루트 후기

물론 정다정 작가는 요리를 전문적으로 배운 적이 없기 때문에 음식을 태우는 등 조리에 실패하는 경우도 많지만, 그래도 블로거 시절부터 쌓아 왔던 B급 감성의 요리 과정과 대사의 힘 덕분에 〈역전! 야매요리〉는 성별 관계없이 누구나 좋아했던 작품이었다. 댓글을 보면 실제로 정다정 작가가 만든 요리를 따라 만들어봤다는 댓글도 보일 정도로 그만큼 작품과 향유자 간의 거리가 매우 가까웠던 작품 중 하나로 꼽을 수 있다.

Ⅲ. 드라마 〈유미의 세포들〉의 스토리텔링 전략

드라마 〈유미의 세포들〉은 2021년 9월 17일 대한민국 OTT 플랫폼 'TVING'에서 시즌1로 처음 공개되어 2022년 7월 22일 시즌2 14화를 마지막으로 공개한 드라마이며, 현재 시즌2는 2022년 11월 16일부터 TVN에서도 방영되고 있다. 3D 애니메이션 + 실제 사람의 이색적인 조합으로 공개된 〈유미의 세포들〉은 CJ ENM에서 2021년 9월 4주 한 주에 조사한 콘텐츠 영향력 지수(CPI Powered by RACOI) 종합 부문에서 10위, 드라마 부문에서 4위를 차지했다. 그뿐만 아니라 "시청 UV를 기준으로 한 2022년 상반기 티빙 인기 순위에서 '티빙 스테디셀러' 3위에 위치했다.[8] 특히나 "〈유미의 세포들 시즌2〉는 TVING에서 첫 공개 이후 3주 연속 역대 티빙 오리지널 콘텐츠 중 유료가입 기여, 시청 UV 두 가지를 모두 최고치에 달성하며 상반기를 장식했다.[9] 그 결과 시즌1에 비해 시즌2는 OTT 독점공개를 통해 티빙이 추구하는 오리지널 프랜차이즈 IP 전략의 성공을 견인하고 있다. 이에 〈유미의 세포들〉은

---

8 CULTURE & LIFESTYLE, [주간 CPI] '스우파' 6주 연속 화제성 1위 등극: '스우파' 독주 체제, '유미의 세포들' TOP 10 진입, 〈CJ NEWSROOM〉, 2021.10.07. (https://cjnews. cj.net/tag/%ec%a3%bc%ea%b0%84-cpi/)

9 편슬기, 티빙, 2022년 상반기 콘텐츠 결산 "오리지널 힘 빛났다", 〈OTT뉴스〉, 2022.07.21. (http://ottnews.kr/View.aspx?No=2474123)

한국뿐만이 아니라 해외에서도 한류 드라마로서 자신의 역할을 잘하고 있다. "2022년 12월 8일, 싱가포르 AACA(Asian Academy Creative Awards) 시상식에서 [최고의 OTT 프로그램상(Best Original Programme by a streamer/OTT)]을 받았다."[10]

1. '콘텐츠 백화점'인 OTT 플랫폼과의 삼박자 조합

OTT 플랫폼의 특징은 크게 세 가지로 나누어 볼 수 있다. '자유로운 시청'과 '몰아보기 시청'이 가능하다는 점, '다양한 취향을 가진 향유자들이 OTT라는 하나의 공간에서 만난다.'는 것이다.

첫 번째로 '자유로운 시청'이다. 요즘 드라마는 더 이상 집에서 보는 콘텐츠, 본방송 시간에 귀가해야 하는 콘텐츠가 아니다. 도보, 버스, 택시, 지하철 심지어 비행기에서도 OTT를 이용한 드라마의 시청이 가능하다. 〈유미의 세포들〉은 이러한 OTT의 특성에 잘 어울리는 작품 중 하나이다. 그 이유는 에피소드 형식으로 한 회차에 3가지의 에피소드가 포함되어 있기 때문에 택시, 버스, 지하철 등 길지 않은 이동 시간에 잠시 꺼내어 볼 수 있다. 드라마나 영화는 다소 긴 러닝타임 때문에 자칫 시간이 맞지 않는다면 중요한 구간에서보던 작품을 꺼야 하는 상황이 생기고, 이후 재시청까지 걸리는 시간을 보장할 수 없기에 작품에 대한 몰입도는 떨어지고 결말을 알지 못해 중단한 작품에 대한 부담감은 커지게 된다. 하지만 유미의 세포들은 마치 드라마계의 '숏폼 콘텐츠'와 같다.

---

10 안은재, '유미의 세포들', AACA '최고 OTT 오리지널 프로그램상' 수상, 〈News1〉, 2022.12.08. (https://www.news1.kr/articles/4888456)

<그림 9> 369화 욕 세포

　숏폼 콘텐츠란, 짧은 콘텐츠로 빠른 시일 내에 향유자에게 정보를 전달하고 재미를 주는 콘텐츠이다. 〈유미의 새포들〉은 대략 한 회차당 한 시간 정도가 소요되는 타 콘텐츠들에 비해 평균적으로 한 에피소드가 약 20분으로 이루어져 있기 때문에 짧은 시간 시청에도 '마무리되었다'는 깔끔한 느낌으로 시청을 멈출 수 있다.

　더불어 자유로운 표현도 가능하다. 시즌2에서는 OTT서비스에만 단독 공개를 하면서 '욕 세포'가 등장하였다. 〈그림 9〉를 보면 원작에서조차 XX 처리를 해놓았던 부분인데 시즌2 9화 EP. 24에서 등장한 욕 세포는 "시발", "미친년아"와 같이 케이블이나 지상파에서 삐처리 없이 나가면 방송 심의에 문제가 될 정도의 욕을 하기도 한다. 이는 드라마를 좀 더 자극적으로 만들어주고, 재미 요소를 첨가해주는 이른바 MSG의 역할을 하여 향유자가 드라마를 좀 더 재밌게 즐길 수 있도록 한다.

　두 번째는 '몰아보기 시청'이다. "몰아보기 시청의 형태는 기존에도 존재했지만 2013년 넷플릭스가 드라마 시리즈 전체를 한 번에 공개하는 비즈니스 모델을 선보인 것을 계기로 하나의 사회문화적 현상으로 자리 잡았다. 집에서 쉴

때 드라마나 영화를 '정주행'하는 사람들이 생겨나면서 쓰게 된 신조어와 같은 부류다."[11] 〈유미의 세포들〉도 시즌당 14화의 단편 드라마와 앞서 말한 에피소드 형식의 구성으로 '몰아보기 시청'에 최적화되어있는 작품이다. TVING도 이러한 형태의 행위를 유도하기 위해 〈유미의 세포들 시즌2〉는 TVING 단독 공개로, 2회차를 한 번에 공개하였다. '몰아보기 시청'은 학계 내에서 공통된 정의나 특별한 기준이 없지만, 일반적으로 한 자리에서 동일한 프로그램의 에피소드를 2편 이상 시청하는 것으로 광범위하게 정의되기 때문에 매번 2회차를 동시 공개한다는 것은 티빙이 '몰아보기 시청'을 유도하였음을 알 수 있다.

마지막으로 '다양한 취향의 향유자들이 모이는 곳'이다. OTT는 향유자들이 자신의 취향이나 그때의 기분에 따라 다양한 콘텐츠를 주체적으로 선택하는 그야말로 '콘텐츠의 백화점'이다. 이러한 콘텐츠 바다에서 〈유미의 세포들〉은 '애니메이션', '일상', '로맨스', '판타지'까지 다양한 장르에 속한 콘텐츠이다. 살아있는 사람인 배우들과 사람처럼 생동감 있게 움직이는 세포 캐릭터들, 드라마에서 쉽게 접할 수 있었던 배우의 목소리와 발성 애니메이션에서나 들을 수 있었던 성우들의 특유의 발성이 모두 한 작품 안에 담겨 있는 것이다. 향유자가 선택할 수 있는 옵션이 상당한 이 콘텐츠의 백화점에서 〈유미의 세포들〉이라는 드라마는 마치 다양한 장르와 특징을 모아 담은 '기프트 세트'와 비슷하다.

2. 매회 새로운 느낌, 에피소드 형식을 선택한 〈유미의 세포들〉

에피소드 형식의 미디어는 주로 웹툰, 만화와 같은 매체에서 자주 사용되는 스토리텔링 방식 중 하나로, 대부분의 에피소드형 작품들은 회마다 부제목을

11　황경호, 김경애, OTT(Over-the-Top) 서비스의 몰아보기 시청행위 영향 요인 탐색, 《한국융합학회논문지》 제11권 3호, 한국융합학회, 2020, p.2.

통해 그 한 화의 사건을 암시함으로써 향유자가 어떤 것을 집중적으로 감상할지 알려준다. 즉, 향유자의 가이드인 것이다. 예를 들어서, 〈유미의 세포들 시즌 1〉 2화, [Episode 5 소개팅]에서는 유미가 소개팅을 할 것이라는 암시를 하고, 13화, [Episode 37. 박 터트리기]에서는 무언가 갈등이 터진다는 것을 인지하며 그에 관련된 주인공들의 대사, 몸짓, 사건에 집중하여 '이곳이구나!' 하는 찾는 재미를 향유자에게 제공할 수 있다.

　아래의 〈표 3〉을 보면 〈유미의 세포들〉 드라마는 각 시즌1 2화, 시즌2 3화, 14화를 제외하고 모두 한 회차당 세 가지의 에피소드로 구성되어있다. 왜 〈유미의 세포들〉은 에피소드를 이용하였을까? 한 회차를 최소 2번에서 3번 에피소드로 구별한다는 것은 한 시간이 넘는 회차의 러닝타임 동안 향유자에게 '새로운 이야기'라는 착각을 심어주어 집중력을 향상한다. 덧붙여, 언제 어디서나 볼 수 있는 OTT 특성상 에피소드를 이용해 향유자는 더 다양한 곳에서, 더 자주, 짧게 미디어를 즐길 수 있다. 이는 '숏폼 트렌드'와 같이 짧은 영상에 매력을 느끼는 현재의 트렌드를 잘 겨냥한 스토리텔링 전략이라고 볼 수 있다.

　이러한 에피소드형 콘텐츠에서 한 회차에 나오는 세 가지의 에피소드를 각각 에피소드 1, 에피소드 2, 에피소드 3으로 구분해보겠다. 시즌1, 시즌2 모두 에피소드1은 오프닝이 끝난 직후 바로 등장한다. 에피소드 2는 가장 빨리 등장한 시간이 16분 00초, 가장 늦게 등장한 시간이 27분 42초로 에피소드1과 에피소드 2 사이엔 평균적으로 23분이 소요된다. 에피소드 3은 가장 빨리 등장한 시간이 35분 23초, 가장 늦게 등장한 시간이 48분 48초로 에피소드2 와 에피소드 3 사이엔 평균적으로 19분이 소요된다. 이처럼 등장 시간의 차이가 나는 이유는, 약 한 시간 정도 되는 러닝타임을 삼등분해 세 가지의 에피소드로 나누는 것을 원칙(총 3화의 예외가 존재한다)으로 하지만 시간이 다 되었음에도 사건의 흐름이나 감정이 끊기는 것이 향유자의 몰입과 집중력에 방해가 되기 때문이다.

<표 3> [유미의 세포들] 시즌1, 시즌2 에피소드 제목 & 시간 정리

		EP.1	EP.2	EP.3			EP.1	EP.2	EP.3
시즌 1	1	김유미 대리	유미vs루비	프라임 세포	시즌 2	1	쿨한 이별	치료	유바비 소모임
		00:51	27:14	41:13			00:56	19:45	39:57
	2	꽃축제	소개팅			2	내가 뭐라고	빠&까	전세역전
		00:51	37:10				00:56	19:39	337:19
	3	구웅	수염	우산		3	하트 피버 타임	바비의 세계	
		00:51	26:39	45:22			00:56	34:24	
	4	개구리	게시판	응큼이 vs 응큼사우르스		4	심쿵배틀	멋있는 포인트	전기 밥솥
		00:51	20:21	35:23			00:56	27:42	46:18
	5	유자청	유미의 생일	유미의 생일2		5	기적	어떻게 대해야 할까	1224
		00:51	22:10	41:40			00:56	20:18	37:35
	6	유미 집에서	오션뷰 더블 베드룸	대왕마마 납시오!		6	만족도	대결	위대한 모험
		00:51	22:51	43:57			00:56	17:22	41:49
	7	우선순위	#애인 있어요	친구의 결혼식		7	변곡점	세포마을의 오로라	기시감
		00:51	24:56	40:43			00:56	24:40	47:45
	8	유미	유미 수비대	남사친 여사친		8	바비의 비밀	편집장	지진
		00:51	21:37	42:22			00:56	16:00	41:01
	9	새이는 4번을 모른다	히든카드	으이구		9	프로들의 업무 미팅	유미가 싫어하는 것	두 번째 크리스마스
		00:51	23:45	39:19			00:56	20:34	42:17
	10	애교술 변천사	칭찬택배와 신데렐라 약물	용기가 필요해		10	달라진 세	운명을 믿으시나요?	내 사랑 뮤즈
		00:51	18:52	36:20			00:56	26:55	41:40

11	왜 그래, 웅	구웅의 세계	케이크와 키보드	11	바비 출몰 지역	최상급 난이도	전남친 vs 전남친
	00:51	22:28	41:25		00:56	18:00	38:56
12	변명	어색한 술자리	유미와 웅이의 문제풀이	12	삼자대면	고수들의 연애법	출장
	00:51	23:01	48:48		00:56	19:03	36:13
13	부러진 식탁	박 터트리기	이별카드	13	애절 뿜뿜 유미	부재중 전화	
	00:51	21:32	41:30		00:56	21:21	44:15
14	타임머신	남자 주인공	웅이의 카드	14	노트북	귀환	
	00:51	21:51	37:46		00:56	28:30	

〈표 3〉을 통해 유미의 세포들은 한 회차당 에피소드의 밸런스가 잘 짜여 있다는 것을 알 수 있다. 시즌2의 10화를 제외하면 한 회차에 사랑이나 갈등, 성장과 관련된 에피소드가 꼭 하나씩 들어있다는 점에서 알찬 스토리의 구성을 확인할 수 있으며, 시즌 1보다 시즌 2에 좀 더 사랑이나 갈등, 성장 스토리를 많이 등장시키면서 향유자를 〈유미의 세포〉들에 푹 빠지게 하였다.

3. 유미로 시작해서 유미로 끝나는 이야기

앞서 설명한 것처럼 〈유미의 세포들〉은 회차마다 세 가지의 에피소드가 포함된 에피소드 형식이다. 즉, 다른 콘텐츠에서는 한 회차에 한 번만 하면 되는 마무리를 유미의 세포들은 한 회차당 3번을 해야 한다는 말이다. 보통 드라마의 마무리는 다음 화, 다음 주에도 지금 보고 있는 향유자를 유지하기 위해 엄청난 반전을 암시하거나 궁금증을 자아내는 전개로 마무리가 된다. 하지만 매

회차 3번의 마무리를 해야 하는 〈유미의 세포들〉은 자칫 향유자에게 지루함을 주거나 몰입하는 긴장감에 느슨함을 줄 수 있다. 그럼 매번 새로운 에피소드에 들어갈 때, 회차가 바뀔 때 〈유미의 세포들〉이 사용하는 마무리 방법은 무엇일까?

<표 4> [유미의 세포들] 시즌1, 시즌2 에피소드 시작과 끝에 등장하는 인물

		EP 1 시작	EP 1 종료	EP 2 시작	EP 2 종료	EP 3 시작	EP 3 종료
시즌1	1	유미	이성 세포	감성 세포	유미	이성 세포	유미
	2	유미	이성 세포	새이	유미		
	3	유미	구웅	구웅	유미/세포	새이	구웅
	4	패션 세포	유미	이성 세포	구웅 세포	유미	유미
	5	문지기 세포	이성 세포	유미	새이	유미	유미
	6	웅이 세포	유미	유미	새이	유미/구웅	유미 세포들
	7	유미	이성 세포	유미 친구들	유미	유미	유미
	8	대도서관 세포	이성 세포	유미	유미	이성 세포	유미
	9	구웅, 유미, 새이	새이	유미	바비	이성 세포	유미
	10	이성 세포	이성 세포	바비	유미	유미	유미/구웅
	11	웅이 세포	유미	구웅	유미	유미	유미/구웅
	12	유미/구웅	유미	유미	이성 세포	직장 동료	유미
	13	유미/구웅	사랑 세포	집안일 세포	구웅 세포	사랑 세포	유미/구웅
	14	이성 세포	바비/유미	이성 세포	사랑 세포	웅이	유미
시즌2	1	웅이	구웅/유미	유미 친구들	게시판 세포	유미/이다	바비/유미
	2	유미/바비	유미	유미	이성 세포	바비/유미	유미
	3	유미/친구들	바비/유미	이성 세포	바비/유미		
	4	바비 세포	이성 세포	이성 세포	바비/유미	명탐정 세포	유미/구웅
	5	사랑 세포	유미	사랑 세포	이성 세포	구웅	바비/유미

K-WEBTOON, 원천 IP 스토리텔링 전환 전략

6	유미/구웅	이성 세포	유미	구웅	유미 부모님	바비/유미
7	이성 세포	이성 세포	바비/유미	이성 세포	바비/유미	바비/유미
8	유미	바비 세포	안대용	유미/세포	이성 세포	바비 세포
9	바비/다은	이성 세포	싫어싫어 세포	유미/세포	바비	유미
10	안대용/유미	이성 세포	독자 세포	유미/구웅	이성 세포	유미
11	이성세포	바비/유미	바비	바비/유미	유미	유미/구웅
12	독자 세포	이성 세포	이성 세포	이성 세포	유미	바비/유미
13	구웅/바비	이성 세포	목 세포	유미	구웅	유미
14	유미	바비	이성 세포	신순록		

〈표 4〉는 총 162장면, 각각 81개의 에피소드 시작을 여는 장면과 81개의 에피소드를 닫는 종료 장면을 보여주고 있다. 그중 유미가 나오는 장면은 79장면, 유미의 세포들이 등장하는 장면은 51장면으로 '유미'가 에피소드를 시작하고 마무리하는 장면이 총 127장면이나 된다. 이는 타 콘텐츠와 비교했을 때 주인공의 비중이 상당하다는 것을 알 수 있다. 그중에서도 에피소드가 아닌 회차를 마무리하는 장면은 28개의 장면 중 한 장면을 제외하고는 모두 유미 혹은 유미의 세포들이 마무리하였다.

왜 유미, 혹은 유미를 구성하는 세포들이 많은 에피소드에서 이야기를 여닫는 것일까? 그 이유는 바로 〈유미의 세포들〉이라는 작품은 '김유미'라는 여자 주인공의 원톱물이기 때문이다. 남녀가 주인공으로서 함께 사랑을 하는 해피엔딩이 목표가 아닌, '사랑하는 것'을 사랑하는 여자가 연애를 통해서 자신을 성장시키는 세계관이기 때문임을 〈표 4〉를 통해 알 수 있다.

주로 '사람 유미'가 등장하는 장면은 현재 주인공의 상황이나 위치, 감정을 일인칭의 시점으로 향유자에게 생생하고 몰입감 있게 전한다. 반면 세포가 등장하는 장면은 이야기를 읽어주는 완전한 타인의 느낌으로 도전하고, 상처받고, 사랑하고, 극복하는 유미의 모습을 제 3자의 입장에서 서술하며 교훈과 같은 가르침이 주된 나레이션으로 나온다. 이는 배우와 성우의 목소리를 이용한 드라마 고유의 스토리텔링 방법이다. 그렇다면 왜 이러한 방식을 이용하였을까?

그 이유는 앞서 언급한 '자아성장 세계관'과 연관시킬 필요가 있다. 특히나 〈유미의 세포들〉이라는 작품 안에서의 유미는 혼자가 아니라 스스로를 무조건 지지해주고 사랑해주는 세포들이 존재한다. 이러한 조력자 캐릭터들이 있는 상황에서 유미가 스스로 "나는 해내었다, 마침내 작가가 되었다"라고 하는 것과 세포가 "우리의 유미는 마침내 해냈다, 그렇게 유미는 드디어 작가로 데뷔하게 되었다."라고 말하는 것의 차이는 꽤 크다. 전자는 유미 스스로 혼자 해낸 성공처럼 들리지만, 후자는 유미를 뒤에서 진심으로 도와온 세포들의 소리이기 때문에 향유자가 '타인'이라는 존재로서 세포들과 같이 '유미를 사랑하고 응원하는 자신'이라는 배역에 몰입하기 쉽다는 것이다.

또한 세포의 나레이션은 단순히 유미 하나만을 위한 것이 아니라 콘텐츠를 시청하는 향유자에게도 건네어진다. 시즌2 10화 Episode 28을 마무리하는 장면엔 웅이의 라디오 속에서 이런 나레이션이 나온다. "운명을 믿으시나요?" 이는 해당 에피소드의 제목과 동시에 웅이라는 캐릭터에게 운명에 대해 묻고, 또 화면 너머에 있는 향유자에게까지 넌지시 질문을 하여 이에 대해 생각하게 만든다. 이러한 스토리텔링 전략의 효과를 위해 세포의 나레이션과 유미의 독백을 구분하여 등장시켰다.

4. 드라마 속 애니메이션 활용 전략

〈유미의 세포들〉 드라마는 3D 애니메이션 캐릭터들과 실제 배우들의 합이 굉장한 화제였다. 하지만 애니메이션과 실사의 조합 외에도 〈유미의 세포들〉

드라마에는 만화, 웹툰, 애니메이션에서 사용하는 주요 전략들을 볼 수 있다.

먼저, 의성어와 의태어를 사용한다는 것이다. 웹툰이나 만화책을 보면 글자들이 상황과 소리의 크기에 따라 페이지 곳곳에 새겨져 있다. 이런 전략을 쓰는 이유는 만화책이나 웹툰 같은 콘텐츠에 더빙을 입히거나 소리를 첨가하기 어렵기 때문이다. 그로 인해 글씨체와 글씨 크기, 색 등을 이용하여 향유자가 그 분위기를 고스란히 느낄 수 있도록 하는 것이다. 이러한 전략은 애니메이션으로 넘어가면 자연스럽게 사라진다. 애니메이션은 캐릭터들이 움직이고 배경음, 더빙, 노래 등등 다양한 음향이 첨가되기 때문이다. '휘릭!'이라고 쓰는 것 대신 정말 '휘릭' 소리를 넣으면 된다. 〈유미의 세포들〉 드라마에서도 가끔 출몰하는 의성어, 의태어들을 볼 수 있다.

<그림 10> 실제로 존재하지 않는 판타지적 요소를 등장시킨 예시

또한, 드라마에서 판타지적 배경이 지속적으로 나오는 것 역시 하나의 전략이다. 〈세포마을〉이라는 판타지적 가상 배경은 유미의 머릿속 세포 마을에서 사용되는 '히든카드'를 실제 사람 배우가 들고 있거나 사용하는 장면이 유미와 웅이가 이별을 맞이하는 과정에서 자주 나온다. 일상생활에서 사용하지 않는 사람의 감정 혹은 선택을 보여주는 카드를 배우들이 거리낌 없이 사용하는데도 향유자는 크게 판타지라는 느낌을 느끼지 못하고 일상물로 받아들인다. 이 부분도 역시 처음부터 애니메이션과 결합하는 특수한 조합이었기에 가능한 것이다.

<그림 11> 드라마 속 '하트 피버 타임'이라는 극적인 상황 연출

마지막으로, 판타지적 특수 능력이 나오는 경우도 있다. 게임이라는 콘텐츠에서 캐릭터가 특정 에너지를 채웠을 경우 '피버 타임', 즉 '무적의 시간'이라는 아주 잠깐 특수 능력이 생기는 경우가 있다. 애니메이션에서도 역시 캐릭터가 특정한 사건을 겪거나 무언가를 해내거나, 다짐한 경우 비약한 힘을 얻는다. 이러한 전략이 〈유미의 세포들〉 드라마 속 실제 배우들에게 사용되었다. 이 효과를 이용하면서 이를 시청하는 향유자도 함께 감정적으로 동요하고 흥분하며 극적인 상황의 연출을 통해 캐릭터를 향한 몰입감이 일시적으로 강력해진다.

5. 사랑으로 모든 것이 연결되는 유미의 일상

〈유미의 세포들〉에서는 '사랑'이라는 가치를 통해 향유자에게 명확한 메시지를 전달한다. 유미의 연애를 보면서 2030 여성들은 유미에게 공감하고 자신의 삶에 대입해보게 된다. 〈그림 12〉, 〈그림 13〉을 보면 대부분의 갈등 원인이 사랑임을 알 수 있다. 이루비와의 갈등은 채우기라는 남자 사원 때문에 갈등이 생긴 것이고, 서새이와의 신경전 및 갈등 모두 구웅을 두고 생긴 것이기 때문이다.

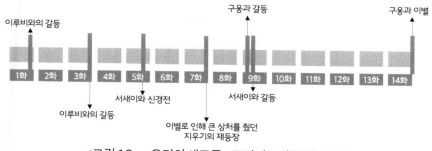

<그림 12> <유미의 세포들> 드라마 1 갈등 타임라인

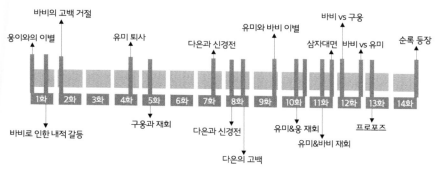

<그림 13> <유미의 세포들> 드라마 2 갈등 타임라인

〈그림 12〉와 〈그림 13〉을 통해 〈유미의 세포들〉 시즌1에서는 구웅와 유미의 연애사를 다루고 있어 구웅, 유미, 새이의 갈등이 가장 크게 드러난다. 또, 시즌2에서는 바비와 유미의 연애사를 다루고 있어 바비, 유미, 다은의 갈등을 보여준다. 이에 유미의 세포들은 항상 연애사를 삼각관계로 표현하고, 사랑과 이별을 보여준다는 것을 보여준다. 이 삼각관계는 순탄한 연애가 아닌 갈등이 가득한 연애 이야기를 보여주어 향유자가 자극적인 요소에서 오는 재미와 흥미를 느끼게 한다.

즉, 〈유미의 세포들〉은 앞서 제시했던 〈표 3〉을 보면 알 수 있듯 대부분 모든 회차에 사랑이라는 요소를 넣어 스토리를 전개하였고, 회사에서도 대부분 사랑이 주요 이야기가 되는 것을 통해 유미의 일상 모든 곳에서 '사랑'을 만나 볼

<유미의 세포들>, 공감콘텐츠의 힘

수 있다. 이를 통해 2030세대 여성들은 다양한 상황에 자신의 감정을 유미에게 이입시키면서 공감대를 형성하는 것이다.

IV. <유미의 세포들> 전환 전략

기존에 이미 흥행했던 작품을 드라마나 영화 등으로 전환하는 것은 굉장히 부담스러운 일이다. 콘텐츠마다 형태도, 길이도, 플랫폼도 모두 제각각이기 때문에 콘텐츠를 다른 콘텐츠로써 전환하는 과정에서 대부분 많은 시행착오를 겪게 된다. 이는 원천 IP가 흥행에 성공하면 성공할수록 그 부담감은 더욱 심해진다. 원천 IP가 흥행하면 기존 팬덤이 존재하기 때문에 어느 정도 인지도가 있는 상태에서 시작한다는 것이 장점이지만 반면, 기존 팬덤의 기대에 부합하지 못한다면 흥행에 실패하는 것이기 때문이다. 즉, 원천 IP는 '양날의 검'인 셈이다. 원천 IP가 흥행했다고 해서 전환 콘텐츠가 성공한다는 보장은 없다. 이는 콘텐츠 전환에 있어 성공과 실패를 모두 맛본 〈치즈인더트랩〉을 통해서 알 수 있다.

〈치즈인더트랩〉은 웹툰을 원천 IP로 영화와 드라마화를 시도한 작품이다. "완벽하지만 베일에 싸인 선배 '유정'과 평범하지만, 매력 넘치는 여대생 '홍설'의 로맨스를 다룬 작품으로 큰 흥행을 거두었다. 그 후 드라마화에 착수하였는데 유정 역할에 박해진을 캐스팅한 것부터 100% 싱크로율을 자랑하며 입소문을 탔다. 〈치즈인더트랩〉은 첫 방송 당시 시청률 3.6%를 기록했고, 당시 TVN 월화드라마 사상 최고 시청률을 경신하였다.[12] 〈치즈인더트랩〉의 드라마화가 큰 성공을 거둔 후 영화화에도 눈길을 돌렸다. 그러나 〈치즈인더트랩〉 영화는 드라마보다 높은 싱크로율의 배우 캐스팅에 향유자들의 기대를 모

---

12 김경택, 큐로홀딩스 '치즈인더트랩' 흥행…콘텐츠 사업 강화, 〈매일경제〉, 2016.01.15. (https://www.mk.co.kr/news/stock/7180800)

았지만, 예상외로 흥행에 실패했다. 그 이유는 원작의 내용을 겨우 2시간에 담아내려고 하다 보니 스토리가 너무 축약돼서 원작을 보지 않은 이들에게는 내용이 이해되지 않는 수준까지 변형되었기 때문이다. 그리고 각 인물의 성격이나 스토리를 잘 살려내지 못해서 등장인물들이 어떤 사람인지 파악이 어려웠다. 이에 성공적인 전환을 위한 전략이 무엇인가에 대해 고민하며 〈유미의 세포들〉IP를 통해 그 전략을 제시해보려 한다.

1. 새로운 드라마 포맷의 등장

〈유미의 세포들〉을 영상미디어로 전환할 때 가장 큰 장애 요인은 바로 캐릭터의 구현 방법이다. 귀여운 애니메이션으로 나올 법한 세포들이 작화의 주를 이루는 경우가 많은데 이를 실사 드라마에 어떻게 적용해야 하는 지가 큰 문제였다.

이에 대한 해결 방안으로 국내 최초 실사와 3D 애니메이션을 결합한 드라마 포맷을 만들어냈다. 드라마 속 인물들의 머릿속 세포들은 애니메이션으로 표현하였고, 유명 전문 성우들이 애니메이션 캐릭터의 목소리를 연출하였다. 등장인물들은 실제 배우가 연기했다. 이러한 점에서 유미의 세포들은 향유자에게 '드라마계 최초의 영역', '최초의 시도'라는 점에서 굉장히 신선하게 다가왔고, 다른 드라마 크리에이터들에게는 영감을 얻을 수 있는 좋은 사례가 되었다. 이는 큰 모험이었다. 실사와 애니메이션의 조합은 향유자에게 낯설고 익숙하지 않은 콘텐츠이기 때문에 몰입에 방해가 될 수도 있기 때문이다. 그래서 약간의 개그성을 포함한 로맨스 코미디로 승화시키고, 여기에 안소이, 박지윤 등 탄탄한 성우진까지 더해 향유자의 취향을 저격하여 드라마를 성공적으로 이끌었다. 또한, 작가의 인터뷰에 의하면 "유미의 마음속 세포들이 구체화되는 것은 중요하나 유미의 설정이 30대이기 때문에 30대의 몸속 세포들이 너무 유아

틱하게 그려지는 것을 원치 않았다"고 한다.[13] 작가의 의도가 반영되었는지는 알 수 없으나 결국 세포들을 애니메이션으로 구현할 때 유아용 캐릭터처럼 보이지 않고 주요 원작 향유자들인 2030 세대들이 좋아할 만한 귀엽고 퀄리티가 높은 캐릭터로 제작되었다.

2. 원작 팬층을 만족시켜라

원작 팬덤은 전환 이전의 원천 IP 그 자체를 좋아하고 응원했던 팬들을 의미한다. 이들은 원천 IP를 가지고 전환하는 콘텐츠에 있어 굉장히 중요한 요소로 작용한다. 원작 팬덤 자체가 해당 IP를 상징하는 인사이트기 때문에 원작 팬들의 선호도를 반영하지 않는다면 실패할 가능성이 높아진다. 이에 원작 팬덤을 중점으로 하여 신규 향유자를 효율적으로 유입시키기 위해 노력해야 한다.

원작 팬들을 만족시키기 위해 가장 중요한 것은 배우의 싱크로율과 원작 스토리의 전환이다. 이때, 기존 향유자들은 본질의 스토리와 캐릭터를 좋아하여 팬이 된 경우기 때문에 스토리나 캐릭터적으로 많은 변화가 있는 것을 좋아하지 않아 너무 심한 변화가 생기지 않도록 주의해야 한다. 또, 원작 스토리를 전환하는 데 부정적인 평을 받았던 부분을 어떻게 해결할 것인가가 관건이었다.

---

13 안윤지, "원작 500회 외웠다" '유미의 세포들' 작가·감독이 밝힌 시즌1[★ FULL인터뷰], 〈스타뉴스〉, 2021.11.16. (starnewskorea.com/stview. php?no=2021111512490187073)

<그림 14> <유미의 세포들> 웹툰 & 드라마 싱크로율

　우선 배우 같은 경우, 구웅 역은 안보현, 유미 역은 김고은 바비 역은 진영이
맡았다. 그런데 초반에 캐스팅 라인업이 공개되자 유미의 역할을 맡은 김고은
은 유미와 싱크로율이 부족하다는 점에서 기존 향유자들의 비판을 받았었다.
그러나 김고은은 캐릭터와의 외형적 일치감보다는 캐릭터를 이해하고 이를 연
기로 표현한 연기력으로 인정받았다. 첫 화가 공개되자마자 향유자들은 김고
은의 연기력을 칭찬하면서 김고은이 유미 역으로 매우 잘 어울린다는 평을 남
기기 시작했다. 그밖에 안보현이나 갓세븐 진영 같은 경우 해당 배역과 싱크로
율이 너무 높아 기존 향유자들을 만족시키기도 하였다.

　다음으로는 원작 스토리의 전환이다. 앞서 말했듯 기존 향유자들은 스토리
변화를 많이 주는 것을 좋아하지 않는다. 그렇기에 작가는 <유미의 세포들 1>
에서는 스토리나 캐릭터적으로 변화를 덜 주고, 원작 스토리로 작품을 이어 나
가는 대신, <유미의 세포들 2>에서는 원작 향유자들이 흥미도를 잃지 않도록
변화를 많이 주었다. 이는 원작에서 부정적이었던 장면을 변화시키는 것과 같
은 맥락이다. 원작에서 바비와 다은이는 떡볶이 가게 사장과 알바생으로 만나
연인이 되는데 이는 기존 향유자들에게 질타 받게 된다. 그 이유는 떡볶이 가게

사장과 알바생의 관계가 부적절하다는 것이다. 그래서 드라마화 시에는 바비는 마케팅팀 대리, 다은은 신입 인턴의 역할로 전환되었다. 또, 53화의 루비의 악행이 드라마에서는 순화되었다. 루비는 폭발한 유미에게 큰 소리를 듣자 시무룩하고 기죽은 듯한 모습을 보이며 원작과 달리 독한 캐릭터가 많이 누그러진 모습을 보였다. 또, 438화의 서사 없이 떠난 바비에 대한 비판이 너무 많아 드라마 각색 작가는 순록의 설정을 많이 가져와 바비에게 넣었고, 바비가 프러포즈 해놓고 떠난 이유에 대해 맥락을 만들어 주었다. 바비의 비호감도를 낮추기 위해, 제작진은 '바비는 왜?'에 초점을 맞추기도 하였다. 각색에 참여한 원작자는 "바비가 무슨 생각을 했고 어떤 감정이었는지, 개연성을 보여주면 조금 더 이해되지 않을까 해서 바비의 감정을 집중적으로 보여주려고 했다.[14]"고 인터뷰했다. 이 과정을 통해 기존 향유자 중에서 바비와 루비를 그저 나쁜 캐릭터로 보지 않고 그들에게 공감하고 이해하기 시작하는 사람들이 생겨났다. 이러한 전략을 통해 〈유미의 세포들〉의 시즌1과 시즌2는 모두 원작 팬층을 만족시키며 흥행에 성공할 수 있었다.

3. 신규 향유자를 유입시켜라

원작 팬층도 중요하지만, 무엇보다 중요한 것은 신규 향유자를 유입시키는 것이다. 신규 향유자를 유입시키는 것은 선순환 구조를 지닌다. 신규 향유자가 드라마 장르로 유입되면 이들은 드라마를 시청한 후 다시 원작을 찾아 향유하고 둘 간의 간극을 체험하는 새로운 경험을 하게 된다. 실제로 드라마에서 욕세포가 나오는 장면을 보고 웹툰에서 해당 장면을 찾기 위해 웹툰으로 유입이 된 유저들이 웹툰에 댓글을 달고 있었다.

---

14 김정연, '바비는 왜?' 초점 시즌2… "원작 비호감도 너무 높아, 그냥 쓸 순 없었다", 〈The JoongAng〉, 2022.07.30. (https://www.joongang.co.kr/article/25090921#home)

〈유미의 세포들〉은 신규 향유자의 유입을 위해 드라마에서 방대한 캐릭터의 수를 줄이기도 하였다. 〈유미의 세포들〉 원작에 나온 세포의 수는 셀 수 없이 많지만, 드라마에 나오는 세포의 수는 한정시켰다. 이는 선택과 집중을 통해 새로운 향유자의 몰입을 높이기 위한 전략이다. 그래픽화하는 과정에서 모든 세포를 구현해내기에 퀄리티와 스토리를 모두 잡을 수 없다는 현실적인 문제와 신규 진입 향유자들은 초반부터 너무 방대한 양의 인물과 세포들이 등장해버리면 스토리 이해에 있어서 헷갈리기 십상이다. 이를 해결하기 위해 각 인물의 프라임 세포와 인물들의 삶에서 중요한 부분을 차지하게 되는 세포들을 중심으로 세포마을 세계관의 스토리를 구성하였다. 예를 들어 스케줄 세포가 여행 세포의 무덤에 찾아갔지만, 드라마에서는 이성 세포가 여행 세포를 찾아갔다는 점에서 스케줄 세포를 없애는 등 세포의 다양성을 줄인 것을 볼 수 있다. 이는 〈유미의 세포들〉을 처음 접하는 향유자가 캐릭터나 스토리에 있어 혼돈을 겪지 않도록 하는 것이다.

이러한 장애 요인은 다른 웹툰 IP에서도 존재하는 일반적인 문제로 〈유미의 세포들〉은 이를 재치 있게 극복했다고 할 수 있다. 이에 이 작품이 드라마 전환에 성공할 수 있었던 요인 중 하나는 원작의 장애요인을 인지하고 이를 효과적으로 해결한 것이라 할 수 있다.

V. 전환에 용이한 원천 IP 조건

앞서 〈유미의 세포들〉 웹툰 분석에서 언급했던 것처럼 향유자가 콘텐츠를 통해 공감을 느끼려면 가장 중요한 것이 향유자와 콘텐츠와의 거리이다. 그래서 본고는 "콘텐츠와 향유자의 거리 1mm"라는 제목을 지어 보았다. 향유자와 콘텐츠와의 거리가 가깝다는 것은 향유자의 환경과 콘텐츠의 환경이 평행세계를 이루고 있다는 것이고, 이를 통해 향유자는 콘텐츠를 보면서 감정 이입을 하게 되는 것이다.

지금까지 〈유미의 세포들〉의 원작 IP 분석, 드라마 분석, 그래서 도출한 전환 전략을 알아보았다 이 과정을 통해 알아낸 전환에 용이한 IP는 무엇인지, 또한 이를 발굴하고 창조하는 조건이 무엇인지를 서술하겠다.

1. 전환에 용이한 원천 IP

본고가 제시하는 '좋은 IP'의 개념은 '전환'과 그로 인해 다양한 경로로의 확장 및 활용 가능성을 염두에 두고 정의한다. 다시 정리하자면, 가장 본질적이고 1차적으로 창작된 콘텐츠가 수단과 형식에 큰 제약을 받지 않고 다양한 방식으로 활용, 재창조되며 지속적으로 변용과 확장이 가능한 범위 내에서의 조건을 갖추게 되었을 때, 이를 '좋은 IP'라고 정의할 수 있는 것이다. 여기서 언급된 '다양함'은 창작물이 공유되는 형태나 플랫폼, 이를 향유하고 트랜스미디어 스토리텔링으로까지의 확장성을 고려하고 있는 소비자 또는 팬덤 등 다양한 요소를 두고 콘텐츠를 향유하는 데 중요하게 생각하는 요소를 고려하여 개별적으로 설정할 무한한 가능성을 지니고 있는 것이다. 종합해보자면, 좋은 IP의 기반은 결국 '전환 가능성'에 있다는 것인데, 이는 불과 창작자 입장에서의 특성을 고려한 것에 지나지 않는다.

콘텐츠를 향유하고 소비하는 관점에서의 좋은 IP란 원천 콘텐츠의 확장 가치에 향유자의 즉각적인 반응과 개인화 맥락이 얼마나 반영되었는가 이다. 또한 이를 통해 창작자와 향유자가 어떠한 방식으로 상호작용하고 소통하는지, 그리고 둘 간의 소통으로 인한 시너지가 있는지가 중요하다. 이러한 향유자 관점에서의 좋은 IP란, 자기충족적인 특성을 보이고 있으며, 단단한 팬덤, 팬덤을 통한 세계관 구축의 과정을 통해 원천 콘텐츠가 기본적으로 가지고 있는 요소를 얼마나 향유자와 상호작용하고 시너지를 내며 확장해나갈 수 있는가에 초점을 두고 생각해보아야 한다.

2017년 OCN에서는 "웹툰 '오리지널 씬'을 새롭게 선보이며 원천 콘텐츠 활용과 트랜스미디어 스토리텔링에 있어서 새로운 방향성과 사례를 제시한 적이 있다.[15] 기존 OCN 오리지널 드라마에서 등장했던 주요 캐릭터를 집약하여 새롭게 재창조한 웹툰을 출시한 것이다. 11월 15일 연재를 시작하여 10시간 만에 10만 뷰를 돌파하였으며, 12월 6일 오전 기준 누적 조회수는 1~4부 통틀어 6,575회에 달하였다. 일반적으로 웹툰 원작 IP를 각색하고 재창조하여 드라마나 유튜브, 굿즈를 비롯한 다른 플랫폼으로 재창조하여 출시하였던 사례가 다수였다. 그러나 OCN은 원천 콘텐츠를 외부 세계로 변용하여 확장해나간 것이 아닌, 역으로 다양한 세계관을 기반으로 한 캐릭터들을 한 공간에 집약하여 '웹툰'이라는 플랫폼을 택하여 내부 방향으로 확장하는 전략을 택했다는 점에서 차별적인 요소를 충분히 보여주었다고 생각한다.

이처럼 원천 IP를 확장하는 데 있어 고려해야 할 세계관은 통상적으로 예측할 수 있는 공간과 세계를 벗어나 변화무쌍한 모습을 얼마나 보여주고 있는가를 기준으로 결정이 되어야 한다. 이에 유미의 세포들 스토리텔링 전략을 분석하면서 얻은 시사점을 바탕으로 '좋은 IP'의 기준을 제시하려 한다.

1) 재미있는 갈등 요소

첫째, 좋은 IP에는 뚜렷한 갈등 요소와 인물 간의 대립 요소가 필요하다. 재미있고, 다이나믹한 갈등 요소는 향유자로 하여금 콘텐츠에 눈길이 가게 만든다. 이를 중심으로 갈등 구조가 얼마나 뚜렷하게 있는지, 스토리 진행과 전환 전략, 그리고 과정에 있어서 갈등이 어떤 영향을 미쳤는지를 중점으로 분석하였다.

---

15 김예슬, [OCN 확장①] '오리지널 씬' 200만 뷰 육박…영리한 콘텐츠 활용법, 〈비즈엔터〉, 2017.12.08. (http://m.enter.etoday.co.kr/view/news_view.php?varAtcId=129342)

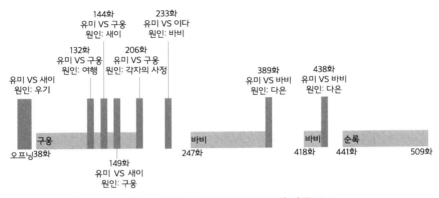

<그림 15> 웹툰 <유미의 세포들>의 갈등 요소

〈그림 15〉는 〈유미의 세포들〉에서 유미가 사랑하게 되는 연인들과의 관계를 중심으로 갈등이 발생하고, 갈등으로 인해 유미가 관계를 지속하거나 정리하거나, 또 그 과정에서 성장하고 삶의 방향성이 달라지기도 하면서 갈등이 여러 가지 변화의 계기를 마련하는 장치의 역할을 하고 있음을 알 수 있다. 특히 웹툰에서 드라마로 전환하는 과정에서 대한국수 동료들과의 갈등 관계를 비교적 축소하고 다은과의 경쟁 구도, 유미가 그녀의 남자들과 만나고 헤어지는 과정에서 겪게 되는 내적 갈등이나 특정한 사건을 중심으로 스토리 전개에 있어서 중점이 될 수 있는 요소의 각 비율을 조정함으로써 '드라마'에 걸맞은 콘텐츠로서의 재탄생이 가능할 수 있었으리라 생각된다. 이를 바탕으로 명확한 갈등 구조는 임팩트 있는 스토리의 중심이 되기도 하면서, 갈등 요소에 따라 해당 원천 IP의 재미를 판가름하기도 하며 전환과 확장의 중심이자 시발점이 될 수 있는 필수 불가결한 요소이다.

2) 작가의 개방성

작가가 확장에 있어 얼마나 개방적이고 자유분방한지, 작가의 태도와 참여도 또한 전환에 있어서 중요한 요소가 될 수 있다. 다만, 작가의 참여도는 '중요하다' 와 '중요하지 않다'로 나뉘는 추세이다. 그러나 본고는 작가가 전환 콘텐츠에 참여한다면 원작 팬층의 여론이 더 안정적일 것이고, 잘못된 방향성으로 콘텐츠를 기획할 확률이 낮다는 점, 확장에 있어 작가가 애정을 가지고 참여한다면 참여하지 않은 작품보다는 좋은 퀄리티가 나온다는 점에서 작가의 참여도를 중요시한다.

작가의 개방성은 작가가 스토리를 짜는 데 있어서 발생한 한계를 어떻게 극복하였으며, 그 과정에서 작가의 생각이 어떻게 반영하였는가를 기준으로 정의를 내린다. 〈유미의 세포들〉의 경우에 2030 여성들로 하여금 여성의 심정을 너무나도 잘 반영해서 공감을 불러일으킨다는 평을 받았다. 그러나 반전인 것은 〈유미의 세포들〉 작가 이동건 씨는 남자라는 사실이다. 그는 남성임에도 불구하고 여성의 심리를 꿰뚫어 그들을 대변하는 스토리를 구축했고, 그로 인해 많은 여성들의 공감을 이끌어냈다. 더불어, 그는 원작을 전환하는 작업 시에 다양한 방면으로 확장 가능성을 열어두고 개방적인 태도를 취했다고 한다. 그렇기에 〈유미의 세포들〉을 활용한 다양한 창작물과 재구성 사례가 발생할 수 있었을 것이다. 작가의 참여 여부가 꼭 승패의 당락을 결정짓는 요소가 될 수는 없지만, 작가가 참여함으로써 더 체계적이고 원작의 메시지와 의도를 잘 반영할 수 있다. 작가의 자유분방함과 상상력, 제작 측의 능력이 시너지 효과를 발휘하면서 더 개성 있고 다양한 트랜스미디어 스토리텔링을 구현할 수 있을 것이다.

3) 미지의 분야를 향해

마지막으로, 얼마나 많은 확장 가능성을 가졌는지, 아직 발굴되지 않은 분야에 선두자로서 입성하기 좋은 IP인지가 중요하다. 좋은 IP는 형식과 내용에 제약받지 않고 다양한 장르로 변용될 가능성과 잠재력을 보유하고 있어야 한다.

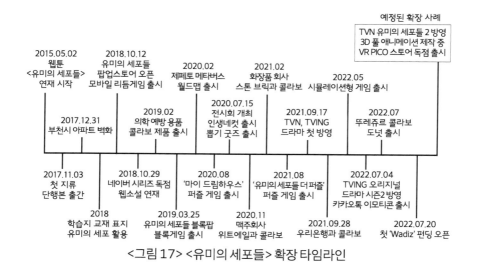

<그림 17> <유미의 세포들> 확장 타임라인

〈그림 16〉을 통해 〈유미의 세포들〉은 게임과 전시, 굿즈, 드라마를 비롯하여 다양한 분야로 전환하여 확장된 사례를 보유하고 있다. 네이버 역시 다양한 콘텐츠 유통망을 보유하고 있는 CJ와 손을 잡고 유미의 세포들 특별전, 가상현실, 게임 등을 비롯한 다양한 콘텐츠로의 확장과 개발 가능성을 염두에 두고 있다. 〈유미의 세포들〉은 충분히 다양한 방면으로 확장이 되었음에도 불구하고 AR 팬 사인회, NFT 등 아직 개발되지 않은 분야로의 확장과 소재를 다수 보유하고 있는 것으로 추정되어 지금까지 개발되고 확장되어 온 것만큼의 확장 가능성을 보유하고 있다고 판단된다. 더불어, 네이버페이 쇼핑 엔로카와 손잡고 〈유미의 세포들〉 에디션이 출시되었던 것, 와디즈와 유미의 세포들 펀딩을 출시했던 것, 〈유미의 세포들〉 VR을 PICO 스토어에 독점적으로 출시된 것을 보아 최근까지도 많은 기업이 유미의 세포들 측과 협업을 원하고 있으며, 뛰어난 상품성과 캐릭터 활용 가치를 보유하고 있기에 기존의 브랜드와 웹툰 홍보에 있어서 시너지 효과를 낼 수 있다. 제작자와 브랜드의 협업을 넘어서서, 〈유미의 세포들〉 OST를 활용하여 플레이리스트를 2차적으로 제작하거나 제페토를 통해

패러디한 사례처럼, 많은 향유자가 유미의 세포들 IP를 활용한 2차적 활용 콘텐츠를 내면서 아직도 〈유미의 세포들〉에 많은 관심을 보인다. 이에 〈유미의 세포들〉은 아직 진출하지 않은 분야로의 새로운 도전을 시도해볼 수 있을 것이다.

2. 원천 IP에서 슈퍼 IP까지

최근, 〈재벌 집 막내아들〉, 〈금수저〉 등 웹툰을 원작으로 하여 드라마나 영화화하는 콘텐츠들이 증가하는 추세이다. 이는 원작 팬덤의 인지도가 어느 정도 있어 다른 미디어로 전환 시 향유자들의 관심을 끌기 시작한다는 것, 서사의 완결성을 통해 대본화가 빠르다는 점 등 웹툰 IP는 탄탄한 스토리를 기반으로 영상 미디어화하기 적절한 원천 IP이기 때문이다. 이에 발맞추어 카카오에서는 2020년부터 "슈퍼 웹툰 프로젝트"를 진행 중이다. 웹툰 IP를 슈퍼 IP로써 확장해 국내판 마블 유니버스와 같은 IP를 만들어내겠다는 포부이다. 이에 명확한 스토리, 작가의 성장성, 확장 가능성 이 세 가지를 염두에 두고 전환하기 좋은 IP를 탐색하여 슈퍼 IP로 재탄생하기 까지 지속적인 연구와 개발 전략이 필요할 것이다. 〈유미의 세포들〉이 슈퍼 IP라고 할 만큼 확장이 많이 되긴 하였으나 아직 세계관 확장 부분에 있어 기존의 내용에 충실한 편이다. 이에 조금 더 과감한 시도가 필요하다고 생각한다. 새로운 미디어 분야에 도전하여 '최초'라는 타이틀과 함께 급부상하는가 하면, 현재 가지고 있는 세계관을 확장해 캐릭터 하나하나에 세계관이나 설정을 부여해주면서 점차 범위를 넓혀가야 한다. 예를 들어, 유미의 세포들에 나오는 유미가 한국, 일본, 미국 등 다양한 나라에 모두 존재하여 각자의 이야기를 전개하는 구조가 나올 수도 있다. 〈유미의 세포들〉 스토리텔링 전략을 기반으로 하여 좋은 웹툰 IP를 선정하고, 최적화된 전환 전략을 세워 확장한다면 근래에 마블 유니버스와 같은 슈퍼 IP로 발전하여 전 세계적으로 퍼져나갈 수 있을 것이다.

참고문헌

김경택, 큐로홀딩스, '치즈인더트랩' 흥행⋯콘텐츠 사업 강화, <매일경제>, 2016.01.15. (https://www.mk.co.kr/news/stock/7180800)

김난도 외, 《트렌드 코리아 2023》, 미래의 창, 2022.

김예슬, [OCN 확장①] '오리지널 씬' 200만 뷰 육박⋯영리한 콘텐츠 활용법, <비즈엔터>, 2017.12.08. (http://m.enter.etoday.co.kr/view/news_view.php?varAtcId=129342)

김유나, 《한국 일상툰의 풍자》, 커뮤니케이션북스, 2021.

김정연, '바비는 왜?' 초점 시즌2⋯"원작 비호감도 너무 높아, 그냥 쓸 순 없었다", <The JoongAng>, 2022.07.30. (https://www.joongang.co.kr/article/25090921#home)

안윤지, "원작 500회 외웠다" '유미의 세포들' 작가·감독이 밝힌 시즌1[★FULL인터뷰], <스타뉴스>, 2021.11.16. (starnewskorea.com/stview.php?no=2021111512490187073)

안은재, '유미의 세포들', AACA '최고 OTT 오리지널 프로그램상' 수상, <News1 뉴스>, 2022.12.08. (https://www.news1.kr/articles/4888456)

이아름, 오현주, 콘텐츠 IP 확장 유형별 특성과 한계_원작자 중심vs.플랫폼 중심 사례 비교, 《Kocca Focus》 144호, 한국콘텐츠진흥원, 2022.

이진, 가상과 현실을 융합시키는 트랜스미디어 스토리텔링의 힘, 《방송 트렌드 & 인사이트》 25호, 한국콘텐츠진흥원, 2022.

전영돈, 영웅서사의 내적 성장형 캐릭터와 대중적 공감 형성 - 마블과 DC의 시네마틱 유니버스를 기반으로 -. 《한국콘텐츠학회논문지》, 제20권 1호, 한국콘텐츠학회, 2020.

채윤정, 카카오엔터테인먼트 '슈퍼 웹툰 프로젝트' 론칭, 국내외 시장 공략 나서, <메트로> 2022.03.11. (https://news.zum.com/articles/74308293)

채희상, 트랜스미디어 환경 속 웹툰의 가능성, <뉴스&이슈>, 2022.12.18., 한국국제문화교류진흥원 (https://kofice.or.kr/b20industry/b20_industry_03_view.asp?seq=8056)

편슬기, 티빙, 2022년 상반기 콘텐츠 결산 "오리지널 힘 빛났다", <OTT뉴스>, 2022.07.21. (http://ottnews.kr/View.aspx?No=2474123)

황경호, 김경애, OTT(Over-the-Top) 서비스의 몰아보기 시청행위 영향 요인 탐색, 《한국융합학회논문지》 제11권 제3호, 한국융합학회, 2020.

CULTURE & LIFESTYLE, [주간 CPI] '스우파' 6주 연속 화제성 1위 등극: '스우파' 독주 체제, '유미의 세포들' TOP 10 진입, <CJ NEWSROOM>, 2021.10.07. (https://cjnews.cj.net/tag/%ec%a3%bc%ea%b0%84-cpi/)

〈신과 함께〉, 한국형 판타지의 가능성과 한계

김시현·김지원·주예예·정연수·정첨

Ⅰ. 〈신과 함께〉에 주목하는 이유

웹툰 〈신과 함께〉는 주호민 작가가 연재한 판타지 드라마 장르 웹툰이다. 한국의 전통 신들과 주인공들의 관계, 세상 풍자와 신과 인간의 운명에 대해 옴니버스 형식으로 풀어낸다. 2010년 1월 8일에 연재를 시작하여 '저승편', '이승편', '신화편' 세 시즌을 거쳐 2012년 8월 29일에 완결 하였다. 그리고 영어, 일본어, 중국어, 태국어, 인도네시아어, 스페인어, 프랑스어, 독일어 등 다양한 언어로 번역되어 해외 연재도 활발히 진행하였다.

〈신과 함께〉는 각종 만화상을 수상하며 작품성에 대해 인정받았다. 독자 만화 대상 온라인 만화상에서 1위 한 것을 시작으로, 2011년 부천만화대상에서 우수이야기만화상을 수상하고 같은 해에 대한민국 콘텐츠 어워드에서는 대통령상도 수상하였다. 그리고 2012년에는 한국만화영상진흥원에서 선정한 한국만화 명작 100선에 포함되기도 하였다. 이러한 〈신과 함께〉는 작품성뿐만 아니라 여러 지표를 통해 대중성 또한 입증하였는데, 주호민 작가 특유의 소프트한 그림체와 개그가 네이버 독자층과 상통한다는 평을 받으며 네이버 웹툰 전체 별점 9.9점을 기록하였다. 또한 연재 당시에 동일 요일 웹툰 순위 1위에 굳건히 자리매김 하였고, 완결 후에도 2016년 7월까지 1위를 유지하였다. 인기에 힘입어 제작된 단행본 또한 2020년 5월 기준으로 약 97만 부 판매 기록을 세운 것으로 보아, 대중의 큰 사랑을 받는 작품이라는 것을 알 수 있다.

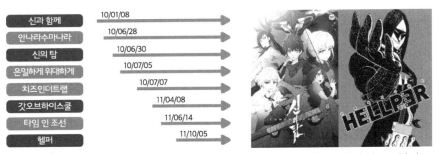

<그림 1> 웹툰 <신과 함께>의 시기상 경쟁작   <그림 2> 웹툰 <신의 탑>, <헬퍼>

2010년부터 웹툰 시장은 크게 성장하기 시작했다. 그리고 그 시작에는 〈신과 함께〉가 있었다고 보아도 무방하다. 2010년 웹툰 시장에는 판타지 장르의 다양한 작품들이 연재를 시작하였다. 마술을 소재로 한 로맨스 판타지 웹툰 〈안나라수마나라〉, 광대한 판타지 세계관을 설정으로 하여 네이버 웹툰 대표작이 된 〈신의 탑〉, 그리고 마찬가지로 또 하나의 네이버 웹툰 히트작으로 신들의 능력을 빌려서 격투를 한다는 설정인 〈갓오브하이스쿨〉, 〈신과 함께〉와 마찬가지로 사후세계를 주제로 하였지만 액션과 고어스러움에 초점을 맞춘 〈헬퍼〉 등 다양한 판타지 장르의 웹툰들이 경쟁작으로 등장하였다. 〈신과 함께〉는 당시에 판타지 장르의 유행을 선도하며 가장 빨리 단행본으로 제작되고 영화화가 결정되는 등 원천 IP로서 가치가 뛰어나다는 것을 입증하였다. 매력적인 판타지 세계관 작품들 사이에서 〈신과 함께〉만이 가지고 있었던 차별점은 무엇인지 스토리텔링 전략 분석을 통해서 알아보고자 한다.

II. 웹툰 〈신과 함께〉 스토리텔링 전략

웹툰 스토리텔링 전략 분석에 앞서 보다 효과적인 분석을 위해 왜 분석을 하는지 'WHY'에 해당하는 분석의 목적을 정리해보았다. 영화 제작사 스토리 헌터의 입장(WHO)에서 전환에 적절한 IP 발굴을 위해, 원천 IP의 가치를 평가하는 것이 분석의 목적이다. 이러한 목적에 따라 자체적인 원천 IP의 가치 판단 기준을 먼저 수립하고, 해당 기준에 입각하여 웹툰 〈신과 함께〉의 스토리텔링 전략을 분석할 것이다. 그리고 〈신과 함께〉가 영화로의 전환에 적합한 원천 IP인지 평가를 진행할 것이다.

원천 IP 가치 평가를 위해 '보편성', '원형성과 차별성', '상호작용성' 3가지를 자체적인 원천 IP의 가치 판단 기준으로 수립하였다.

첫 번째 기준은 보편성이다. 우선 원천 IP는 익숙해야 한다. 보편성은 향유자에게 '익숙한 것'의 역할을 한다. 향유자는 완전히 새로운 것에는 거부감을 느끼고, 보편성이 있어야 어떤 방식으로 확장하여도 다양한 향유자의 공감을 불러일으키고 접근성을 높일 수 있다.

두 번째 기준은 원형성과 차별성이다. 보편성뿐만 아니라 원천 IP에는 새로움이 필요하다. 향유자는 익숙하면서도 신선한 매력이 있는 콘텐츠를 선호하기 때문에 원형성과 차별성은 향유자를 만족시키는 데 중요한 역할을 한다. 원형성과 차별성은 원천 IP를 다른 콘텐츠와 구별되도록 하고 향유자의 관심을 이끄는 독보적 경쟁력을 만들어낸다.

세 번째 기준은 상호작용성이다. 원천 IP는 기본적으로 재미있어야 한다. 상호작용성은 향유자에게 '재밌는 것'의 역할을 한다. 재미를 기반으로 한 참여와 체험 과정은 향유자의 적극적 향유를 가능하게 하고, 콘텐츠의 스토리월드에 흥미를 느끼도록 하여 능동적인 향유의 선순환을 유도한다.

이렇게 웹툰 스토리텔링 전략을 분석하는 기준으로 원형성, 상호작용성, 보편성을 설정하였고 이에 따라 웹툰 〈신과 함께〉의 스토리텔링 전략을 분석하고자 한다.

1. 원형성, 선험적 체험의 현재적 전환

웹툰 〈신과 함께〉가 모티브로 삼고 있는 한국의 문화원형은 다양한 기원을 지닌 신화적 상상력의 복합적 산물로 지옥, 시왕, 지장보살, 강림차사, 성주신 등 인도의 힌두교와 불교, 중국의 도교, 한국의 무속과 민속신앙 등이 혼재된 습합신앙의 모자이크라고 할 수 있다.[1] 주호민 작가가 우연히 제주도 신화를 읽고 재미를 느꼈으나 신화를 기반으로 만들어진 콘텐츠를 즐긴 적이 없는 것 같아 본인이 만들어야겠다고 생각하여 제작한 웹툰이 〈신과 함께〉이다.[2] 그래서 〈신과 함께〉는 한국의 문화원형인 불교 지옥관과 민속신앙, 한국 신화를 기반으로 차별화된 판타지 세계관을 구축하고 있다.

'저승편'은 불교의 윤회사상 아래 있는 지옥관에 따라 저승을 구축하였고 천상, 이승, 저승의 3개의 공간으로 구분하였다. 불교에서 중생은 사후에 육신을 벗어나서 자신의 전생업보를 심판받게 된다고 보고 있다. 즉, 죽은 날부터 49일까지를 7일 단위로 하여 자신의 미래를 결정하게 된다.[3]

이를 바탕으로 '저승편'에서도 김자홍이 49일 동안 7일 단위로 7개의 재판을 받도록 구성하였다. 웹툰은 불교의 색채가 강한 한국의 전통 저승관을 기반으로 10개의 지옥과 각각의 시왕을 보여준다. 총 10가지 지옥이 있으나 웹툰에서는 7가지 지옥만 다루었는데 이에 대해 주호민 작가는 7가지 지옥만으로도 충분히 공감할 수 있는 보편적인 죄책감을 다룰 수 있고 뒤의 3가지 지옥은 지금의 보편 정서와 맞지 않아서 배제했다고 한다.[4]

---

1   김태영, [월간 문화재] 대중문화 속 문화유산-'신과 함께', 문화콘텐츠로 되살아난 한국 신화, 〈문화유산채널〉, 2018.06.19. (https://www.k-heritage.tv/brd/board/256/L/CATEGORY/614/menu/253?brdType=R&bbIdx=16479₩)

2   한국콘텐츠진흥원, "무슨 생각으로 그리는가:주호민 작가의 작업일지", 〈EDUKOCCA 열린강좌〉, 2017.12. (https://bit.ly/2S7H7KE)

3   정병조, 시왕, 《한국민족문화대백과사전》 (http://encykorea.aks.ac.kr/Contents/SearchNavi?keyword=%EC%8B%9C%EC%99%95&ridx=0&tot=85)

4   한국콘텐츠진흥원, 앞의 강좌.

<표 1> 불교의 10대 지옥과 시왕

시왕	진광왕	초강왕	송제왕	오관왕	염라왕
시왕도					
관장 지옥	도산지옥	화탕지옥	한빙지옥	검수지옥	발설지옥
시왕	변성왕	태산왕	평등왕	도시왕	전륜왕
시왕도					
관장 지옥	독사지옥	거해지옥	철상지옥	풍도지옥	흑암지옥

〈표 1〉은 불교의 10대 지옥을 정리한 표이다. 웹툰은 불교의 10명의 시왕과 10개의 지옥을 기반으로 저승을 구축하였다.

웹툰에서는 '저승편', '이승편', '신화편' 순서로 전개되며 저승과 이승을 세계관의 핵심적인 공간으로 두어 천상은 저승과 이승의 스토리를 보완하는 방식으로 설정하였다. 주호민 작가는 인터뷰에서 웹툰을 '저승편', '이승편', '신화편'의 순서로 구성한 이유를 언급하였다.

> 애초 기획할 때 순서를 정했다. 한국 신에 대해 정리하다 보니 저승신과 이승신으로 나누더라. 그 중 '저승편'을 앞에 배치한 이유는 재미있어서다. 재미있기 때문에 먼저 그리고 싶었다. '이승편'은 다소 무거운 주제다. 초반에 독자에게 던지면

이목 끌기가 어려울 것 같았다. '신화편'은 과거 이야기다. '저승편'과 '이승편'에서 나오는 저승신과 이승신과 관련된 이야기를 가장 뒤에 배치해서 프리퀄(전편보다 시간상으로 앞선 이야기를 보여주는 속편) 구실을 했다.[5]

'저승편'을 처음에 제시함으로써 독자의 이목을 끌고 다소 무거운 주제인 '이승편'으로 이어지고 마지막으로 '저승편'과 '이승편'의 신들의 스토리를 보완하는 '신화편'의 순으로 구성하였다고 한다.

'저승편'에서 눈에 띄는 구성은 핵심적인 공간인 이승과 저승 공간의 상호작용이다. 저승의 서사는 망자가 된 김자홍이 진기한 변호사와 지옥의 재판을 통과해내는 과정을 보여준다. 평범하게 살아온 김자홍이 훌륭한 국선변호사인 진기한의 도움을 받아 위기를 모면하며 7개의 지옥을 통과하고 육도문에 이르러 환생한다. 이승의 서사는 저승차사들이 탈출한 원귀를 쫓는 과정을 보여준다. 원귀가 된 유성연은 억울한 죽음이라는 사연을 가지고 있었고 저승차사들이 그 억울한 죽음이라는 한을 풀어준다. 두 스토리는 각각의 갈등 서사를 기반으로 이승, 저승이 교차로 등장하여 긴장감 있는 구조를 형성한다. 저승의 경우 지옥과 지옥까지 이르는 길목의 5가지 퀘스트 또한 교차하여 등장한다.

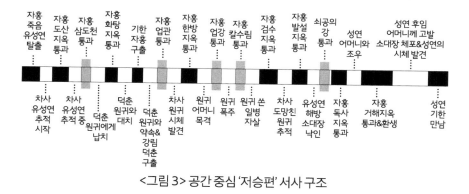

<그림 3> 공간 중심 '저승편' 서사 구조

---

5   손민규, 웹툰 『신과 함께』 이렇게까지 인기 있을지 전혀 몰랐다 – 주호민, 〈채널예스〉, 2012.11.20. (http://ch.yes24.com/Article/View/20968)

〈그림 3〉에서 웹툰 '저승편'의 저승과 이승이 교차하는 서사구조를 정리하였다. 저승을 검정색, 이승을 하얀색, 지옥까지 이르는 길목의 퀘스트를 회색으로 구별하였다.

저승과 이승의 교차하는 스토리는 서로 연관 없어 보이지만 선악을 판단하는 내용으로 이어진다. 저승에서는 망자가 된 김자홍이 육도문에 이르기까지 49일 동안 살면서 저지른 죄를 벌 받고 남에게 베푼 것을 보상받는 재판이 전개된다. 7개의 지옥에서 삶을 심판받으며 김자홍이 선한 캐릭터라면 환생하게 되고 악한 캐릭터라면 지옥에 떨어지게 되는 구조로 선악을 판단한다. 결국 타인에게 베풀 줄 알았던 김자홍은 무죄로 판결되고 인간으로 환생한다. 이승에서는 억울하게 죽어 원귀가 된 유성연의 이야기를 다룬다. 유성연은 군 복무 중 총기 오발 사고를 당하고 소대장이 자신의 이익을 위해 그 사고를 은폐한다. 소대장은 유성연을 파묻던 중 유성연이 아직 죽지 않았음을 알게 되지만 그대로 묻어버린다. 저승차사들이 유성연을 도와 억울함을 풀어주고 죽음을 은폐하는 악한 행동을 한 소대장은 체포되어 죗값을 치르도록 한다.

이렇게 선악을 직접적으로 보여주는 두 스토리는 모두 선한 쪽의 편을 든다. 결국 교차하는 저승과 이승을 통해 권선징악을 주제로 드러내며 독자들이 선하게 살게 유도한다.

'이승편'에서는 민속신앙 중 가신신앙에 따라 이승의 집을 보호하는 가택신 캐릭터를 등장시켰다. 가신신앙은 집안에 위치하는 신적 존재들에게 종교적인 믿음을 바치는 민간신앙이다.[6] 민간에서는 가옥을 기준으로 마루에 성주, 안방에 삼신, 부엌에 조왕, 화장실에 측신, 마당에 지신 또는 업, 장독대의 칠성신 등이 좌정하고 있다고 믿는다.[7] 웹툰에서는 성주신, 조왕신, 측신, 철용신을

6   장주근, 가신신앙, 《한국민족문화대백과사전》 (http://encykorea.aks.ac.kr/Contents/Item/E0000250)
7   홍수정, 가택신, 〈디지털창원문화대전〉 (http://changwon.grandculture.net/changwon/toc/GC02201769)

등장시켜 재개발 문제를 언급하며 아파트에 거주하는 사람이 늘어나 가택신을 점차 잊어버리자 소멸할 위기에 처한 가택신들의 이야기로 시작한다. 또한 신들이 지키는 가택이 없어질 위기에 처하며 가택을 지키고자 노력하는 가택신들의 고군분투를 보여준다.

〈신과 함께-신화편〉은 여러 한국 신화를 바탕으로 '저승편'과 '이승편'에 등장한 신들의 과거 이야기를 들려준다. 총 여섯 편의 옴니버스 구성으로 중심 캐릭터들의 캐릭터성을 강화하는 스토리를 제시하였고 각각의 에피소드가 독립되어 보이지만 여러 캐릭터가 서로 연결되어 있다. '할락궁이전'에 짧게 나온 천년장자의 막내딸이 '강림전'에서 과양생이로 강림도령과 만나는 것이 그 예시이다.

주호민 작가는 신화가 그 시대에 필요한 정신을 그려내야 한다고 생각하기에 과거의 신화를 그대로 그리는 것은 의미가 없다고 생각했다. 그래서 지금의 가치에 맞게 내용을 바꾸었다.[8] 그리하여 웹툰의 '대별소별전'의 스토리가 변하였다. '대별소별전'의 기반이 되는 한국의 무속 신화 '천지왕본풀이'에서는 대별왕이 이승에 혼란스럽게 두 개씩 떠 있는 해와 달을 화살로 쏘아 하나씩만 남겨 이승의 질서를 바로 잡는다.[9] 신화에서는 대별왕이 혼자 해결하나 웹툰에서는 이승의 인간들이 다 함께 활을 쏘아 해와 달을 떨어뜨린다. 주호민 작가는 이렇게 사소한 내용의 변화를 통해 민주주의와 투표라는 현시대에 적합한 의미를 전달하려 했다.[10]

---

8 플라톤아카데미TV, [멘붐스쿨] 만화로 풀어낸 한국 신화, 유튜브 동영상, 2014.04.28. (https://www.youtube.com/watch?v=uaMaH-WO-aw)

9 나경수, 천지왕본풀이, 《한국민속대백과사전》 (https://folkency.nfm.go.kr/kr/topic/detail/2889)

10 플라톤아카데미TV, 앞의 영상.

2. 상호작용성, 전통의 현재적 소환

웹툰 〈신과 함께〉는 초장부터 향유자들의 관심을 대폭 상승시키는 구조를 띠고 있다. 자홍이 죽고 나서 저승차사들이 찾아왔을 때, 자홍 또한 자신이 생각하고 있었던 저승사자의 모습과 많이 달라 의외라는 표현을 쓴다. 이때 등장하는 차사들은 검은 양복을 입고 있다. 이어서 자홍이 저승으로의 이동을 하려고 할 때 지하철을 통해 이동한다. 〈신과 함께〉에 등장하는 지하철은 이승에서 저승으로 이동하는 매개체이다. 여기서 한 번 더 향유자는 〈신과 함께〉라는 작품에 재미를 느끼고 몰입하게 된다. 저승 공간의 설정에는 현대적인 요소가 더욱 많아졌다. 하이패스, 신문, 카페, 엑스레이, 호텔, 구글, 기름집 등 현대적인 요소들이 각 서사에 녹아들어 새로운 재미 요소로 작용하였다. 향유자는 이러한 지옥이 현대적이라는 새로운 세계관을 통해 친숙함을 느낄 수 있고, 이에 공감과 체험적 향유가 부가되어 적극적으로 세계관에 참여할 수 있게 된다.

<표 2> 웹툰 속에서 등장하는 저승의 현대화 요소

화수	현대화 요소	사용 방식
저승편 2화	지하철	이승에서 저승으로 이동하는 매개체
저승편 4화	하이패스	초군문 통과
저승편 8화	신문	지옥 소식 전달
저승편 16화	보트, 크루즈선	삼도천 통과
저승편 18화	카페(스타벅스)	카페
저승편 29화	흉부 엑스레이	부모 가슴에 박힌 못 확인
저승편 31화	퀵 서비스	물건 배달
저승편 33화	기름집	기름 짜내기
저승편 37화	호텔	숙소
저승편 40화	죽을(구글)	웹서핑
저승편 43화	트랙터	쇠공강 통과
저승편 51화	변호사 학교	저승 변호사 양성

작품 속에 등장하는 '신' 존재들의 의의를 살펴보면, 〈신과 함께〉의 신들은 그 이름에 맞지 않게 굉장히 인간적인 면모를 띄고 있다는 것을 알 수 있다. 〈신과 함께〉의 서사 중 가장 많이 등장하는 저승차사를 보았을 때, 그들은 각각 대단한 능력을 갖췄음에도 현대적인 검은 양복을 착용하고 다니며 스마트폰, 퀵서비스 등 현대적이고 편리한 서비스를 이용한다. 또한 '이승편'에서 가택신들을 보면 '신화편'에 등장한 과거에는 한복을 입고 있지만, '저승편'과 '이승편'의 현재 시점에서는 지극히 평범한 일상복을 착용하고 있다. 이들의 능력 또한 현실성 있게 바뀌었는데, 대표적으로 조왕신은 아궁이로 요리를 하는 것이 아닌 전기밥솥에 직접 들어가 운용하는 모습을 보여준다. 즉, 〈신과 함께〉에 등장하는 신들은 각각의 캐릭터가 특정 영역 안에서 '신'으로서 뛰어난 능력을 갖춤에도 착용하는 옷이나 행동, 말투 등에서 현대적인 요소와 인간적인 요소를 차용하여 향유자가 느낄 수 있는 심리적 거리감을 완화하였다. 〈신과 함께〉에 등장하는 신들은 '신'임에도 인간적인 면모가 강한 아이러니하고 독보적인 캐릭터를 형성하며 향유자와 한층 가까워지고 있다고 생각한다.

<표 3> 작품에서 등장하는 신과 그들의 특별한 능력과 시대성 반영

시즌	캐릭터	특별한 능력	시대성 반영
저승편	강림	사람의 에너지를 느끼는 감각	• 검은 양복 착용 • 스마트폰, 퀵서비스 등 현대 서비스 사용 • 일상적인 말투 사용
	해원맥	날랜 칼솜씨, 비상한 전투력	
	이덕춘	엄청난 힘, 비상한 전투력	
이승편	성주신	엄청난 힘, 뛰어난 건축 능력	• 현대적인 일상복 착용 • 전기밥솥, 뚫어뻥으로 공격하는 등 신의 능력이 현대적으로 진화
	조왕신	부엌과 불씨를 다스리는 능력	
	측신	측간을 다스리며, 측룡을 조종하는 능력	

〈신과 함께〉에서는 다양한 사회적 문제들을 이야기 소재로 삼아 자연스럽게 향유자들에게 사회 고발적인 메시지를 남긴다. 먼저 저승편의 주인공이었던 김자홍은 회식 술 문화로 인해 무리하게 음주를 지속해 왔고 이로 인해 간질환을 얻어 끝내 사망한다. 사회생활을 위해서라면 어쩔 수 없이 참여해야 하는 술자리와 무리한 음주는 많은 직장인의 공감을 얻어내었다. 군대의 위계질서 또한 사회적인 문제이다. 유성연이 오발 사고로 죽자 소대장은 자신의 진급을 위하여 병사들에게 은폐를 강요한다. 군대의 위계질서는 당연히 있어야 하는 것이라 그 자체가 문제가 되지는 않는다. 다만 자신의 직급을 무기로 삼아 협박을 하는 소대장의 모습은 비단 죽음을 은폐하는 행위 그 자체뿐 아니라 군대의 강압적인 문화를 상징적으로 보여주었고, 송구현이 소대장을 고발함으로써 부조리에 대한 고발로 이어졌다고 분석하였다. '이승편'에서는 이러한 사회적인 문제들을 핵심 주제로 서사를 구성한다. 대표적으로 철거민 문제이다. 〈신과 함께〉 '이승편'의 갈등의 주축인 철거민 문제는 김춘규의 집이 강제 철거되는 상황으로 제시된다. 그리고 김천규의 집이 철거되는 과정에서 김춘규가 용역들과 싸운 후에 쌍방으로 합의를 봐야 하는 상황에서는 법의 불공정과 경찰의 무능력 문제 또한 다뤄지는 양상을 확인할 수 있었다. 이외에도 독거노인의 문제 또한 '이승편' 후반부에 게임방 할아버지가 쓸쓸히 자신의 단칸방에서 죽음을 맞이하는 모습으로 제시되는 것을 알 수 있었다. 〈신과 함께〉는 이렇게 당대의 사회적 문제를 다루는 이야기 소재를 통해 향유자들이 더 적극적으로 서사에 감정이입 하도록 만들고 사회적 문제들과 관련하여 자연스러운 토론을 하도록 유도하였다.

<표 4> <신과 함께>에서 나타나는 당대 사회 문제

시즌	사회적 문제	사용방식
저승편	회사원 회식 술 문화	주인공 김자홍의 사유인 간 질환의 발생 원인으로 제시됨.
	군대위계 질서	유성연이 오발사고로 죽자 소대장이 자신의 진급을 위해 병사들에게 진실을 은폐할 것을 강요하는 방식으로 제시됨.
	동반자살	유성연이 초군문으로 이동하는 열차에서 만난 어린 아이가 엄마로 인해 강제로 저승행 열차를 탄 원인으로 제시됨.
이승편	불법 용역 아르바이트	빨리 돈을 벌기 위해 용역 알바를 하는 박성호로 제시됨.
	사회적 약자	김천규가 고물을 주으며 홀로 동현이를 돌보며 근근이 살아가는 모습으로 제시됨.
	법의 불공정	깡패들이 김천규 집을 엉망으로 만들었음에도 불구하고 쌍방으로 인정되어 벌 받지 않는 상황으로 제시됨.
	철거민 문제	김천규의 집이 강제 철거되는 상황으로 제시됨.
	노인의 일자리 문제	시에서 독점으로 소형 가전제품을 수거해간다며 고물을 주어 겨우 돈을 벌던 김천규가 제대로 돈을 벌지 못하는 상황으로 제시됨.
	독거노인	게임방 할아버지가 홀로 숨지고 후에 이웃에 의해 발견되는 상황으로 제시됨.

〈신과 함께〉는 여백을 남기는 스토리텔링을 취하고 있다. 먼저 '저승편'에서의 자홍의 재판 과정을 통해서는 향유자가 자기 성찰을 하도록 이끈다. 자홍은 지옥을 돌아다니며 7가지의 죄에 따라 자신의 삶을 되돌아본다. 이 과정에서 자홍의 삶에서 누구나 겪을만한 에피소드를 보여주며 공감과 체험을 유도한다. 향유자 또한 자홍이 지옥의 재판을 받을 때 "자신의 삶이라면 어떤 재판 결과를 받을까?" 하는 상상을 해 볼 수 있다. 즉, 〈신과 함께〉는 자홍의 삶을 통해서 향유자의 자기 성찰을 자연스럽게 유도하고 있다. 두 번째 여백을 남기는 스토리텔링은 '이승편'에 있다. 앞서 이야기한 '이승편'에서의 이야기의 소재로 제시되는 사회적 문제는 소재로 사용될 뿐 문제에 대한 실질적인 해결책이

제시되지 않는다. 철거민의 현실, 경찰의 무능함, 군대 비리, 법의 한계점 등 사회 문제에 대한 해결책은 여백으로 남겨 놓는다. 이러한 문제점들에 대해서 작가는 자신의 견해를 관철하는 것이 아니라, '보여주기식 화법'을 활용하여 향유자들이 직접 그 문제들을 고민하고 생각하게 했다. 이러한 체험의 과정을 통해 향유자들은 서사에 좀 더 적극적으로 참여하고 몰입할 수 있게 된다.

3. 보편성, 인류 보편적 가치의 주제화

웹툰은 보편적 가치인 권선징악, 용서 등을 중심 메시지로 전달하여 독자들의 공감을 불러일으킨다. 웹툰의 제목이 〈신과 함께〉인 만큼 '신'을 매개체로 내세워 보편적 가치를 주제화한다. 저승편의 저승에서는 김자홍이 시왕들에게 선악을 판단 받고, 이승에서는 저승차사로 인해 선한 인물인 유성연은 억울함을 풀고 악한 인물인 소대장은 벌을 받는다. 이처럼 '신'은 권선징악을 판단하는 역할을 하며 사랑의 실천을 추구하는 동시에 불의를 처벌하는 양상을 보인다.

주제화되고 있는 보편적 가치도 인류애 범위에서 가족애로, 사회의 범위에서 개인으로 좁혀지고 여기서 좁은 범위의 가치가 좀 더 높은 중요도를 지니는 양상을 확인할 수 있다. 웹툰에서 여러 에피소드를 통해 좁은 범위의 가치인 가족애와 불효를 강조하고 있다.

'신화편'에서 '강림전'의 과양생이는 잔인하게 많은 사람을 살해하지만 아들들은 끔찍하게 아낀다. 자신의 집에 묵으러 온 세 왕자는 무자비하게 살해하나 세 아들의 죽음은 받아들이지 못한다. '강림전'에서 강림이 염라대왕을 만나러 가는 내용은 아들들의 죽음의 진실을 밝히고 싶은 과양생이의 아들을 향한 사랑으로 인해 펼쳐진다. 이렇게 악한 캐릭터를 통해서도 가족애를 전달하고 있고 결과적으로 악한 캐릭터였던 과양생이는 염라대왕에 의해 처벌되며 신에 의해 권선징악이 이루어진다.

'저승편'에서 김자홍은 7가지 지옥을 통과하며 여러 죄를 심판받는다. 강도, 폭행, 배신 등의 죄를 판단하는 재판은 가볍게 다루고 넘어가나, 불효를 다루는 한빙지옥에서는 김자홍의 과거 사연을 늘어놓으며 불효 관련 죄목을 무겁게 다룬다. 한빙지옥에 죄인이 많아 늘 만원이라는 설정을 부가함으로써 현대사회에 불효가 만연하다는 것을 드러내며 불의 중 불효를 강조하였다.

<표 5> 웹툰 <신과 함께> 속 보편적 가치

저승편	가족애	유성연의 어머니가 아들의 죽음을 은폐한 군부대 앞에서 1인 시위를 하며 아들의 억울함을 호소함.
		유성연이 군부대 앞에서 자신의 어머니를 쫓아내는 모습에 분노함.
		유성연이 어머니의 꿈에 나와서 장군이 되었다며 마지막 인사를 전함.
	권선징악	유성연의 죽음을 은폐한 악한 캐릭터인 소대장에게 강림이 낙인을 찍어 후에 소대장이 저승에 간다면 큰 고통을 받도록 함.
	정의	송구현이 유성연의 죽음의 진실을 알리는 내부고발자가 됨.
	공덕	김자홍은 덕을 많이 쌓았고 덕분에 후에 가족과 친구들이 죽어서 독사지옥에 가게 된다면 김자홍 덕분에 많은 가산점을 받고 먼저 간 김자홍에게 착하게 살아줘서 고맙다고 생각할 것임.
	선심	착한 사람, 못된 사람, 돈 많은 사람, 가난한 사람 가리지 말고 더 많은 사람을 구하고 싶어서 신장급 변호사의 자리를 거부하고 국선변호사가 된 진기한
	성실	성실하게 산 김자홍은 지옥을 통과하고 환생하게 됨.
이승편	가족애	가택신들이 현신하여 김천규와 김동현을 보호함.
		김천규와 김동현의 일에 개입하지 않던 철융신이 용역들에게 맞서 싸우며 집을 지켜냄.
		저승차사들과 가택신들이 힘을 합쳐 용역에 맞서 싸움.
	모성애	조왕신이 자신의 아들이 소멸할 위기에 처하자 인간으로 태어나게 해서 문왕신을 지켜냄.
	권선징악	무분별하게 철거하려는 용역업체가 신들에 의해 제지당함.

신화편	가족애	할락궁이가 위험을 무릅쓰고 자신의 어머니를 살려냄.
		녹두생이가 어머니 행세를 하는 노일자대를 물리치고 자신의 어머니를 구해냄.
	사랑	여산부인(조왕신)이 능력 없고 한심한 남 선비를 설득하여 쌀을 팔아오게 하는 등 성장할 수 있게 도와줌.
	모성애	과양생이가 잔인하게 많은 사람들을 살해하지만 아들들은 끔찍하게 아낌.
	권선징악	많은 살인을 한 과양생이를 염라대왕이 즉결 처리함.

〈표 5〉는 웹툰에 드러난 보편적 가치를 정리한 표이다. '저승편', '이승편', '신화편'에서 공통적으로 '가족애'가 드러난다.

'저승편'의 이승 세계는 유성연과 유성연의 어머니 서사를 중심으로 스토리가 전개된다. 유성연의 어머니는 아들의 죽음을 은폐한 군부대 앞에서 1인 시위를 하며 진실을 밝히려고 노력한다. 원귀가 된 유성연은 어머니를 지켜보며 슬퍼하고 군부대 사람들이 시위하던 어머니를 쫓아내는 모습에 분노한다. 억울함을 풀고 원귀에서 벗어난 유성연은 어머니의 꿈에 나타나 장군이 되어 떠나야 한다며 마지막 인사를 전하고 헤어진다. 이렇게 '저승편'에서는 유성연과 유성연의 어머니 사이의 사랑이 주된 가족애로 나타난다.

'이승편'은 가택신을 소재로 가족애를 극대화한다. 가택신들은 현신하여 집안일을 하며 김천규와 김동현을 보호한다. 김천규를 데려가려는 저승차사와 대립하고 집을 부수려는 용역업체와 맞서 싸운다. 저승차사도 김천규의 생명을 거두려고 찾아갔으나 딱한 사정을 보고 김천규에게 시간을 주는 인간적인 면모를 보여준다. 결국 가택신들은 용역업체와의 싸움에서 소멸하거나 김천규의 사망으로 더 이상 가택을 지키지 못해 천상으로 돌아가게 된다. 그럼에도 불구하고 끝까지 가택을 지키기 위해 노력하는 가택신들의 모습을 통해 가족애를 보여준다.

'신화편'에서는 여러 에피소드 속에서 가족애가 느껴진다. '할락궁이전'에서 할락궁이가 위험을 무릅쓰고 자신의 어머니를 구하기 위해 천상에 다녀온다. 서천꽃밭에서 아버지인 사라도령에게 얻어 온 꽃으로 어머니를 살리고 흩어졌던 가족이 다시 모이게 되며 돈독해진 가족애를 보여준다. '녹두생이전'에서는 어머니 행세를 하는 노일자대를 물리치고 자신의 어머니를 구해내는 녹두생이와 형제들로부터 가족애를 느낄 수 있다.

이처럼 〈신과 함께〉는 핵심적인 가치로 우애, 부부애, 부모와 자식 간의 사랑 등의 가족애를 강조하여 제시한다. 가족애를 중심으로 두고 부가적으로 각각의 에피소드에 양심, 선심, 공덕 등 사랑의 실천을 추구하고 강도, 폭행, 배신 등 불의를 처벌하는 스토리를 담아 권선징악, 사랑과 정의 구현이라는 메시지를 전달한다.

주호민 작가는 〈신과 함께〉 연재 후 달라진 점으로 독자 폭이 넓어진 것을 언급했다. 〈신과 함께〉 전에 연재한 〈짬〉, 〈무한동력〉은 작가 또래 이야기였기에 독자층이 넓진 않았으나 〈신과 함께〉가 픽션이고 좀 더 보편적인 이야기를 담고 있기에 독자가 많아졌다고 한다.[11] 이처럼 〈신과 함께〉는 인류 보편적 가치를 주제로 내세워 많은 공감을 얻어내고 독자의 폭을 넓혔다.

4. 원천 IP로서 〈신과 함께〉의 가치

지금까지 원천 IP의 가치 판단 기준을 '보편성', '원형성', '현재성'으로 설정하고 설정 기준에 따라서 웹툰 〈신과 함께〉의 스토리텔링 전략을 분석하였다. 그 결과 먼저 불교의 지옥관, 민속신앙, 제주 신화라는 한국의 문화원형을 차별화하여 새로운 판타지 세계관을 구축함으로써 독보적인 경쟁력을 확보하고 있기 때문에 '원형성, 차별성'을 갖추고 있다고 평가하였다. 하지만 해당 세계관의 경우, 설명했듯이 종교적인 설정이 포함되어 있기 때문에 타 문화권을

---

11 손민규, 웹툰 『신과 함께』 이렇게까지 인기 있을지 전혀 몰랐다 – 주호민, 〈채널예스〉, 2012.11.20. (http://ch.yes24.com/Article/View/20968)

대상으로 하여 문화할인율이 높을 수 있다는 단점이 있다. 이러한 단점의 경우, 종교적인 설정을 설정으로만 사용할 뿐 특정한 종교적 메시지를 함유하지 않도록 하고, (불교의 지옥관에서 비롯된)지옥의 외관에 시대성을 반영하고, 신 캐릭터에 인간적인 면모를 포함시키며 이야기의 소재로는 지극히 사실적인 사회적인 문제를 활용하는 스토리텔링 전략을 펼침으로써 보완해낸 것으로 분석된다. 그리고 이러한 전략은 향유자가 쉽게 공감하도록 하고 향유자와 작품과의 거리감을 좁혀 팬덤을 확장하는 데 기여했기 때문에 상호작용성 또한 충족시킨다고 평가하였다. 〈신과 함께〉의 가장 큰 매력은 사랑, 정의, 권선징악을 포함하는 보편적 가치를 주제화한다는 점인데, 이 점이 바로 경쟁 상황 분석에서 제시한 타 대규모 판타지 경쟁작들과 〈신과 함께〉를 구분지으며, '보편성'을 확보해 성별, 연령대 상관없이 모두가 즐길 수 있는 대중적인 작품으로 포지셔닝 해내는 차별점이라고 평가하였다. 이러한 평가 내용에 따라 〈신과 함께〉는 '보편성', '원형성과 차별성', '상호작용성'을 모두 갖추고 있는 좋은 원천 IP이며 영화로 전환할 가치가 충분히 있다고 최종 평가할 수 있겠다.

앞선 평가에서 〈신과 함께〉의 원형성과 차별성은 '한국의 신화'라는 문화원형을 소재로 판타지 세계관을 구축함으로써 충족된다고 제시하였는데, '신화' 문화원형을 소재로 하여 판타지 작품을 제작하는 것은 사실 오랜 콘텐츠의 성공 방정식 중 하나이다.

<그림 4> '신화' 문화원형이 중심 소재인 서구권 판타지 작품

〈그림 4〉의 네 작품은 '신화' 문화 원형을 중심 소재로 한 서구권의 판타지 작품들이다. 〈미이라〉는 이집트 신화, 〈마블 코믹스〉는 북구 신화, 〈DC 코믹스〉는 그리스 로마 신화, 〈반지의 제왕〉은 북유럽 신화를 중심 소재로 활용하여 디테일한 세계관을 구축하고 큰 성공을 거두었다. '신화'는 사전적으로, '일상생활에서 경험한 어떤 초자연적인 힘이나 현상들을 인간의 모습을 한 신과 연관시켜 삶의 의미를 되새기는 과정'이라는 의미를 가지고 있는데, 예시로 제시한 네 작품을 포함해서 서양권의 판타지 작품들은 신화를 다루는 데 있어 정의에 언급된 개념 중 '초자연적인 힘'을 지닌 '신의 존재'에 집중하는 서사적 코드를 가지고 있다. 이에 따라 신을 초능력을 지닌 '히어로'로 설정하는 히어로물 형태가 많은 것이다.

〈신과 함께〉는 사랑, 정의, 권선징악을 포함한 보편적 가치를 주제화하며 보편성을 확보하고 있는 원천 IP이다. 삶에 대한 인간의 물음에 대해 신의 존재 즉, 권선징악으로 답하며, "어떻게 살아야 하는가?"라는 근본적 철학의 명제를 다루는 철학적 접근을 하는 작품이라는 것이다. 때문에 신화의 정의 중 '초자연적인 힘'보다는 '신과 연관시켜 삶의 의미를 되새기는 과정'이라는 정의와 '신의 존재'보다는 신과의 관계 속의 '인간의 존재'에 집중하는 서사적 코드를 가진다고 분석할 수 있다. 이렇게 〈신과 함께〉는 판타지 세계관에 철학적 접근이 더해져 서구권의 전형적 판타지와 차별화되는 '한국형 판타지'의 청사진을 제시하는 작품이라고 평가할 수 있겠다.

III. 영화 〈신과 함께〉의 전환 전략

웹툰 〈신과 함께〉를 원작으로 하여 2부작 영화 시리즈가 제작되었다. 리얼라이즈픽쳐스의 원동연 대표가 〈신과 함께〉의 판권을 구매하여 기술력과 규모를 갖춘 VFX 덱스터 스튜디오와 함께 제작하였다. 그리고 덱스터 스튜디오의 대표 김용화가 감독을 맡았다. 원작 완결 후 4년 뒤인 2017년 12월에 〈신과 함께, 죄와 벌〉을 개봉하였고 2018년 9월에 〈신과 함께, 인과 연〉을 개봉 하였다. 웹툰 〈신과 함께〉의 캐릭터 및 주요 설정을 유지하며 영화의 장르적 특성에 맞게 전환되었다.

국내 영화 중 유일무이하게 전체 장면의 상당수가 컴퓨터그래픽(CG)으로 화상 처리되었고, 4DX(CJ 그룹에서 개발) 규격으로 제작되어 특수 상영관에서 4DX 상영을 진행하였다. 이러한 제작 규모에 따라 전편 합산 제작비를 약 400억 원 투입한 대작이다.

〈신과 함께〉 영화는 한국영화 첫 쌍천만 관객을 기록하는 기염을 토해냈다. 1편인 〈신과 함께, 죄와 벌〉은 약 1,400만 명, 2편인 〈신과 함께, 인과 연〉은 약 1,200만 명의 관객 수를 기록했다. 이에 따라 한 편당 약 600만 명 정도인 손익 분기점을 〈신과 함께, 죄와 벌〉 1편으로 거뜬히 넘기고 1, 2편의 흥행수익을 합쳐 약 2,500억 원의 총 수익을 거두었다. 또한 영화 제작에 있어 기술력을 인정받아 청룡영화상 기술상과 백상예술대상 영화부문 예술상을 수상하였다.

〈신과 함께, 죄와 벌〉은 개봉 이전에 전 세계 103개국과 수출 계약을 체결하였고, 특히 유교문화권의 경우, 박스오피스 2~3위에 오르며 우수한 흥행성과를 창출했다. 대만과 홍콩에서는 한국영화 역대 최고 흥행 기록을 세우며 큰 성과를 거두었다.[12]

1. 전환의 방향

영화는 웹툰과 구별되는 많은 차이점이 있다. 전환 과정에서는 이러한 차이점을 고려하여 효과적인 전환 전략을 수립하는 것이 중요하다. 영화와 웹툰의

---

12 유지희, '신과 함께' 아시아에서 잘 팔리네, 〈한국일보〉, 2018.01.27. (https://www.hankookilbo.com/News/Read/201801270494204377)

차이점 중 극명한 것으로 이야기의 길이와 디테일의 차이가 있다. 웹툰은 연재 기간에 제약이 없어 스토리의 양이 방대하며 세계관의 규모가 크다. 이에 따라 캐릭터 설정, 배경 설정 등에 디테일이 있다. 반면에 영화는 러닝타임이 1시간 30분에서 2시간 정도로 제한되어 있기 때문에, 시간이 압축되어 짧고 빠르게 전개되며 디테일은 생략되는 경향이 있다. 이러한 각 매체의 특징 때문에 웹툰에서 영화로 전환이 이루어질 때는 불가피하게 웹툰 원작의 스토리텔링 규모를 축소시켜야 한다. 즉, 영화가 달성하고자 하는 '목표'에 맞게 스토리텔링을 '선택과 집중'하는 전략을 수립하여야 한다.

그렇다면 〈신과 함께〉 영화가 달성하고자 하는 '목표'는 무엇일까? 〈신과 함께〉는 저승, 천상, 이승이 공존하는 새롭게 창조된 세계관을 다루기 때문에, 영화로 전환할 때 이러한 세계관을 시각적으로 표현해내야 한다는 큰 숙제를 가지고 있다. 화산에 불이 튀고, 빙하에 죄수가 갇혀있는 등 세트로는 구현하기 어려운 비현실적인 설정으로 인해 CG의 활용이 매우 중요하다. 그리고 CG에는 많은 비용이 소요되는데, 한국에는 이전에 대규모 CG를 동반한 판타지 영화가 거의 제작되지 않았기 때문에, 〈신과 함께〉 영화는 이례적으로 막대한 제작비의 투입이 필요한 영화였다. 때문에 〈신과 함께〉는 안정적인 제작비 회수와 수익 창출을 위해 '대중적인 텐트폴 영화'를 목표로 설정하는 것이 불가피했을 것이다.

그렇다면 이러한 목표에 적합하도록 원작의 스토리텔링을 어떻게 '선택과 집중'시키는 전략을 수립하였을까? 〈신과 함께, 죄와 벌〉과 〈신과 함께, 인과연〉의 스토리텔링을 분석하며 두 가지 전략을 역으로 도출해낼 수 있었다.

첫 번째, '가족애' 가치에 집중하여 가족 감동 서사를 강화하는 전략이다. 앞서 웹툰 스토리텔링 전략 분석에서 제시한 바와 같이 〈신과 함께〉는 보편적 가치를 주제화하며 한국적 판타지를 차별적으로 구축하였다. 영화에서는 이러한 보편적 가치 중 〈7번 방의 선물〉, 〈국제시장〉 등 많은 천만 영화에서의 성공

역사와 함께 한국에서 보장된 신파(눈물을 자극하여 관객에게 감동과 카타르시스를 제공하는 것)적 코드에 해당하는 '가족애' 가치에 집중하여 이에 맞게 여러 스토리텔링 요소들을 최적화시킨다.

두 번째, 판타지 장르적 특성과 볼거리를 극대화하는 전략이다. CG를 적극적으로 활용하며 한국영화에서 전무하던 판타지 장르를 표방하는 만큼, 해당 차별화 전략을 강점으로 부각시키고 볼거리가 많은 대작으로 인식될 수 있도록 하는 적합한 스토리텔링 요소를 활용한다.

실제로 〈신과 함께, 죄와 벌〉과 〈신과 함께, 인과 연〉은 각각 12월 20일(연말), 8월 1일(여름 휴가) 연휴가 겹치는 시즌에 개봉하며 가족과 연인 단체 관객을 전략적으로 유치하는 마케팅 전략을 펼쳤다는 점에 입각하여, 결과론적으로도 "대중적인 텐트폴 영화"라는 목표 아래에서 앞서 제시한 전환 전략의 논의가 유의미할 것이라고 생각한다.

먼저 앞서 말한 두 가지 전략에 따라 구체적으로 어떤 스토리텔링 양상이 펼쳐지는지 설명한 뒤에 '선택과 집중' 전략을 취함으로써 소거된 원작의 스토리텔링 요소가 무엇이며 영화에서 어떻게 대체되고 있는지 간략하게 설명하도록 하겠다.

2. 대중성 확보를 위한 선택과 집중

1) '가족애' 가치에 집중하여 가족 감동 서사 강화

웹툰 〈신과 함께〉가 영화로 전환되며 '가족애'에 집중하여 가족 갈등 서사를 강화하였다. 한국에서 흥행을 이끈 〈명량〉, 〈택시운전사〉 등의 영화는 한국만의 특수한 역사적, 사회적 경험을 가져야 공감할 수 있는 이야기이기 때문에 해외 극장 개봉 성과가 눈에 띄지 않는다. 반면 〈신과 함께〉는 지식이나 경험 없이도 누구나 보편적으로 즐길 수 있는 소재인 가족애를 활용해 아시아 전역에서 홍행 돌풍을 일으켰다. 가족애로 귀결되는 메시지는 정서적 이질감을 없앴다.[13] 특히 대만과 홍콩에서 큰 성공을 얻었는데 이에 영화 〈신과 함께〉의 제작자인 원동연 대표는 '가족애', '사랑과 용서'라는 누구나 공감할 수 있는 보편적인 감정을 판타지라는 장르에 담았기 때문에 관객들이 신선하게 생각한 거 같다고 말했다. 김포그니, 원동연 "신과 함께 3·4편도 만들 생각입니다"[14], 웹툰 〈신과 함께〉를 영화로 전환하는 과정에서 캐릭터의 관계성과 캐릭터의 설정에 가족 서사를 강화하여 보편적인 공감대인 '가족애'에 집중하는 전략을 활용했다. 〈표 6〉은 영화 '신과 함께' 속에 드러난 가족 서사를 정리한 표이다.

<표 6> <신과 함께> 영화 속 드러난 가족 서사

구분	타임라인	가족 서사
<신과 함께-죄와 벌>	07:20 ~ 08:28	자홍의 장례식(수홍과 어머니 등장)
	85:04 ~ 86:25	원귀가 된 동생 수홍을 살려달라는 자홍
	105:47 ~ 114:19	어머니를 함부로 대하는 군인들을 보고 분노하여 다시 원귀가 된 수홍
	114:19 ~ 127:45	수홍의 현몽, 어머니의 용서
	127:45 ~ 133:13	자홍의 선물 전달, 수홍의 재판 시작
<신과 함께-인과 연>	01:10 ~ 01:47	과거를 보여주는 강림의 꿈
	30:36 ~ 34:19	성주신의 현신 이유
	37:45 ~ 42:18	강림의 과거(오랑캐에게 자비를 베풀고 해원맥을 서자로 들이는 강림의 아버지)
	43:29 ~ 47:42	강림의 과거(편애하는 아버지와 뛰어난 동생)
	47:42 ~ 52:52	덕춘, 해원맥의 과거(덕춘과 아이들을 돕고 죽이지 않는 해원맥)

---

13 김표향, '신과 함께' 아시아에서 잘 팔리네, 〈한국일보〉, 2018.01.27. (https://www.hankookilbo.com/News/Read/201801270494204377)

14 김포그니, 원동연 "신과 함께 3·4편도 만들 생각입니다", 〈한겨레〉, 2018.08.09. (https://www.hani.co.kr/arti/specialsection/esc_section/856857.html)

64:45 ~ 67:55	강림의 과거(해원맥을 강림보다 더 신뢰하여 전장에 일군을 내세우는 아버지)
98:35 ~ 105:25	덕춘, 해원맥의 과거(아이들을 대피시키러 간 해원맥), 성주신의 소멸
105:25 ~ 113:42	과거(강림-해원맥-덕춘이 서로를 죽인 전말)
131:57 ~ 133:40	해원맥, 덕춘에게 고백하려는 강림을 용서

<표 7> <신과 함께> 캐릭터 관계성 변화 요소

변화 요소	
웹툰 <신과 함께>	영화 <신과 함께>
기존에 서로 무관한 캐릭터였던 김자홍과 유성연	형, 동생 관계의 김자홍과 김수홍
과거에 서로 무관한 캐릭터였던 강림과 해원맥	이복 형, 동생 관계의 강림과 해원맥
기존에 연결 서사가 따로 없었던 강림과 염라대왕	아들, 아버지 관계의 강림과 염라대왕

〈표 7〉처럼 캐릭터 관계성의 변화를 통해 작품의 주요 캐릭터를 가족 관계로 연결하는 양상을 보였다.

웹툰 '저승편'은 저승과 이승이 교차하며 스토리가 전개된다. 저승의 주요 캐릭터인 김자홍과 이승의 주요 캐릭터인 유성연은 서로 무관한 캐릭터이다. 유성연이 영화 〈신과 함께〉에서 김수홍으로 전환되며 김자홍과 김수홍은 형제 관계로 연결성이 생긴다. 김자홍이 재판을 받는 저승과 김수홍이 원귀가 된 이유를 찾는 이승의 스토리가 연결되어 분리된 두 캐릭터의 서사가 하나로 이어진다. 웹툰에서는 저승행 열차인 바리데기호에서 탈출하는 원귀로 유성연을 처음 등장시켰으나 영화에서는 김자홍의 장례식장에서 김수홍을 처음 등장시켜 첫 등장부터 김자홍과의 연결을 보여준다.

김자홍의 지옥 재판에서 김수홍과 형제라는 점을 중심으로 재판이 전개된다. 김자홍은 폭력지옥에서 과거 김수홍을 때린 죄목으로 재판을 받으며 위기에 처하지만 강림이 다음 재판과 합산처벌을 요청하여 위기를 모면한다. 그러나 다음 재판인 천륜지옥에서 과거 가난한 형편으로 살기 어려워지자 잠든 어머니의 얼굴을 베개로 누르려고 했던 죄목으로 더 큰 위기에 처한다. 그때 김수홍이 어머니의 꿈에 현몽하여 어머니와 마지막 대화를 나누고 어머니는 과거 김자홍이 자신을 베개로 눌러 죽이려는 사실을 알고 있었지만 모른 척했고 두 아들에게 오히려 본인이 미안하다며 모든 죄를 자신의 탓으로 돌림으로써 김자홍의 천륜죄를 용서하였다. 어머니의 용서로 김자홍은 모든 재판을 통과하고 환생하게 된다. 웹툰에서는 김자홍의 7개의 재판이 독립적이었는데 영화로 전환되며 각각의 재판이 가족 스토리로 연결된다. 재판을 통해 김자홍의 과거 스토리를 풀어내며 김자홍 가족의 갈등을 해결하는 역할을 한다. 재판의 후반부에서 김자홍, 김수홍, 그리고 어머니의 이야기로 관객에게 감동을 주어 부모에게 효를 다짐하게 하며 가족애를 강조하였다.

웹툰의 저승차사 해원맥과 이덕춘은 '신화편'을 통해 과거에 서로 도운 인연이 있었음을 알 수 있다. 반면 강림도령의 과거는 단독으로 진행되어 해원맥, 이덕춘과 연결이 없었으나 영화로 전환되며 강림과 해원맥의 과거에 인연이 생긴다. 영화 〈신과 함께, 인과 연〉에서 고려 별무반의 수장 강문직의 아들인 강림은 별무반의 대장군이었다. 해원맥은 원래 거란족 출신이었으나 거란족을 토벌 중이던 강문직의 눈에 들어 양아들이 된다. 강림과 해원맥은 형제가 되었으나 해원맥이 점차 강문직의 총애를 받자 강림은 아버지가 해원맥을 편애한다고 여겨 둘의 사이가 틀어지게 된다. 결국 대립하던 강림과 해원맥은 같은 곳에서 죽게 되고 강림만 그 모든 기억을 가지고 기억이 사라진 해원맥과 이덕춘을 데리고 저승차사의 일을 하게 된다. 웹툰에서 전혀 관련 없던 두 캐릭터의 과거를 영화에서 적대적인 관계로 설정하여 극적인 효과를 만들어냈다. 관객은 해원맥과 강림이 과거 형제 관계였다는 사실에 놀라며 앞으로의 전개에 흥미가 생긴다. 해원맥과 이덕춘을 위협하던 베일에 싸인 존재인 '밀언'이 누구일지 예측하며 보게 되고 밀언이 강림임을 알게 되자 복선을 찾으며 스토리에 집중하는 효과를 준다.

<그림 5> <신과 함께, 인과 연> 강림과 해원맥의 과거

영화로 전환되며 염라대왕은 강림과 부자 관계로 연결되어 비중이 늘어난다. 웹툰 속 염라대왕은 김자홍을 재판하는 역할로 강림과의 접점이 거의 없었다. 반면 영화에서는 강림의 아버지인 강문직이 천 년 전에 염라대왕이 되는 서사를 부여하여 강림과 염라대왕 사이의 연결성을 강화했다. 강림은 과거 강문직이 살아있는 걸 알았지만 모른 척하고 죽음을 은폐했다. 뒤늦게 후회하며 아버지에게 다시 찾아갔지만 이미 늦었고 강문직은 죽은 후 염라대왕이 되는 전개로 이어진다. 강림은 죄책감을 가지고 저승차사의 일을 이어나가던 중 김수홍의 재판에 염라대왕을 증인으로 부른다. 관객은 강림이 염라대왕을 증인으로 신청한 이유를 생각해보며 그들의 관계성을 예측해보게 된다. 그 재판을 통

해 죄책감을 지니고 있던 강림은 비로소 자신의 아버지인 염라대왕에게 용서를 받는 것으로 가족애를 상기시킨다.

강림과 해원맥, 강문직의 연결을 통해 강문직이 강림의 생각처럼 해원맥을 편애한 것인지 혹은 아버지의 공평한 사랑을 강림이 편애로 받아들였는지 관객들이 생각해보게 한다. 강문직이 두 아들을 공평하게 대하며 아버지의 역할을 한 것을 강림은 자신이 더 큰 사랑을 받으려는 욕심으로 편애라 받아들였다. 끝까지 아버지를 이해하지 못한 강림은 아버지의 죽음을 은폐하고 해원맥을 죽이고 덕춘에 의해 죽게 되는 비극을 맞이한다. 강림의 잔인한 행동에도 불구하고 강문직과 해원맥이 강림을 용서하는 전개를 통해 가족애를 생각해보게 한다.

캐릭터의 관계성을 변화하며 '용서'를 강조했다. 영화 〈신과 함께〉의 김용화 감독은 원작의 '저승편', '이승편', '신화편'을 보고 두 편으로 정수를 잘 뽑아 '용서'란 화두로 전체를 만들면 좋은 작품이 나오겠다는 확신이 있었다고 한다. 귀인조차 이승에서는 모두 죄인이었고, 죄에 대해 진심으로 미안하다고 말할 수 있는 용서를 담고 싶었다고 말하였다.[15] 영화 〈신과 함께, 죄와 벌〉에서 김자홍은 어머니에게 진심을 빌어 용서를 받고 〈신과 함께, 인과 연〉에서 강림도 아버지인 염라대왕에게 용서를 받는다. 가족의 용서뿐만 아니라 영화 〈신과 함께, 인과 연〉에서 김수홍의 죽음을 은폐한 박 중위는 김수홍에게 용서를 빌 기회를 얻게 되고 강림도 해원맥과 덕춘에게 과거의 일을 용서받는 등 여러 캐릭터를 통해 감독이 전하고자 하는 '용서'를 표현해냈다.

---

15 김리선, [인터뷰] '신과함께' 김용화 감독, 한국형 판타지물의 새 역사 쓰다, 〈인터뷰 365〉, 2017.12.27. (https://www.interview365.com/news/articleView.html?idxno=78998)

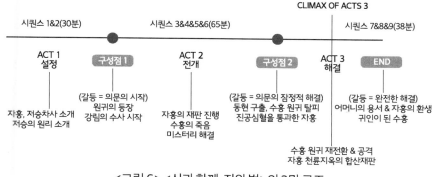

<그림 6> <신과 함께, 죄와 벌>의 3막 구조

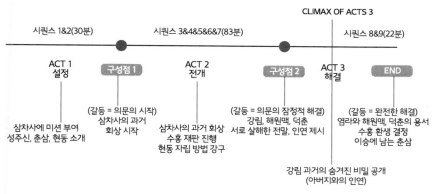

<그림 7> <신과 함께, 인과 연>의 3막 구조

〈그림 6〉와 〈그림 7〉로 영화 〈신과 함께〉의 3막 구조를 정리하였다. 두 편 모두 'END' 부분에서 용서를 통해 갈등의 완전한 해결이 이루어진다. 〈신과 함께, 죄와 벌〉에서는 김자홍이 어머니에게 용서를 받아 어머니와 오랫동안 쌓인 갈등이 해결된다. 〈신과 함께, 인과 연〉에서는 강림과 주변 캐릭터 사이 과거부터 이어온 갈등이 염라와 해원맥, 덕춘의 용서를 통해 해결된다. 이렇게 영화의 마지막에 용서를 드러내며 갈등이 해결되는 양상을 보인다.

<표 8> <신과 함께> 캐릭터 설정 변화

웹툰 <신과 함께>	설정 변화	영화 <신과 함께>
간 질환으로 젊은 나이에 숨진 평범한 회사원	김자홍	화재 현장에서 순직한 젊은 소방관으로 정의로운 망자인 '귀인' 설정
부모에 대한 죄책감을 가지고 있으나 가족과 교류 적음, 전체적으로 부모에 대한 언급 적음.	김자홍과 가족의 연결성	어릴 적 부모에게 지은 잘못을 갚기 위해 밤낮없이 일한다는 서사 부여, 죄책감을 느끼는 김자홍을 용서하는 김자홍의 어머니의 서사 부여
성주신, 조왕신, 측신, 철용신 4명의 캐릭터	가택신	성주신 1명으로 축소
김천규, 김동현을 보호하고 가택을 지켜내는 역할 위주	가택신의 역할	천 년 전 저승차사였다는 설정을 부여하여 저승차사들의 과거를 해설하는 역할이 큼

〈표 8〉처럼 주요 캐릭터를 가족 관계로 연결하며 어색해진 서사를 자연스러워지도록 캐릭터의 설정을 변화하였다.

웹툰에서 김자홍은 직장에서 열심히 일하다 업무상 억지로 마시던 술로 얻은 간 질환으로 39세에 숨진 평범한 회사원이다. 뛰어나게 타인에게 모범이 되는 삶을 산 것도 아니고 악하게 살아온 것도 아닌 주변에서 흔히 볼 수 있는 평범한 캐릭터이다. 웹툰의 평범한 주인공 설정으로 독자들은 캐릭터에 자신을 투영하여 몰입하게 된다. 자신의 상황을 대입하여 상상하며 주인공에게 공감한다. 반면 영화의 김자홍은 화재 현장에서 순직한 소방관으로 '귀인'이라는 설정이 부여되었다. 평범한 캐릭터 설정인 웹툰과는 달리 영화에서는 김자홍을 19년 만에 나타난 '정의로운 망자'로 설정하여 관객과 거리감을 둔다. 이는 영화 속 김자홍이 불효와 관련한 재판에서 시련을 겪으며 가족애를 극적으로 보여주기 위함이다. 정의롭다고 추앙받는 김자홍에게도 지옥의 재판, 특히 불효의 재판에서 쉽게 통과할 수 없다는 것을 보여주며 관객이 자신의 불효를 성찰하게 한다.

영화에서는 김자홍과 김자홍의 어머니 사이 연결이 웹툰에 비해 강하게 나타난다. 웹툰 '저승편'의 김자홍은 부모에게 죄책감을 품고 있으나 명절에 집을 찾아가지 않는 등 가족과의 교류가 적으며 웹툰 전반적으로 부모에 대한 언급이 적다. 재판 과정에서도 가족과의 관계 위주로 진행되던 영화와는 달리 웹툰에서는 김자홍이 살아오며 겪은 다양한 일을 두고 재판이 진행된다. 반면 영화 〈신과 함께, 죄와 벌〉의 김자홍은 어머니와의 연결이 단단하다. 어릴 적 어머니에게 지은 잘못을 용서받기 위해 밤낮없이 일하여 번 돈을 집에 보내며 항상 죄책감을 품고 산 캐릭터이다. 죄책감을 가진 것은 공통적인 설정이나 웹툰의 김자홍은 표현하지 못한 죄책감을 영화의 김자홍은 적극적으로 표현했다는 차이가 있다. 영화의 후반부에서는 김자홍을 용서하는 어머니의 서사까지 부여하여 웹툰과 비교했을 때 어머니의 비중이 늘어났다. 어머니는 웹툰에서 김수홍의 억울함을 대변하는 역할로만 등장했지만 영화에서는 김자홍의 과거부터 김자홍의 재판까지 영향을 미치는 중요한 역할로 등장하고 전체적인 스토리에 어머니의 사랑을 강조하며 가족애를 담아냈다.

웹툰 '이승편'의 주요 캐릭터 중 네 명의 가택신(성주신, 조왕신, 측신, 철융신)은 큰 활약을 한다. 김천규, 김동현을 보호하며 김천규를 데려가려는 차사와 대립하고 가택을 부수는 용역업체로부터 가택을 지켜내는 역할을 하며 스토리를 이끌어 나간다. 반면 영화에서는 네 명의 가택신 중 성주신만 등장하며 가택을 보호하는 역할보다 천 년 전 저승차사였다는 설정을 부여하여, 새롭게 추가된 '과거 저승삼차사의 가족 서사'를 자연스럽게 해설하는 역할을 충실히 수행한다.

또한 가택신이 축소되었지만 허춘삼과 허현동을 지키기 위한 성주신의 노력은 축소되지 않으며 저승삼차사가 가택을 지키는 비중이 증가한다. 성주신의 힘이 인간에게 사용하지 못하게 되어 사채업자와 직접적인 싸움을 하지는 못하나 저승삼차사의 도움을 받는다. 성주신은 저승삼차사와 함께 혼자 남겨질 허현동을 위해 보육원이나 해외 입양에 대해 알아보며 간접적으로 가택을 지킨다. 웹툰에서는 김천규가 사망하고 김동현이 조왕신의 아들로 돌아가지만 영화에서는 허현동이 초등학교 졸업 때까지 허춘삼과 함께 살 수 있도록 이야기를 변경하여 가족애를 극대화한다.

가택을 지키며 드러나는 가족애뿐만 아니라 성주신이 들려주는 저승삼차사의 과거 이야기를 통해 강림과 해원맥이 형제 사이였다는 것을 밝히며 가족애를 상기시킨다. 또한 저승삼차사가 서로 죽이게 된 사연을 늘어놓으며 제목인 '인과 연'을 떠올리게 한다.

2) 판타지 장르적 특성 강화

웹툰 〈신과 함께〉의 세계관에서는 저승의 모습이 우리 일상과 다를 바 없는 모습으로 묘사된다. 앞서 웹툰 스토리텔링 전략 분석에서 이러한 저승의 현대적인 모습이 향유자의 공감과 체험적 향유를 자극하는 새로운 판타지 세계관의 친숙한 재미 요소라고 제시했다. 하지만 영화에서는 이러한 일상적인 저승의 모습을 완전히 소거한다. 웹툰에서 나오는 카페, 호텔, 지하철 등 일상적인 공간들뿐만 아니라 인터넷으로 죄인의 신상정보를 얻는 것이나 리모컨으로 업경의 채널을 조절하는 등의 일상의 편리한 기능이 모두 사라졌다.

이러한 현실적인 요소들을 제거한 대신 영화에서는 새로운 설정들이 등장한다. 영화 속 지옥의 모습은 구조적으로도 변경되었지만, 외형적인 모습도 많이 바뀌었다. 웹툰에서는 망자가 불리어 가면 차사와 함께 저승행 지하철을 타고 이동을 하였지만, 영화에서는 이러한 과정을 모두 없애고 망자가 순간이동 통로를 통해 바로 저승으로 이동한다. 저승의 모습 또한 차이가 있다. 원작에는 저승에 도착한 뒤 현실과 다를 바 없는 저승에서 차례로 지옥을 통과하지만, 영화에서는 거대한 절곡의 벽들이 주위를 두르고 있는 개찰구에서 망자의 명부를 넣어 망자가 귀인인지에 대한 진위 여부를 확인한 뒤 재판을 위해 지옥으로 들어가는 것으로 변화되었다. 그리고 영화 속 지옥들은 원작보다 비현실성이 극대화된 비주얼을 보여준다. 원작에는 각 지옥에서 재판을 받을 때 배경이 자세하게 묘사되지 않고 색깔로만 이루어져 있다. 하지만 원작과 달리 영화에서 나타나는 지옥들은 구역마다 특성에 맞는 배경과 형벌이 구체적으로 연출되었다. 살인 지옥의 용암이 끓는 나락에서 헤엄치는 형벌을 받는 망자들의 모습, 나태 지옥의 폭포에서 떨어져 바다에 빠지면 육신이 뭉개지거나 살인 물고기에 물어뜯기는 형벌을 받는 모습 등 배경과 함께 적절한 형벌의 모습을 보여주면서 서사의 몰입과 긴장감을 끌어냈다.

<표 9> 영화와 웹툰 속 대조적인 저승의 모습

웹툰 <신과함께>	<신과함께-죄와벌>
빙곡이 배경인 한빙지옥의 배경	빙곡이 배경인 불의지옥의 배경
염라가 있는 발설지옥 배경	염라가 있는 천륜지옥 배경

〈신과 함께〉 영화는 재판을 진행할 때의 방식이 많이 변화하였다. 원작에서

는 망자의 과거를 직접적으로 확인하며 재판을 하는 지옥은 한빙 지옥과 발설 지옥뿐이다. 나머지 지옥에서는 변호사 진기한과 각 지옥의 판관들과의 발화를 통해 자홍의 업보를 보여주고 재판이 진행된다. 하지만 영화에서는 재판마다 업경을 통해 자홍의 과거를 영상으로 플래시백하여 보는 형태를 취하였다. 업경은 원작 속 염라대왕만이 망자의 업보를 보기 위해 사용했던 장치이지만 영화에서는 지옥마다 자홍의 과거를 보기 위한 장치로 사용된다. 이렇게 원작에서 등장하는 재판의 형식이 아닌 재판마다 업경을 차용하여 자홍의 과거를 보여주는 방식의 재판은 두 가지 측면으로 해석한다.

먼저 서사 진행에 있어서 가족애라는 큰 흐름을 중심으로 후반부에 향유자의 극대화된 향유를 위해서이다. 원작에서 자홍의 재판은 한 가지의 흐름을 주제로 이어가지 않는다. 재판마다 다른 방식의 검증된 방법을 거치면서 그저 자홍의 삶이 어땠는지 향유자가 보게 만드는 정도이다. 하지만 영화에서는 업경을 통해 계속해서 가족애를 자극한다. 살인 지옥에서부터 천륜 지옥까지 업경마다 가족 서사와 연결된다. 지나칠 정도로 깊게 가족애를 자극하는 것 같지만 이러한 큰 흐름을 통해 향유자가 영화 후반부까지 따라오면 수홍과 어머니가 대화할 때의 감동이 좀 더 극대화되어 느껴질 수 있다고 생각한다.

두 번째 이유로는 영화 텍스트를 활용한 볼거리의 극대화이다. 영화에서 보이는 업경을 통해 나타나는 영상 연출은 그저 평범한 영상 화면을 보여주는 것이 아니라 홀로그램, 3D 영상, 몽환적인 화면 등 여러 가지 영상 기법을 활용하여 향유자에게 보여준다. 이러한 독특한 영상 연출을 통해 향유자는 판타지 장르에 대한 기대에 보상 받고, 볼거리 효과를 극대화시키는 기능을 한다.

<표 10> 영화에서 등장하는 업경을 활용한 연출

화탕지옥 연기 형태의 업경	나태지옥 강물 형태의 업경

거짓지옥 홀로그램 형태의 업경	천륜지옥 모래 형태의 업경

영화 〈신과 함께〉에서는 웹툰 원작에 등장하지 않는 여러 설정을 추가하여 액션을 연출하고 시각적 다이내믹을 유도하고자 하였다. 〈신과 함께, 죄와 벌〉에서는 원귀와 상응하는 개념의 '지옥귀'를 새롭게 창조하고 저승의 검수림에서 해원맥이 지옥귀에 맞서는 액션을 긴박하고 극적으로 연출하였다. 그리고 폭력지옥으로 향하는 길목에 '진공심혈'이라는 공간을 추가하여 해원맥, 덕춘 그리고 자홍이 진공심혈 속으로 낙하하고, 떠다니는 돌을 피해 도망치는 액션을 연출하였다. 작품의 클라이맥스로 향하는 시퀀스 8에서는 수홍이 분노하여 다시 원귀로 변하고 '모래 폭풍우'를 일으킨다는 설정을 더하여 큰 규모의 액션을 연출하였으며, 이를 통해 향유자를 압도하고 긴장감이 고조되도록 하였다. 〈신과 함께, 인과 연〉의 경우에는 총 3개의 갈등 구조를 병행하며 서사 전개에 집중함으로써 1편에서보다 액션의 비중이 줄어든 양상을 확인할 수 있다. 그럼에도 불구하고 어귀와 공룡과 같은 '크리쳐' 빌런을 등장시키고 주요 캐릭터들과 대면하는 장면을 만들어서 영화의 '재미와 놀이'를 보장하였다. 어귀의

경우 원작 웹툰에도 등장하는 인기 있는 〈신과 함께〉의 오리지널 크리쳐인데, 영화에서는 강림, 수홍이 이러한 어귀와 대립 끝에 어귀의 뱃속으로 들어가게 된다는 설정을 더하여 액션의 규모를 키우고 볼거리를 제공하였다.

<표 11> 웹툰에 없던 액션이 등장하는 시퀀스

시즌	시퀀스	타임라인	내용
죄와 벌	시퀀스3	29:40~36:30	검수림 입성, 지옥귀의 습격 및 원리 설명
	시퀀스3	37:25~43:30	강림의 원귀 발견, 추격
	시퀀스6	87:38~88:27	진공심혈을 지나는 자홍과 차사들
	시퀀스8	105:47~114:19	다시 원귀가 되어 모래폭풍우를 일으키며 이승을 난장판으로 만드는 수홍
인과 연	시퀀스1	01:47~08:00	차사들과 저승 부대들 간의 싸움
	시퀀스1	12:47~16:35	성주신과 대면하는 해원맥과 덕춘
	시퀀스2	23:03~24:10	삼도천 아귀의 등장, 아귀의 배 속에 들어가는 강림과 수홍
	시퀀스4	54:32~59:47	공룡의 공격을 받는 수홍과 강림

영화에서 등장하는 배우들은 〈신과 함께〉의 흥행의 개연성을 뒷받침해준다. 1편과 2편의 주연 배우들로는 하정우(강림 역), 주지훈(해원맥 역), 김향기(덕춘 역), 차태현(김자홍 역), 김동욱(김수홍 역), 마동석(성주신 역), 이정재(염라 역) 등이 있다. 이들 모두 웹툰의 이미지와 비교 했을 때 적절한 역할들을 맡았다고 생각한다. 주연 배우들뿐만 아니라 카메오로 등장하는 배우들 또한 일반 단역이라고 하기에는 주연급 배우들이라고 할 수 있다. 살인지옥에서 변성대왕의 역을 맡은 정해균, 나태지옥에서 초강대왕의 역을 맡은 김해숙, 거짓지옥에서 태산대왕의 역을 맡은 김수안, 불의지옥에서 오관대왕 역을 맡은 이

경영, 폭력지옥에서 진광대왕의 역을 맡은 장광 등은 씬 2개에서 3개에 등장하는 단역을 맡았다. 배신지옥에 송제대왕 역을 맡은 김하늘은 씬의 단위도 아닌 단 2개 컷에서 등장한다. 이처럼 단역들의 배우마저 주연급 배우들로 캐스팅함으로써 영화의 볼거리를 한층 더 극대화하였다고 분석된다.

<표 12> 영화에 등장하는 단역 배우들

변성대왕 - 정해균	초강대왕 - 김해숙	태산대왕 - 김수안	송제대왕 - 김하늘	오관대왕 - 이경영	진관대왕 - 장광

그리고 영화 〈신과 함께〉에서는 거의 모든 장면에 오케스트라 스코어를 활용하였다. '체코 국립 심포니 오케스트라'와 '프라하시 필하모닉 오케스트라'를 대동해 박진감 넘치면서도 감동적인 사운드를 구성하고 150여 곡이 넘는 다양한 분위기의 스코어들을 만들어 냈다. 음악 녹음에는 관악기, 현악기, 목관, 타악기 파트 등 총 100명의 오케스트라가 참여하였다고 한다[16]. 이러한 오케스트라 사운드는 웅장한 배경과 여러 명의 등장인물, 규모 있는 서사를 갖춘 영화 〈신과 함께〉의 특성상 필수 불가결한 선택이었다고 생각한다. 또한 영화에서 시점이 이승과 저승을 넘나들며 이동하기 때문에 매끄러운 진행을 위해서는 연결점이 필요한데, 이러한 연결점의 역할을 하는 것으로 오케스트라 사운드의 OST를 선택한 것이라고 분석하였다. 이에 따라 향유자는 각 씬에 어울

---

[16] 씨네플레이, 쌍천만의 신화 '신과 함께' 음악의 방준석, 네이버 블로그, 2018.08.08. (https://m.blog.naver.com/cine_play/221334733342)

리는 음악을 들으며 자연스럽게 서사의 흐름에 이끌려가게 된다.

3. 영화적 특성을 반영한 과감한 소거

〈신과 함께〉가 영화로 전환되며 선택과 집중 전략을 취함으로써 원작 웹툰의 스토리텔링 요소 중 일부가 소거되었다. 이렇게 소거된 내용 중 캐릭터 소거, 미시 서사 소거에 집중하여 분석해보았다.

1) 캐릭터 소거

진기한 캐릭터는 원작의 '저승편'에서 저승삼차사들 만큼이나 비중이 큰 주요 캐릭터이다. 진기한은 망자를 돕는 국선 변호사로서, 원작에서 김자홍을 도와 7개 재판을 포함한 험난한 지옥 여정을 함께 헤쳐 나가는 역할을 수행하였다. 진기한 캐릭터는 〈신과 함께〉에서 가장 인기 있는 캐릭터 중 하나인데, 그 이유는 지옥 여정 과정에서 기지를 발휘하여 신통방통하게 문제를 해결하고 향유자에게 쾌감을 선사하기 때문이다. 〈신과 함께〉 세계관 속 저승은 10개의 지옥과 각 지옥들을 잇는 길목의 5개 관문으로 이루어져 있다. 진기한은 이러한 저승을 무사히 통과하여 김자홍을 육도환생의 심판대에 세우기 위해서 저승시왕의 성향을 파악하고, 각 관문의 장애물에 대해 미리 대비하며 임기응변까지 하는 모습을 보여주었다.

다음 표는 웹툰 '저승편'에 등장한 문제 상황과 이를 해결하는 과정에서 발휘한 진기한의 기지를 정리한 표이다.

<표 13> 웹툰 <신과 함께> 중 '저승편'의 문제 상황과 진기한의 활약

화수 정보	공간	문제 상황	진기한의 기지
저승편 10화	초군문	교통 체증	차를 버리고 자전거로 이동
저승편 13화	도산지옥	도산지옥의 심판	진관대왕의 성향 파악, 마지막 입장
저승편 15화	삼도천	삼도천 이동수단 배정	사전에 자홍의 옷 빨래 지시
저승편 19화	화탕지옥	화탕지옥의 변수탕형	최후변론에서의 임기응변
저승편 27화	업관	잘려나간 자홍의 손발	서천꽃밭의 살살이 꽃 획득, 피부 재생
저승편 35화	검수림	살을 베는 검수림 숲	살살이 꽃의 꽃기름 획득, 피부 재생
저승편 45화	철환소	쇠공이 떨어지는 길	발설지옥에서 염라대왕으로부터 보상으로 트랙터 획득, 사용
저승편 46화	독사지옥	위협을 가하는 독사지옥의 수감자들	획득한 업강 톱니고기의 이빨 활용
저승편 46화	독사지옥	독사지옥의 뱀들의 공격	획득한 삼도천 독사들의 기름 활용
저승편 51화	거해지옥	거해지옥의 전기톱	미리 준비해 둔 사소한 손해 이력을 적어둔 원고

이렇게 진기한은 변호사로서 변론만 잘 수행하는 것이 아니라 문제 상황에서 생각지 못한 해결책을 제시하였다. 이러한 스토리텔링은 매 화 진기한과 김자홍에게 퀘스트가 주어지고 다양한 방법으로 퀘스트를 해결해내는 게임적인 플롯을 형성하여 향유자로 하여금 흥미를 느끼고, 다음 문제 상황과 해결책은 무엇일지 기대하도록 만드는 역할을 하였다.

영화 <신과 함께>에서는 진기한 캐릭터를 소거하였다. 그리고 김자홍을 변호하는 진기한의 역할을 차사 강림에게 부여하는 전략을 취하였다. 기존 웹툰의 '저승편'은 김자홍의 서사와 원귀 유성연의 서사를 거의 독립적으로 병행하여 전개하였다. 그리고 각 서사를 이끄는 것이 김자홍 서사의 경우 진기한의 시점 그리고 유성연 서사의 경우 강림의 시점이었다. 이렇게 하여 두 개 이상의 중심 갈등 구조를 가지면 몰입감이 떨어지는 영화 매체는 갈등을 단순화하기 위해 진기한 시점을 강림에게 통합시킨 것이다. 강림은 '천 년 동안 49명의 망자를 환생시키면 인간으로 환생할 수 있다.'는 진기한보다 행동에 필연적 이유를 가지고 있는 운명적인 캐릭터이며 이승에서의 유성연 서사를 연결할 수 있는 캐릭터였기 때문에 영화에 더욱 적절했다고 판단한 것으로 보인다.[17]

다음은 영화 〈신과 함께, 죄와 벌〉에 등장한 문제 상황과 이를 해결하는 과정에서 발휘한 강림의 기지를 정리한 것이다.

<표 14> 영화 〈신과 함께, 죄와 벌〉의 문제 상황과 강림의 활약

타임라인	공간	문제 상황	강림의 기지
27:15 ~ 29:15	나태지옥	초강대왕의 심판	최후변론에서의 임기응변, 자홍이 돈을 쫓은 이유 설명
55:48 ~ 58:05	거짓지옥	태산대왕의 심판, 혀를 뽑는 형벌 집행	최후변론에서의 임기응변, 자홍의 거짓말의 선함을 증명
99:31 ~ 99:55	폭력지옥	변성대왕의 심판, 형벌 집행	합산처벌을 강행하는 대처

이렇게 강림의 경우에는 진기한과 비교하였을 때 활약 내용이 절대적으로 적고, 발휘한 기지의 내용도 제한적이라는 것을 알 수 있다. 향유자를 놀라게 하는 신통한 기지보다 원귀 수홍을 잡을 때의 무력 즉, '액션'이 더욱 강조되는 양상을 보이며 기존 원작에서 게임적인 플롯이 주는 재미의 정도가 떨어졌다고 분석하였다.

웹툰 '이승편'에는 성주신, 조왕신, 측신, 철융신 그리고 문왕신까지 총 5명

---

17 조윤선, '방구석1열' 이끼X신과 함께, 웹툰 원작 영화의 탄생 비밀, 〈스포츠조선〉, 2018.11.09. (https://www.chosun.com/site/data/html_dir/2018/11/09/2018110903196.html)

의 캐릭터가 등장한다. 5명의 캐릭터는 동현, 천규의 집의 가택신으로 각각의 고유한 역할을 수행하며 집을 보호한다. 성주신은 집 건물을 지키고, 조왕신은 부엌과 불씨를 지키고, 측신은 변소를 지키고, 철융신은 마당과 장독대를 지킨다. 문왕신은 동현의 숨겨진 실체로서 이야기의 끝에 밝혀지며 대문을 지키는 역할로 알려져 있다. 이러한 가택신들은 원작에서 신으로서의 역할 이상으로 동현과 천규의 상징적인 가족의 역할을 수행하였다. 할아버지 외에 가족이 없는 동현에게 암묵적으로 성주신은 든든한 아빠, 조왕신은 다정한 엄마, 측신은 재미있는 누나의 역할을 한다. 철융신은 초반에 가족의 일부가 되는 것에 비관적이지만 후반부로 전개될수록 집은 곧 가족을 의미한다는 것을 인정하며 동현과 천규를 보호한다. 이러한 캐릭터 설정을 통해 '이승편'의 에피소드를 일상적인 가족의 이야기처럼 구성하며 향유자로 하여금 쉽게 공감하도록 하였다.

하지만 영화〈신과 함께, 인과 연〉에서는 조왕신, 측신, 철융신, 문왕신 캐릭터를 모두 소거하고 성주신만을 유지하였다. 그리하여 가택신들과 동현, 천규의 관계 속에서 형성되는 일상적인 가족의 모습이 크게 약화되었고 이야기의 중심 자체가 원작 '이승편'에서의 동현, 천규 가족의 독점 서사에서 저승삼차사의 비중이 압도적인 복합서사로 바뀌었다.

2) 미시 서사 소거

앞서 전환 전략에서 언급했듯 웹툰은 영화보다 이야기의 길이가 길고 디테일하다는 매체적 특징이 있다. 그래서 웹툰에는 중심축을 이루는 거시 서사 안에 영화보다 훨씬 다양한 미시 서사가 구축되어 있으며 이들이 서사의 매력을 극대화 한다.

다음은 웹툰 '저승편'의 주요한 미시 서사를 정리한 표와 영화〈신과 함께, 죄와 벌〉의 미시 서사를 정리한 표이다.

<표 15> 웹툰 <신과 함께 저승편>의 거시 서사와 미시 서사

화수 정보	거시 서사	미시 서사
저승편 1화	(자홍) 저승으로 이송	지하철에서 옷을 구매하여 할머니에게 드리는 자홍
저승편 17화	(성연) 원귀 성연 대면	과거 저승삼차사의 '사만이' 비리 사건
저승편 21화	(자홍) 화탕지옥의 형벌 집행	변수탕에서 자홍과 죄수들의 다툼
저승편 29화	(자홍) 한빙지옥의 재판 진행	과거 자홍과 자홍 부모의 일화
저승편 32화	(자홍) 검수지옥으로 이동	업강에서 자홍을 구하는 지하철에서 만난 할머니
저승편 33화	(자홍) 검수지옥으로 이동	검수 기름집에서 살살이꽃과 뱀의 기름을 짜는 기한
저승편 35화	(자홍) 검수지옥으로 이동	검수림의 망자들과 대면하여 살살이 꽃기름 빈 병을 주는 기한
저승편 38화	(자홍) 발설지옥 도착	죄수들의 혀로 발설지옥이 만들어진 배경
저승편 42화	(자홍) 발설지옥 보상 획득	염라대왕과 발설지옥 농장을 가꾸고 보상을 얻는 자홍과 기한
저승편 44화	(성연) 성연 포획	소대장에게 낙인을 찍는 강림
저승편 46화	(성연) 성연 포획	소대원에게 내부 고발을 권고하는 강림
저승편 47화	(자홍) 독사지옥 도착	독사지옥의 죄수들에게 공격받는 자홍과 기한
저승편 48화	(자홍) 거해지옥 도착	기한의 신상을 알아본 염라대왕, 기한의 과거사

<표 16> 영화 <신과 함께, 죄와 벌>의 거시 서사와 미시 서사

화수 정보	거시 서사	미시 서사
13:04 ~ 15:18 16:14 ~ 18:10	(자홍) 살인지옥의 재판	동료 소방관을 잃은 자홍의 과거사
23:28 ~ 24:25 28:30 ~ 28:52	(자홍) 나태지옥의 재판	돈을 벌기 위해 밤낮 없이 일한 자홍의 과거사
48:09 ~ 49:00	(수홍) 강림의 수홍 추격	수홍과 동현의 과거 일화
50:08 ~ 52:25 57:55 ~ 58:50	(자홍) 거짓지옥의 재판	가족을 잃은 아이들, 엄마에게 거짓 편지를 적은 자홍의 과거사
96:05 ~ 96:40 97:35 ~ 98:07	(자홍) 폭력지옥의 재판	동생을 때렸던 자홍의 과거사
104:35 ~ 105:20	(자홍) 천륜지옥으로 이동	엄마를 죽이려고 했던 자홍의 과거사

웹툰의 미시 서사는 거시 서사가 전개되는 중간 중간 다양한 주변 인물이 등장하고 거시 서사와 구별되는 새로운 에피소드가 제시되며 분위기를 환기시키는 양상을 보인다. 독사지옥에 도착하여 자홍과 기한이 독사지옥의 죄수들과 충돌하는 47화의 서사는 그러한 양상을 잘 보여주는 인기 미시 서사이다. 반면에, 영화에는 미시 서사가 거의 없다. 그리고 분석된 미시 서사의 경우 거시 서사와 필수불가결한 관계를 맺으며 대부분이 자홍의 재판 과정에서 '회상'을 하는 과거사에 해당한다. 그래서 미시 서사 단독으로 존재감을 가지기보다는 거시 서사를 보완하는 정도의 존재감을 가진다. 이에 따라 영화를 감상하는 향유자는 서사를 상대적으로 무겁다고 느끼고, 웹툰처럼 거시 서사와 직결되지 않는 미시 서사의 틈 속에서 프리 모티브를 생성하는 등의 상호작용은 경험하기 어려워하는 것으로 분석하였다.

4. <신과 함께>의 전환 전략 평가

〈신과 함께〉 영화는 한국영화 중 최초로 전체 장면의 상당수가 컴퓨터그래픽(CG)으로 화상 처리되었고, 한국영화 중 최초로 1, 2편이 동시제작 되었으며, 한국영화 중 최초로 4DX 규격으로 제작된, '최초'라는 수식어가 따라다니는 영화이다. 그리고 결과적으로 한국영화 최초로 1, 2편 쌍천만 관객이라는 큰 성공을 거두어냈다.

즉, 〈신과 함께〉는 한국에서는 이례적인 매우 도전적인 판타지 영화였기 때문에 '최초'라는 수식어를 붙이며 불가피하게 여러 가지 새로운 시도를 꾀해야 했다. 그렇기 때문에 투자 과정에서부터 수익 창출에 있어 안정적인 전략 도입의 필요성이 대두되었고, 전환 전략을 수립 할 때 '마케팅적 사고'로 접근하여 성공하는 것보다 우선적으로 '실패하지 않는' 스토리텔링을 전개하고자 했다. 그래서 기존 원작의 스토리텔링에서 '가족애' 가치에 집중하고, 판타지 장르적 특성과 볼거리를 극대화하는 전략을 취하여 두 편의 영화를 제작하였고 목표한 바대로 성공을 거두었다.

> <신과 함께, 죄와 벌> 기자간담회에서 리얼라이즈필름의 원동연 대표는 "원작과 얼마나 닮았는지 비교하기보다는 이 영화가 감정을 움직이는지가 중요한 것 같습니다. 영화 자체로 평가받고 싶습니다."[18]라고 인터뷰하였다.

이렇게 〈신과 함께〉 영화는 원작을 그대로 복제하는 것을 의도하여 제작된 것이 아니며 영화 그 자체가 새로운 콘텐츠이다. 그렇기에 원작의 오리지널 요소들이 소거된 양상을 전환 전략에서 확인할 수 있었다.

그런데 여기서 새롭게 제시되는 쟁점은 이렇게 전환 과정에서 소거된 원작의 스토리텔링의 중요 요소들이 모두 원천 IP의 가치 판단 기준 중 하나인 '상호작용성'과 직결되는 부분이라는 것이다. 진기한 캐릭터의 기지를 보여주는 게임적 플롯을 덜어내고, 미시 서사의 기능을 거시 서사의 보완으로 귀결시키며, 세계관의 시대성 반영 요소도 소거해냄으로써 향유자가 참여할 여백이 사라진 것이다. 이 때문에 〈신과 함께〉 원작의 팬덤으로부터 부정적인 평가가 이어지고 작품성 평가에도 영향을 미쳤다. 〈신과 함께, 죄와 벌〉의 로튼토마토 신선도 지수는 67%에 불과하며, 네이버 평론가 평점은 5.92점 그리고 영화 팬들의 평론 애플리케이션 '키노라이츠' 평점은 2.6점으로 크게 아쉬운 수준에 머물렀다. '키노라이츠' 리뷰에는 "원작의 매력을 깔끔히 지워내는 억지 눈물 짜내기 프로젝트...", "원작 파괴한 이유를 잘 모르겠다. 평범한 소시민, 그 시민을 변호해낸다는 원작의 서사를 망쳤다", "무시할 수 없는 마케팅의 힘" 등의 평을 쉽게 찾을 수 있다.

---

18 김수언, 웹툰이랑 좀 다를걸? 영화로 재탄생한 '신과 함께-죄와 벌', 〈중부일보〉, 2017.12.14. (http://www.joongboo.com/news/articleView.html?idxno=1214425)

영화 〈신과 함께〉는 판타지 영화의 불모지인 한국에서 한국형 판타지의 가능성을 보여준 역사적인 작품이지만, 동시에 미래적인 관점에서는 한국형 판타지의 한계를 드러낸 작품으로 평가할 수도 있다. '가족애'라는 보편적 가치는 공유하지만, 한국처럼 이러한 가치가 신파적 코드로 작용하여 흥행을 보장하지 않는 해외, 특히 서구권 국가의 경우에는 충분한 공감이 어려울 수 있기 때문이다. 즉, 〈신과 함께〉는 '한국적 감수성'을 더해 대중에게 익숙하지 않은 국산 판타지를 이례적으로 성공시켰지만, 판타지 장르가 판치는 해외로 수출하는 경우에는 이러한 '한국적 감수성'이 매력 요소가 아닌 장애요소가 될 수도 있다는 것이다.

때문에 영화 〈신과 함께〉가 향하는 한국형 판타지의 발전된 미래에는 향유자의 상호작용성을 향상시키고, 웹툰 〈신과 함께〉의 또 다른 핵심 가치인 '사회정의 실현'을 강조하며 감성 뿐 아니라 이성적 사고를 자극하는 스토리텔링 방안의 도입이 필요할 것이다.

참고문헌

김리선, [인터뷰] '신과함께' 김용화 감독, 한국형 판타지물의 새 역사 쓰다, <인터뷰 365>, 2017.12.27 .(https://www.interview365.com/news/articleView.html?idxno=78998)

김수언, 웹툰이랑 좀 다를걸? 영화로 재탄생한 '신과 함께-죄와 벌', <중부일보>, 2017.12.14. (http://www.joongboo.com/news/articleView.html?idxno=1214425)

김태영, [월간 문화재] 대중문화 속 문화유산-'신과 함께', 문화콘텐츠로 되살아난 한국 신화, <문화유산칼럼>, 2018.06.19. (https://www.k-heritage.tv/brd/board/256/L/CATEGORY/614/menu/253?brdType=R&bbIdx=16479₩)

김포그니, 원동연 "신과 함께 3·4편도 만들 생각입니다", <한겨레>, 2018.08.09. (https://www.hani.co.kr/arti/specialsection/esc_section/856857.html)

김표향, '신과 함께' 아시아에서 잘 팔리네, <한국일보>, 2018.01.27. (https://www.hankookilbo.com/News/Read/201801270494204377)

나경수, 천지왕본풀이, <한국민속대백과사전> (https://folkency.nfm.go.kr/kr/topic/detail/2889)

손민규, 웹툰 『신과 함께』 이렇게까지 인기 있을지 전혀 몰랐다 - 주호민, <채널예스>, 2012.11.20. (http://ch.yes24.com/Article/View/20968)

씨네플레이, 쌍천만의 신화 '신과 함께' 음악의 방준석, 네이버 블로그, 2018.08.08. (https://m.blog.naver.com/cine_play/221334733342)

장주근, 가신신앙, 《한국민족문화대백과사전》(http://encykorea.aks.ac.kr/Contents/Item/ E0000250)

정다훈, '신과 함께' 제작자 원동연, "한국 영화 최초로 1, 2편 동시 제작...시금석 되길", <서울경제>, 2018.01.02. (https://www.sedaily.com/NewsView/1RU9SRTUJ3)

정병조, 시왕, 《한국민족문화대백과사전》(http://encykorea.aks.ac.kr/Contents/SearchNavi?keyword=%EC%8B%9C%EC%99%95&ridx=0&tot=85)

조윤선, '방구석1열' 이끼X신과 함께, 웹툰 원작 영화의 탄생 비밀, <스포츠조선>, 2018.11.09. (https://www.chosun.com/site/data/html_dir/2018/11/09/2018110903196.html)

플라톤아카데미TV, [멘붐스쿨] 만화로 풀어낸 한국 신화, 유튜브, 2014.04.28. (https://www.youtube.com/watch?v=uaMaH-WO-aw)

한국콘텐츠진흥원, "무슨 생각으로 그리는가:주호민 작가의 작업일지", <EDUKOCCA 열린강좌>, 2017.12. (https://bit.ly/2S7H7KE)

홍수정, 가택신, <디지털창원문화대전> (http://changwon.grandculture.net/changwon/toc/GC02201769)

〈타인은 지옥이다〉, 드라마틱 시네마가 그린 지옥

박예빈·지유리·박재형·진혁영·진어여

Ⅰ. 원천 IP로서의 웹툰과 OCN 드라마틱 시네마

한때 서브컬처로 분류되기도 했던 웹툰은 이제 대중적인 콘텐츠로 확실히 자리 잡은 듯하다. 한국콘텐츠진흥원에 따르면, 한국 웹툰 시장은 2020년 이미 1조 원 규모를 넘어서면서 점차 성장하는 추세로 확인되었다. 또한 2022년 1분기 네이버의 웹툰 매출은 전년 동기 대비 79.5%나 상승했다. 카카오 역시 전년 동기 대비 38%나 증가하며 이는 웹툰 시장의 가파른 성장세가 실감 나는 수치이다. 그렇다면 웹툰은 실제 사람들의 일상에 어떻게 들어와 있을까? 얼마나 자주, 얼마나 많이 감상하며, 웹툰을 보기 위해 얼마나 많은 돈을 쓸까?

오픈서베이에서 진행한 설문조사에 따르면,[1] 남녀 2,500명에게 웹툰을 보는 빈도를 물어본 결과, 이들 중 절반이 최근 일주일 내 웹툰을 감상했다고 답했다. 특히나 10대와 20대에서는 60% 이상의 이용률을 보이는데, 20대는 전체 웹툰 이용자에서 가장 큰 비중을 차지하는 연령대이기도 하다. 그럼 한 명의

---

[1] 오픈서베이, 웹툰에 한 달 얼마 쓸까? 웹툰 감상 트렌드 주목할 포인트 4가지, opensurvey, 2022.08.05.(https://blog.opensurvey.co.kr/article/webtoon-2022-2/)

이용자는 웹툰을 얼마나 볼까? 이용자들은 일주일에 평균 4.6일 웹툰을 본다고 답했다. 꾸준히 보는 작품 수는 평균 9.6개나 되며 이는 웹툰을 일상적인 콘텐츠라 부르기에 충분한 숫자라 할 수 있다. 또한, 웹툰은 대개 특정한 주기에 따라 연재 및 공개되는데, 늘 작품의 연재 주기에 맞추어 보는 이는 절반에 조금 못 미치는 정도이다. 상황이나 작품에 따라 다르다거나 회차가 쌓이면 몰아서 본다는 응답도 적지 않아 감상 패턴이 다양하게 나타난다.

이러한 웹툰 시장의 성장과 함께 콘텐츠 IP로서의 가치 역시 성장하고 있다. 이는 〈사내맞선〉, 〈내일〉, 〈안나라수마라〉, 〈유미의 세포들〉, 〈금수저〉 등 올해 영상화가 예정된 웹툰만 20편 이상인 것만 보아도 알 수 있는 사실이다. 웹툰 원작의 드라마 및 영화가 원작의 인기에 힘입어 흥행에 성공하고, 이후 원작도 다시 조명되는 시너지를 내고 있는 것이다. 이에 따라 콘텐츠 업계의 IP 확보 전쟁도 치열하다. 그 뿐만 아니라 실제로 웹툰 이용자의 약 94%가 본인이 감상한 작품이 영상화되는 것을 경험한 적이 있다고 한다. 콘텐츠 IP로서의 위력이 실감 나는 지점이다. 게다가 10명 중 4명은 원작을 봤다면 실사화된 콘텐츠 역시 가급적 챙겨본다고 답했다. 원작 독자를 초기 시청자로 확보할 수 있으니 웹툰 IP는 영상 콘텐츠 시장에서 우위를 점하는 전략이기도 하겠다.[2]

이렇게 성장한 웹툰들 중에서도 본고는 당시 '스릴러 컷툰'이라는 타이틀로 큰 흥행을 거둔 네이버 웹툰 〈타인은 지옥이다〉에 주목하였다. 〈타인은 지옥이다〉는 2018년 3월부터 약 10개월간 매주 목요일마다 연재되었던 김용키 작가의 작품으로, 당시 엄청난 인기를 끌었던 공포, 스릴러 웹툰이다. 주인공인 윤종우라는 인물은, 지인의 제안을 받아 인턴 생활을 하기 위해 지방에서 서울로 상경하여 어느 저렴한 고시원에서 생활을 하게 된다. 그러나 그곳에 사는 기괴한 고시원 사람들로 인해 그는 하루 하루를 지옥과 공포 속에서 살게 된다. 결국 그는 환각에 시달리며 미치게 되고, 마지막에 살인을 저지르며 이야기는

---

2   위의 글.

막을 내리게 된다.

해당 웹툰은 당시 대중들의 많은 관심을 받았었던 만큼, 2019년에는 OCN에서 임시완, 이동욱과 같은 인지도 높은 배우들로 드라마화되어 다시 한 번 재조명을 받았던 적이 있다. 원작 웹툰이 높은 인기를 끌었기에, 영상화된 드라마 역시 어느 정도의 흥행을 거두었고, 이로써 해당 웹툰이 원천 IP로서 지니고 있는 가치가 크다는 것을 입증할 수 있었다. 특히나 〈타인은 지옥이다〉는 〈트랩〉으로 시작을 알린 'OCN 드라마틱 시네마'의 본격적인 두 번째 작품이었다. 드라마를 통해 영화를 보는 듯한 느낌을 준다는 장르물 제작 프로젝트인 'OCN 드라마틱 시네마' 프로젝트는 장르물의 가능성을 발견하게 해줌과 동시에 작품 간의 유기성을 강화시켜주는 역할을 하였다. 그러나 여기서 연구자는 의문점이 생기기 시작한다. 과연 우리는 '영화 같은 요소들을 담은 드라마를 제작하는 프로젝트'를 '드라마틱 시네마'라고 부르는 것이 맞을까? '시네마틱 드라마'라 불러야 하는 것이 아닐까?

'OCN 드라마틱 시네마' 프로젝트는 하나의 IP를 강력하게 이어가면서 팬덤을 형성하고 즐거움을 주는 마블 시네마틱 유니버스를 벤치마킹한 것으로, 드라마를 통해 한 편의 다크한 영화를 보는 듯한 느낌을 주는 장르물 제작 프로젝트를 말한다. 줄여서 OCN 유니버스라고 지칭하는 이 프로젝트 속 작품들은 서로 유기적인 관계를 맺어 작품 간 경계를 허물고, 세계관을 확장하여 하나의 유니버스를 구축한다. 영화 같은 드라마를 표방한 'OCN 드라마틱 시네마' 프로젝트라 칭하는 그 두 번째 본격 프로젝트는 앞서 언급했듯이 바로 〈타인은 지옥이다〉이다.

'10개의 클라이맥스를 가진 영화'를 만들자는 목표로 작업한다는 이창희 감독의 말처럼, 플랫폼은 다르지만 관객과 시청자 구분이 없는 영상을 만들자는 취지 아래 진행 되었다. "영화와 드라마의 장점을 섞어보자는 취지의 기획인 만큼 영화

같은 시나리오를 개발하고 영화 스텝들도 적극적으로 유입한다"는 것이 OCN측의 설명이다.[3]

그러나 영화 같은 드라마로서의 〈타인은 지옥이다〉를 표현하려면 '드라마틱 시네마'가 아닌 '시네마틱 드라마'가 맞는 것이 아닌가 하는 의문이 든다. 본고는 원천 IP로서의 웹툰 〈타인은 지옥이다〉가 영화 같은 드라마가 되기 위해 어떤 전략을 취했는지에 대해 논하려고 한다.

Ⅱ. 원천 IP로서 웹툰 〈타인은 지옥이다〉의 가치

드라마 〈타인은 지옥이다〉를 살펴보기 전, OCN의 드라마 전환을 위한 원작 웹툰으로서의 동명의 원작 웹툰 〈타인은 지옥이다〉를 평가하기 위해 '장르적 특색이 잘 드러나 있는가', '서사적 차별성을 지니고 있는가', '대중이 공감할 수 있는 공유 가능한 가치를 담고 있는가' 등을 기준으로 살펴볼 것이다. '장르물 명가' OCN의 프로젝트 작품으로서 장르적 특색이 잘 드러나는 작품인지, 다른 작품들과 분명하게 차별화되는 서사 전개의 차별성을 가지고 있는지, 불특정 다수에게 노출되는 TV 드라마로 제작되는 만큼 대중이 일반적으로 공감할 수 있는 공유 가능한 가치를 담고 있는지에 대해 알아보려고 한다.

1. 장르적 특색이 잘 드러나 있는가?

〈타인은 지옥이다〉는 호러 요소를 가미한 스릴러 장르이다. 그렇다면 스릴러란 무엇일까. 스릴러는 긴장감을 유발하고 지속시키는 내러티브 공식을 가

---

3   이화정, OCN 드라마틱 시네마 〈타인은 지옥이다〉 촬영 현장을 가다, 《씨네21》 1220호, 2019.08.26. (http://m.cine21.com/news/view/?mag_id=93734)

진 장르를 총칭한다. 해당 장르에서는 긴장을 야기하는 객관적인 위험, 이 위험에 자발적으로 자신을 내맡기는 관객, 그리고 모든 것이 다시 좋아질 것이라는 확실한 희망, 이렇게 3대 요소가 존재한다. 놀랍게도 〈타인은 지옥이다〉는 이세 가지 요소를 모두 담아냄으로써 완벽한 스릴러 내러티브를 구현하고 있다.

먼저 스릴러의 3요소 중 가장 첫 번째 항목, 긴장을 야기시키는 객관적인 위험 요소에는 무엇이 있을까. 바로 고시원 사람들이 있다. 이들은 해당 웹툰에서 가장 위협적인 존재라고도 할 수 있다. 특히나 이 캐릭터들에 대한 과장성이 돋보이는 소름 돋는 그림체는 이들이 가지는 위협의 정도를 극대화 시키고 있다. 이는 〈타인은 지옥이다〉의 가장 큰 특징으로, 작품을 보는 데 있어서 독자에게 큰 긴장감을 제공해주는 요소 중 하나이다. 실제로 작가는 주인공을 제외한 고시원 사람들의 모습을 굉장히 충격적으로 묘사하고 있다.

먼저, 고시원 주인 아주머니다. 기괴함이 들 정도로 거대한 눈, 그 속을 채운 초점 없는 새카만 눈동자, 게다가 어딘지 모르게 기괴함이 드는 입모양과 새카만 손톱. 작품의 썸네일이기도 한 그녀의 모습은 대중들의 큰 이목을 끌었다.

다음으로 206호 남자이다. 독자들에게 일명 '키위'라 불리는 206호 캐릭터 역시 과장적으로 표현되었다. 길쭉한 얼굴에 회색 민머리, 단추 구멍만 한 눈과 반대로 엄청나게 큰 입, 그리고 무엇보다도 심하게 더듬는 말투까지. 기괴한 소재들을 과장적으로 조합하여 어느 누가 봐도 이상함을 느낄 수 있도록 의도하였다. 대사가 많지 않지만 칼을 들고 서 있는 등 섬찟한 행동을 보인 204호는 작은 눈에 헝클어진 머리, 지저분한 수염, 구부러진 어깨를 가진 '폐인'으로 표현하여 보는 이로 하여금 역겨움을 자아낸다.

이 웹툰에서 이루어지는 모든 살인의 주범이자, 주인공을 지옥으로 빠뜨린 사람인 정체불명의 203호 남자에 대한 묘사는 작가 특유의 소름 돋는 그림체의 절정이라 할 수 있다. 얼굴의 반을 차지할 정도로 커다란 눈과 뾰족한 턱, 그리고 은은하게 광기가 서려 있는 미소까지. 마치 감정이 없는 사이코패스 같으면서도 양심을 잃어버린 소시오패스 같은 면모를 보인다.

<그림 1> 고시원 살인마들의 묘사
(왼쪽 위부터 엄복순, 206호, 204호, 203호)

〈타인은 지옥이다〉는 철저하게 주인공 심리 중심으로 서사가 전개되는 만큼 이러한 등장인물들의 모습 역시 온전히 주인공 시점에서 그려지고 있는데, 이는 주인공에게 있어서 고시원 사람들, 즉 타인이 가지는 위협도가 얼마나 큰지를 보여주고 있다는 점에서 장르적 특색을 더해주고 있다.

웹툰의 전반적인 색감 역시 위험한 상황이나 분위기를 암시하는 요소 중 하나이다. 〈타인은 지옥이다〉는 전반적으로 흑백과 함께 채도가 낮은 최소한의 색상만을 사용하여 현실적인 색감을 전혀 반영하고 있지 않다. 그렇지만 공간에 따라 각기 다른 색감 연출로 장르적 분위기를 고조시키고 있다. 주인공에게 가장 지옥같이 느껴지는 고시원에서는 녹색 계열을 사용하여 고시원 사람들의 기괴한 분위기를 조성하였고, 살인이 이루어지는 곳은 붉은 색감으로 연출하여 핏빛을 연상케 함과 동시에 은은한 공포감을 조성하였다. 또한 윤종우가 살아가는 사회이자 바깥세상은 아무도 믿어주지 않는 타인들에 대한 절망이라는 감정과 잘 매치되는 어두운 보랏빛으로 그려내고 있다.

웹툰 〈타인은 지옥이다〉에 대한 대중의 수많은 관심은 높은 평점이나 누적 조회 수와 같은 수치적 자료들을 통해서 쉽게 알 수 있다. 그러나 더욱 자세히 들여다볼 수 있는 것은 바로 댓글 창이다. 특히나 해당 작품은 '컷툰'의 형식을 취하고 있기 때문에 한 개의 에피소드 속 각각의 한 장면마다 독자들의 공감 수와 댓글들을 별도로 확인해 볼 수 있다.

이러한 독자들의 폭발적인 반응들은, 대부분 고시원 사람들의 비언어적 의사소통에서 비롯되었다. 먼저 무표정과 침묵으로 대화를 이어가는 장면이다. 이는 웹툰의 '9화'에서 찾아볼 수 있는데, 해당 화에는 205호에 사는 건달 안희중이 자신의 방에 몰래 들어온 206호 '키위'의 멱살을 잡고 복도에서 고함치는 장면이 있다. 갑자기 일어난 싸움으로 주인공 윤종우는 당황한 기색이 역력하지만, 나머지 고시원 사람들은 이상하리만큼 덤덤하게 무표정과 침묵으로 그 상황을 바라보고만 있다. 여기서 이 두 컷 속 침묵이 주는 오싹함은 굉장히 강렬하다. 이는 화면 밖 독자들을 응시하는 것만 같은 등장인물들의 시선으로 인해 더욱더 극대화되는데, 이러한 침묵 속의 응시는 대중들에게 큰 압도감을 준다.

또한, 소름 돋는 글씨체의 의성어 역시 대중들의 긴장감을 유발시키는 요소 중 하나이다. 의성어로 한 개의 컷을 도배하거나 강조하는 연출은 보는 이를 소름 끼치게 만든다. 그뿐만 아니라 정면이나 측면보다는 뒷모습의 강조를 통해 눈에 보이는 공포보다 보이지 않는 공포의 크기가 더 크다는 것을 실감하게 해줌과 동시에 독자들이 보이지 않는 그 표정을 계속 상상하도록 유도한다. 더불어 살인을 묘사하는 장면에서는 시체의 모습을 직접적으로 노출시키기보단 일부분만을 보여주는 절제된 표현을 사용해 모든 공포의 시작은 우리들의 상상으로부터 시작된다는 것을 알려주고 있다.

<그림 2> 의성어의 도배

<그림 3> 뒷모습의 강조

그러나 무엇보다도 독자를 작품 속으로 끊임없이 빨아들이게 만드는 것은 바로 '고시원'이라는 공간이다. '고시원'은 일상 속에서 쉽게 찾아볼 수 있지만 정작 겪어보지 않으면 알 수 없는, 미지의 공간이다. 이 웹툰에서의 고시원은 양팔이 벽에 닿을 정도로 좁고 한 뼘 크기의 유일한 창문도 열리지 않을 만큼 밀폐되어 있으며, 깨끗한 부분이라고는 찾아볼 수 없는 낙후된 공간으로 묘사되고 있다. 즉, 주인공 윤종우에게는 이 공간이 심리적으로 가장 편안하고 독립되어 있는 '집'이어야 하지만, 그 어떤 곳보다도 타인과 밀착되고 관계로 얽힌 공간이 되어버린 것이다. 더욱이 비정상적인 이웃들과의 상호작용으로 미쳐가는 윤종우의 모습을 표현하기 적합한 장소로, 소름 끼치는 일들이 일어나기 자연스러운 어두컴컴한 공간이라는 점에서 웹툰 〈타인은 지옥이다〉가 가진 장르적 특색을 극대화시키고 있다.

웹툰의 후반부에 등장하는 군대 후임 창현의 등장은, 고시원 사람들로 인해 절망적인 상황 속에 놓여 있는 주인공 윤종우에게, 더 나아가 그걸 지켜보는 독자에게 마치 모든 것이 해결될 것이라는 확실한 희망을 가지게 만든다. 그러나 〈타인은 지옥이다〉는 그러한 확실한 희망을 주는 것에서 멈추지 않고, 확실한 희망을 찰나의 희미했던 희망으로 바꿔 버린다. 유일하게 윤종우의 말에 귀를 기울이며 신뢰를 주었던 창현이었지만 정작 절망적이고 긴급한 상황을 맞닥뜨리게 되었을 땐 결국 그 역시도 타인에 불과하였다는 것을 드러낸다. 이러한 장치는 독자에게 큰 충격과 함께 또 다른 긴장감을 선사한다.

〈타인은 지옥이다〉에서는 작품의 제목처럼 처음부터 끝까지 타인에 대한 지옥을 이야기하고 있으며, 그렇기에 아주 조금의 희망도 존재하지 않는 비운의 공간을 묘사하고 있다. 이러한 부분들은 〈타인은 지옥이다〉만이 가진 '스릴러'라는 장르적 특색을 더 짙게 만드는 요소로 작용한다.

2. 서사적 차별성을 지니고 있는가?

〈타인은 지옥이다〉는 철저한 타인 관계를 유지하면서 동시에 주인공 심리 중심의 서사를 전개하고 있다. 윤종우를 제외한 모든 등장인물들의 정보나 심리 묘사에 대해서는 일절 언급하지 않으며 아주 철저한 타인 관계를 유지하고 있는 것이다. 정말 오로지 주인공이 고시원 사람들로 인해 미쳐가는 과정에서의 심리를 아주 섬세하고 치밀하게 묘사하고 있다. 주인공 윤종우의 시점에서만 이야기를 진행하고 있기 때문에 다른 인물의 개별적 서사는 알 수 없다. 심지어 살인을 저지르는 핵심 인물 203호 남자의 이름조차도 제공해주지 않는다. 그는 어떠한 사람인지, 왜 그러한 악행을 저지르는지 등 독자가 궁금해하는 이야기는 해당 웹툰에서 찾을 수 없다. 스토리가 주는 정보가 풍성해야만 탄탄한 스토리 구조를 가지고 있다고 판단하는 건 무리가 있다. 1인칭 시점이기에 다른 인물들에 대한 정보는 없지만 그렇기에 보는 이로 하여금 더욱 몰입감을 느끼게 한다. 오히려 부족한 서사에 대해 독자들이 스스로 상상하게 함으로써 능동적이고 주체적인 독자를 만드는 효과를 지닌다. 후속 연재작인 〈타인지옥-연쇄살묘사건〉, 〈관계의 종말〉, 〈악몽의 형상〉 등을 통해 세계관을 확장하고 이야기를 연결함으로써 부족했던 스토리 구조를 채운다. 주인공 심리 중심의 서사 전개는 〈타인은 지옥이다〉는 다른 작품들과 분명하게 차별화되는 서사 전개의 차별성, 고유성을 지닌다고 볼 수 있다.

3. 대중이 공감할 수 있는 가치를 지니고 있는가?

웹툰의 제목에서부터 강렬하게 전달하고 있는 이 웹툰의 핵심 메시지는 '타인은 지옥이다'이다. 초반부에서는 그 누구보다 정상적이었던 윤종우가, 결국에는 고시원 살인마들에게 동화되어 살인을 저지르고 마는 이 이야기는 타인이 타인에게 줄 수 있는 지옥, 즉 '사람의 무서움'에 대해 이야기하고 있다. 이 웹툰을 보는 독자들 또한 다른 누군가에게 지옥이 될 수 있다는 메시지를 전달하고 있는 것이다.

누구나 입주할 수 있는 '고시원'이라는 공간에서 벌어지는 한 사람의 지옥같은 경험 이야기는 대중이 공감할 수 있는 공유 가능한 가치를 담음으로써 모두에게 타인은 지옥이라는 경고를 던지는 듯했으나, 마지막 결말 부분을 통해 '타인은 지옥이다'라는 메시지를 한 번 더 꼬아서, '타인은 정말로 지옥인가'라는 메시지를 전달한다. 웹툰 〈타인은 지옥이다〉는 병실에 들어오는 누군가를 바라보는 윤종우의 모습으로 끝이 난다. 환각을 자주 보던 윤종우인 만큼, '병실에 들어오는 사람'이라는 헛것을 본 것이라면 윤종우는 '지옥'이라는 트라우마에 갇혀 벗어날 수 없다는 것을 의미한다고 볼 수 있다. 완전한 지옥에 빠져 고시원 살인마들을 죽여버린 윤종우는 결코 지옥의 고통에서 벗어날 수 없다는 것을 의미한다. 그러나 병실에 들어온 사람이 여자친구인 '민지은'이라면 지옥에 빠져버린 윤종우에게 모든 타인이 지옥은 아니라는 의미가 될 수 있다.

그에게 상처받았음에도 불구하고 다친 윤종우를 찾아온 민지은은 윤종우를 비롯한 모든 사람들, 어쩌면 드라마를 보고 있는 시청자들에게 모든 타인이 곧 지옥은 아니고 오히려 지옥에 빠진 그를 구원해 줄 수 있을지도 모른다는 의미가 될 수 있다.[4]

III. 드라마 <타인은 지옥이다>의 전환 전략

총 10화로 구성된 드라마 <타인은 지옥이다>는 2019년 8월 31일에 방영 시작하여 10월 6일에 종영하였다. 원작 웹툰의 분위기와 캐릭터 등을 잘 살렸다고 평가받은 드라마 <타인은 지옥이다>의 드라마 전환 전략을 중심으로 살펴보려고 한다.

1. 비로소 풍족해진 서사

웹툰 <타인은 지옥이다>는 인생을 살아가는 데 있어서 나를 제외한 '다른 사람들'은 문자 그대로 '타인'임을 증명하듯이 주인공 윤종우를 제외한 등장인물들의 정보나 심리 묘사에 대해 언급하지 않는 것은 물론, 고시원 생활을 통해 점점 미쳐가는 윤종우의 심리만을 아주 섬세하고 치밀하게 묘사한다. 이는 독자들로 하여금 주인공에 감정 이입하게 만들어 몰입감을 높이는 효과를 준다. 이와 반대로 드라마에서는 새로운 캐릭터를 추가함으로써 전체 이야기를 이끌어가는 주요 인물들을 재구성하고, 인물들 간의 관계성을 구체화 및 다양화하였으며, 서사 전개의 핵심 포인트를 통해 보는 재미를 더하고, 웹툰으로 연재된 프리퀄 <타인지옥-연쇄살묘사건>과의 결합을 통해 더욱 풍족해진 서사를

---

4   지영, 타인은 지옥이다 드라마 캐스팅 비하인드, 그리고 원작 웹툰 결말에 관한 이야기, 곰곰지영, 2019.07.24. (https://zeee9.tistory.com/99)

선보이는 전략을 택했다.

1) 스토리 전개의 핵심 공간 '고시원'에 부여된 당위성

웹툰 〈타인은 지옥이다〉에서는 윤종우가 고시원에 도착한 이후의 내용을 다루고 있지만, 드라마에서는 윤종우가 상경하여 수많은 고시원을 알아보다 에덴 고시원에 정착하게 되는 에피소드가 추가되었다. 7,000원 백반도 지갑 사정이 부담스러운 주인공 윤종우는 2,000원짜리 김밥 한 줄을 먹을 정도로 가난하다. 무더운 낮에는 은행 ATM기 부스에 들어가 에어컨 바람으로 더위를 식히는 모습에서도 드러나는 사실이다. 이러한 윤종우에게 서울 보금자리 선정 기준 1순위는 바로 '월세'였다. 월 45만원의 고시텔부터 찾아보며 점점 값 싼 방을 찾던 윤종우의 눈에 들어온 에덴 고시원의 월 19만원이라는 파격 조건은 윤종우가 에덴 고시원에 정착할 수밖에 없는 당위성을 부여한다. 이러한 서사적 장치를 통해 윤종우가 에덴 고시원에 들어가서 쉽사리 나오지 못하는 이유를 설명하고, 앞으로 표현될 고시원이라는 낙후되고 음침한 공간에 대한 설득력을 제공한다.

2) 전체 이야기를 이끌어가는 주요 인물들의 재구성

〈타인은 지옥이다〉의 메인 주인공은 사회 초년생 '윤종우'이지만 웹툰 〈타인은 지옥이다〉에서 등장하지 않았던 치과 의사 '서문조'와 〈타인지옥-연쇄살인사건〉에서 등장한 지구대 순경 '소정화' 캐릭터가 추가됨으로써 이 세 인물을 중심으로 드라마의 서사가 전개된다.

메인 주인공 윤종우는 대학 선배의 회사에 인턴으로 입사한 사회 초년생이라는 기존 설정은 그대로 표현되었고, 글쓰는 게 취미인 작가 지망생이라는 설정이 새로 추가되어 입체적인 캐릭터로 묘사되었다. 창작자가 가질 수 있는 예민함과 상상력은 그가 고시원에서 느끼는 공포심과 잘 어우러지며 극적인 표현으로 연출되었다.

원작 웹툰 속 윤종우의 옆방에 사는 '왕눈이'는 드라마로 제작되며 2명의 캐릭터로 표현되었고, 이를 위해 원작에는 없었던 치과 의사 '서문조'가 새롭게 추가되었다. 드라마 초반에는 302호 유기혁이 원작의 '왕눈이'일 것이라 추측되지만 그는 서문조에 의해 살해되며 서문조가 '진짜 왕눈이'임이 드러나게 된다. 서문조는 치과 의사라는 설정 덕분에 언뜻 다정하고 번듯해 보이지만, 자신이 살해한 이들의 치아를 뽑아 액세서리로 만드는 괴상한 취미를 가지고 있다. 이는 드라마가 원작 웹툰보다 "타인은 지옥이다"라는 메시지를 전달함에 있어 훨씬 잔인하고 악랄한 요소를 부각시켰음을 알 수 있다. 서문조가 만든 액세서리 중 윤종우의 곁에 맴돌며 그의 주변 인물들의 치아를 뽑아 엮은 팔찌는 스토리의 가장 핵심적인 아이템이라고 볼 수 있다. 서문조는 윤종우가 자신이 아끼고 보호해서 아주 잘 만든 예술 작품임을 표시하려는 듯 치아 팔찌를 윤종우에게 선물했다. 이 팔찌는 후에 고시원 살인마 집단을 살해한 건 서문조가 아닌 윤종우였다는 진실을 드러내는 중요한 역할을 한다.

연쇄살묘사건에 대해 조사하다 고시원의 진실에 접근하기 시작하는 지구대 순경 '소정화'는 새롭게 추가된 인물임에도 전체 스토리를 이끌어가는 캐릭터이다. 고시원에 거주하기 위해 방문한 것이 아닌, 다른 목적을 가지고 고시원에 방문한 첫 번째 외부 인물이라는 중요한 의미를 갖는다. 소정화는 정의와 진실을 좇는 캐릭터로서 숨막히는 고시원 스토리 감상에 있어 조금이나마 숨통이 트이게 만들어 주는 역할을 한다. 광수대 레전드로 평가받았던 아버지와 함께 고시원 이야기를 하는 장면은 드라마가 전체적으로 유발하고 있는 '공포감'이 아닌, 그가 사건을 해결할지도 모른다는 '흥미'를 유발하게 한다. 여기서 하나 주목할 점은, 소정화의 아버지가 그의 수사에 아주 도움이 되는 중요한 힌트를 제공한다는 점이다. 고시원에는 CCTV도 있고 보는 사람들도 많으니 단독 범행이 아닐 것이고, 그런 악행을 저지르는 '집단'의 경우 반드시 일을 지시하는 우두머리가 존재할 것이라는 추리를 했다. 소정화는 이를 듣고 고시원 살인마들의 우두머리가 고시원의 주인인 엄복순일 것이라 추정하며 수사를 진행해 나간다. 그의 아버지 역할이 추가된 것은 소정화의 수사에 진전이 생기도록 하기 위함이었던 것이라고 볼 수 있다.

이처럼 소정화 역이 추가됨으로써 시청자들로 하여금 원작과는 다르게 고시원 살인마 집단의 실체가 수면 위로 드러나 어쩌면 해피 엔딩이 되지 않을까 하는 기대감을 품게 만든다. 그러나 대부분의 정의감 넘치는 히어로 포지션 캐릭터들이 그렇듯이 굳이 나서지 않아도 될 부분에 나서서 일을 벌이기도 하기 때문에 소정화 또한 고시원 살인마 집단에게 해코지를 당하지 않을까 하는 조바심을 더한다. 이는 특히 치과에서 서문조가 선배와 통화하는 소정화를 죽이려 주사기를 들고 다가오는 장면에서 더욱 부각된다. 소정화는 자신이 있는 곳이 치과임을 밝히며 극적으로 살아났지만 그 후 서문조는 어딘가 묘한, 의뭉스러운 느낌을 줌으로써 소정화에게도 점점 위험한 인물로 각인된다.

3) 더 구체적이고, 더 다양해진 캐릭터들과 그들의 관계성

윤종우, 서문조, 소정화 이 세 사람은 드라마 〈타인은 지옥이다〉의 전체 이야기를 이끌어가는 주요 인물들이다. 서문조는 윤종우를 자신과 같은 부류의 사람이라고 판단하여 '가스라이팅'을 통해 살인마로 거듭나게 한다. 윤종우를 미치게 만든 장본인이라고 할 수 있다. 윤종우는 서문조를 혐오하면서도 무서워했지만, 종국에는 그와 동화되어 결국 고시원 살인마들을 제 손으로 없애버리게 된다. 소정화와 서문조는 치과 의사와 환자로 만났지만 서로가 서로를 주시하는 관계가 된다.

윤종우와 '가짜 왕눈이' 유기혁은 살인을 예술이라 표현하는 서문조의 '예술 작품'이다. 윤종우는 서문조에게 조종당하다시피 하다가 '최고의 작품'이라는 평가를 받으며 똑같은 살인마가 되어 살아남지만, 유기혁은 독단적으로 행동하다 결국 '실패작'이라는 평가와 함께 서문조에 의해 살해된다.

엄복순은 첫 번째 남편이 운영하던 샘터보육원에서 변득종과 변득수, 서문조를 만나게 되었고 고시원에 불을 질러 화재 보험금을 챙긴 뒤 두 번째 남편이 운영하는 에덴 고시원에 살게 된다. 홍남복이 중국에서 사업을 하다 망했다는 엄복순의 말을 통해 홍남복은 고시원 살인마 집단에 제일 늦게 합류하게 된 사람이라고 추측할 수 있다. 유기혁은 윤종우처럼 사회 초년생으로서 녹록지 않은 삶을 살아가다 서문조에 눈에 띄어 고시원 살인마 집단에 합류하였지만, 서문조에게 결국 제거당한다.

윤종우의 대학 선배이자 회사 대표인 신재호, 윤종우의 사수 박병민, 윤종우의 여자친구 민지은. 이 세 사람은 윤종우에게 가장 가까운 타인들이다. 신재호는 윤종우의 여자친구인 민지은을 남몰래 좋아한다는 사실을 윤종우에게 들켜 그의 증오심을 키웠고, 박병민은 자신이 짝사랑하는 회사 동료 손유정이 윤종우를 챙겨준다는 이유로 그를 끈질기게 괴롭히다 윤종우를 결국 폭발하게 만들었으며, 민지은은 서문조에게 납치당하며 윤종우와 고시원 살인마들이 결판을 짓게 만드는 결정적인 역할을 한다.

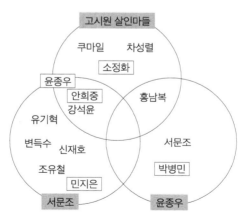

<그림 4> 서로에 대한 위협과 살해, 사망과 생존 관계도
(흰색의 사각형 박스 속 인물들은 생존한 사람들)

<타인은 지옥이다>, 드라마틱 시네마가 그린 지옥

윤종우와 직접적인 연관이 없는 회사 동료 송유정과 고상만을 제외한 나머지 등장인물들은 모두 윤종우와 서문조, 그리고 고시원 사람들로부터 해를 입거나 살해당하게 된다. 고시원 살인마들(엄복순, 변득종&변득수, 홍남복, 유기혁)에게 살해당한 사람은 윤종우보다 먼저 303호에 거주했던 파키스탄 실종자 쿠마일과 안희중을 찾아 고시원에 방문한 형사 차성렬이 있다. 고시원 살인마들에게 위협을 받아 해를 입었지만 살아남은 사람은 지구대 순경 소정화가 있다. 서문조에게 살해당한 사람은 그의 실패작 유기혁과, 윤종우를 죽이려다 오히려 본인이 당한 변득수, 윤종우의 증오 대상인 신재호, 신재호의 사망을 목격한 조유철이 있다. 서문조에게 위협을 받아 해를 입었지만 살아남은 사람은 윤종우의 여자친구 민지은이 있다. 윤종우에게 살해당한 사람은 그를 살인마로 만들어낸 서문조가 있다. 윤종우에게 위협을 받아 해를 입었지만 살아남은 사람은 그의 회사 사수이자 증오 대상인 박병민이 있다. 고시원 살인마들에게 살해당한 줄 알았지만 사실은 윤종우가 살해한 사람은 313호에 거주하며 윤종우를 주시했던 홍남복이 있다. 고시원 살인마들에게 살해당한 줄 알았지만 가까스로 살아남은 사람은 주인공 윤종우와, 차성렬을 고시원으로 끌어들이고 마지막까지 살아남아 중요한 단서를 전달한 310호 건달 안희중이 있다. 서문조에게 살해당한 줄 알았지만 사실은 윤종우가 살해한 사람은 윤종우를 고시원으로 끌어들인 엄복순과, 서문조에게 복종하면서도 반격할 기회만 엿보다 당해버린 변득종이 있다. 시간이 지날수록 파국으로 치달아 이리저리 얽혀버린 관계들. 서로에 대한 위협과 살해, 사망과 생존 관계를 통해 더욱 치밀하고 촘촘한 캐릭터 관계가 설정되었다.

4) 서사 전개의 핵심 포인트를 만들어내는 캐릭터들

원작 웹툰에서 비중이 높지 않았던 310호 안희중은 드라마에서 진짜 '왕눈이'가 서문조였다는 사실을 드러내는 아주 중요한 역할을 하며, 고시원 살인마들에게 살해당한 원작 웹툰과는 달리 마지막까지 살아남아 중요한 단서를 주는 역할을 한다.

안희중은 고시원 살해 현장의 중심, 4층에 올라가 303호에 거주했던 '쿠마일'이 잡혀 있는 것을 목격하였고, 이를 발견하고 머리를 내려친 변득수에 의해 고시원 살인마들에게 당하고 만다. 기절했다 깨어난 안희중은 차성렬 형사에게 도움을 요청하였고, 전화를 받은 차성렬은 고시원에 방문한다. 유기혁은 고시원에 방문한 차성렬을 살해하려고 하였고, 이 과정에서 그와 격투를 벌이며 치명상을 입었다. 이러한 광경을 목격한 서문조는 그의 또 다른 '작품'인 유기혁을 살해한다. 안희중이 만들어낸 서사 전개의 핵심 포인트 첫 번째는, 유기혁은 타인에 의해 만들어진 '가짜 왕눈이'였고, 그 타인이 바로 서문조이며, 그가 '진짜 왕눈이'였다는 사실이 밝혀졌다는 점이다.

이후 고시원 주인 아줌마 엄복순에 의해 드라마 진행 내내 고시원 지하실에 갇혀 있었던 안희중은, 살아남아야 한다는 정신력 하나만으로 목숨을 부지하여 끝까지 살아남았다. 고시원 살인마들이 모두 죽은 이후 사건의 진상을 파헤치려는 형사들이 찾아와 고시원 거주자들의 사진을 나열하고 홍남복을 살해한 범인을 물었을 때, 안희중은 고시원 살인마들의 사진을 옆으로 모두 치우고 윤종우의 사진만을 남겨두었다. 형사들은 윤종우를 제외하고 옆으로 치워진 고시원 살인마들이 범인인 것이냐고 말하며 대수롭지 않게 여겼지만, 사실 그 장면은 홍남복을 살해한 실제 범인이 윤종우였다는 사실을 드러낸다. 이로써 안희중이 만들어낸 서사 전개의 두 번째 핵심 포인트는 고시원 살인마들을 살해한 진짜 범인은 윤종우였다는 사실을 드러냈다는 점이다.

안희중과 더불어 서사 전개의 핵심 포인트를 만들어내는 인물이 한 명 더 존재한다. 바로 기자 조유철이다. 조유철은 신재호를 만나러 회사에 방문했다가 서문조가 그를 죽이는 장면을 목격하게 된다. 일반적인 사람이라면 서문조가 자리를 뜸과 동시에 신고를 했을 것이지만, 조유철은 쓰러진 신재호를 잠깐 쳐

다보고는 신고도 하지 않은 채 서문조를 따라 나섰다. 그대로 고시원까지 쫓아간 조유철은 곧바로 기자 선배에게 전화해 '특종'을 잡았다며 본인이 목격한 것을 끝까지 신고하지 않는, 정말 잔인한 모습을 보여주었다. 조유철에게 신재호의 죽음은 한 사람이 살해당한 '살인 사건'이 아니라, 기자로서 성공할 수 있는 '특종'일 뿐이었다. 본인의 이득을 취하는 것을 우선시하는 '타인' 그 자체인 인물인 것이다.

그동안 호시탐탐 서문조를 노렸던 변득종은 서문조가 지시한 신재호의 뒷처리를 하지도 않은 채 조유철과의 거래를 통해 서문조의 실체를 공론화하려고 했지만, 이를 눈치 챈 서문조가 조유철을 살해하였다. 서문조에 대한 기사가 올라오지 않고 되려 조유철이 사망했다는 사실이 밝혀지자 변득종은 쌍둥이 형 변득수의 복수 겸 그에게 반항하기 위해 서문조를 죽이려고 했지만, 고시원 살인마들 중에서 가장 강했던 서문조는 변득종에게 반격하여 그를 죽인다. 그러나 나중에 밝혀진 바로는 변득종을 죽인 건 서문조가 아니라 윤종우였다. 조유철이 만들어낸 서사 전개의 세 번째 핵심 포인트는 변득종과 서문조의 갈등을 야기하여 고시원 살인마들의 내부 분열을 조장했다는 점이다.

서사 전개의 핵심 포인트와 관련하여 한 명의 특정 인물이 아닌, 여러 인물들의 행동을 통해 서사 전개의 핵심이 드러난 부분이 있다. 서문조의 대사 중 등장하는 '고시원에 없는 3가지'와 관련된 부분이다. 고시생을 위해 만들어진 고시원이지만 에덴 고시원 구성원 중 그 누구도 고시생이 아니다. 지상 3층이나 되는 건물이지만 햇빛이 잘 들지 않아 항상 어두컴컴한 분위기가 형성된다. 고립된 건물이기도 하고, 월 19만 원의 고시원을 들어올 정도면 생활에 도움을 줄 가까운 주변인이 있을 확률이 높지 않기 때문에 고시원에서 살인을 저질러도 찾으러 올 사람이 없다.

세 번째 '우리를 찾는 사람'에 주목해 보자면, 지구대 순경 소정화는 연쇄살묘사건을 수사하다 용의자인 변득종을 '찾으러' 고시원에 방문하여 고시원 주인에게 존재를 각인시킨다. 고시원 살인마들에게 위협을 받은 안희중이 도움을 요청하자 강력반 형사 차성렬은 그들을 '찾으러' 갔다가 살해당했다. 윤종우의 여자친구 민지은은 윤종우를 '찾으러' 고시원에 갔다가 미쳐가는 윤종우에 의해 다치게 되고 서문조에 눈에 띄어 다시 고시원으로 붙잡혀 온다. 찾으러올 사람이 없는 고시원이지만 점점 새로운 방문자가 많아지며 고시원의 규칙이 깨지게 되었고, 이는 고조된 서사 전개를 보여주며 보는 이로 하여금 긴장감을 느끼게 만드는 포인트가 된다.

5) 프리퀄 <타인지옥-연쇄살묘사건>과의 연결성

<타인은 지옥이다>의 프리퀄 웹툰 <타인지옥-연쇄살묘사건>에서는 제목에서도 알 수 있듯이 고양이를 죽이는 것을 취미로 일삼는 206호 '키위'와 이를 조사하는 지구대 순경 소정화가 등장한다. 웹툰 상으로는 연쇄살묘사건이 일어난 이후에 윤종우가 고시원에 입주한다. <타인지옥-연쇄살묘사건>과 <타인은 지옥이다>는 웹툰 시간대 상으로 전혀 겹치지 않는다. 그러나 드라마에서는 이 두 스토리가 합쳐져 동시에 진행된다. 연쇄살묘사건이 일어나는 와중 주인공 윤종우가 에덴 고시원에 입주하게 되고, 연쇄살묘사건을 조사하던 소정화가 고시원의 실체에 접근하게 되면서 이야기가 전개된다. 플롯의 재구성을 통해 드라마의 서사를 더욱 풍족하게 만드는 전략을 취한 것이라고 볼 수 있다.

2. 일관된 메시지, 타인은 지옥이다

웹툰에서 드라마로 형태의 전환이 이루어져도 변하지 않는 것이 존재한다. 작품이 향유자들에게 말하고자 하는 '메시지'가 바로 그것이다. <타인은 지옥이다>에서 전달하고자 하는 메시지는 제목 그대로 '타인은 지옥이다'라는 것이다. 인간은 타인과의 상호 작용을 하며 살아갈 수밖에 없는 사회적인 존재이지만, 그 필수불가결한 존재인 타인이 곧 인간을 피폐하게 만든다는 것을 의미한다. '지옥'이라는 메타포를 활용하여 '타인은 지옥이다'라는 메시지를 일관적으로 전달하고 있는 드라마 〈타인은 지옥이다〉. 이러한 메시지는 드라마 속 어디서 발견할 수 있을까?

첫째, 1화에서 상경한 윤종우가 서울행 버스에서 하차하고 짐칸에서 짐을 내리는 순간, 짐을 꺼내는 타인과 부딪혀 윤종우의 노트북 액정이 깨지게 된다. 이를 확인한 윤종우는 그 사람을 불러보지만 들은 체도 하지 않고 본인의 짐만 가지고 사라지는 모습이 보인다. 타인에 의해 발생한 사고이지만 이에 대한 책임은 고스란히 윤종우가 안게 되는 상황은 곧 향유자들의 머릿속에 자신이 벌인 잘못에 대해 사과도 하지 않는 '각박한 사회'라는 인식을 주입하게 되고, 이러한 인식은 곧 '타인은 지옥이다'라는 메시지로 발전한다.

둘째, 종우는 상경 기념으로 대학 선배이자 회사 대표인 신재호를 만나 술을 마시게 되었고, 잠시 바람을 쐬러 밖에 나온 두 사람 앞에는 술에 취해 몸싸움을 벌이는 사람들이 보인다. 윤종우는 싸움을 말려야 하는 것 아니냐며 신재호에게 묻지만, 신재호는 괜히 말렸다가 같이 맞을 수도 있고 경찰서도 갈 수도 있다며 나서지 말라는 말을 한다. 해당 대사와 함께 신재호와 윤종우를 제외한 주변 사람들도 싸우는 사람들을 쳐다만 보고 있는 장면을 보여주며 나쁜 일에 휘말리지 않기 위해 낯선 사람을 돕는 걸 꺼리는 매정한 사회라는 인식을 부여한다.

셋째, 윤종우가 길고양이에게 고양이 사료를 먹이려 하자, 건물에서 한 남성이 나와 고양이 사료를 발로 걷어차며 고양이 때문에 자신이 잠을 이루지 못한다며 성질을 부리고 사라진다. 이는 현실 사회에서도 논란 중 하나인 캣맘과 관련된 장면으로, 드라마 속 세계가 불쌍한 길고양이 한 마리도 챙기지 못하는 각박한 사회임을 알려줌과 동시에, 드라마 시청자들에게 우리 사회의 현안에 대한 질문을 던진다.

넷째, 고시원 이웃들은 주인공인 윤종우를 향한 끊임없는 심리적·물리적 공격을 통해 윤종우를 미치게 만든다. 고시원에 윤종우가 입성하던 날부터 뒤에서 께름칙하게 윤종우를 응시하던 313호 홍남복과 매번 기분 나쁜 웃음소리를 내는 306호 변득종, 자신을 피해 다니라고 경고하는 310호 안희중 등 전체 에피소드에 걸쳐 고시원 이웃들은 주인공에게 지옥으로서의 타인으로 존재한다.

마지막으로, 주인공 윤종우이다. 주인공 윤종우는 시간이 흐를수록 비정상적인 행동과 심리를 보여준다. 윤종우는 자신의 여자친구인 지은이 보고 있는 자리에서도 대학 선배이자 회사 대표인 신재호에게 화를 내는 등 타인에 의해 미쳐가는 모습을 보여준다. 미쳐버린 윤종우 또한 누군가에게는 지옥으로서의 타인으로 보이게 하여 '타인은 지옥이다'라는 메시지를 던짐과 동시에 콘텐츠 향유자들에게 '당신도 누군가의 지옥이 될 수 있다'는 것을 상기시킨다.

드라마 〈타인은 지옥이다〉는 메시지를 전달함에 있어 여기서 그치지 않는데, 다음과 같은 10가지의 '부제'를 통해 알 수 있다.

① '타'인은 지옥이다
② '인'간 본능
③ '은'밀한 속삭임
④ '정'신 착란
⑤ '말'테의 수기
⑥ '로'스트(LOST)
⑦ '지'하실의 공포
⑧ '옥'죄는 목소리들
⑨ '인'지 부조화
⑩ '가'스라이팅(Gas-lighting)

각 제목의 앞글자에서 알 수 있듯이, 드라마 〈타인은 지옥이다〉는 "타인은 지옥이다"라는 메시지에서 한층 나아가 "타인은 정말로 지옥인가"라는 메시지를 전달하고 있다. 이는 앞서 설명했듯이 원작 웹툰의 마지막 화, 마지막 장면에서도 전달했던 메시지이다. 제목에서부터 노출되는 드라마 전체를 관통하는 메시지를 한 번 더 반전시키는 장치를 통해, 정말로 타인은 지옥인지 시청자들에게 의문점을 던진다. 윤종우는 과연 오로지 타인에 의해서만 지옥에 빠지게 된 것일까. 그에게 도움이 되었던 소정화와 아무 잘못 없이 남편을 잃은 쿠마일의 아내, 뭣도 모르고 고시원에 덜컥 입주해 윤종우와 친해지고 싶었던 강석윤, 그리고 하염없이 윤종우 걱정만 하는 그의 어머니까지. 과연 정말로 윤종우를 제외한 모든 타인들을 지옥이라고 단정지을 수 있는지에 대해 생각해보게 한다.

3. 관계의 공포를 극대화하는 연출과 심리적 몽타주

드라마라는 형태의 시각적·청각적 콘텐츠는 시각적 요소만을 전달할 수 있는 웹툰과는 분명한 차이점을 보인다. 고시원이라는 공간은 타지에 온 주인공 윤종우의 소중한 보금자리이자 윤종우가 미쳐가는 과정이 드러나는, 가장 중심적인 서사가 진행되는 장소이다. 고시원이라는 공간을 표현하는 데에 사용된 시각적 요소는 윤종우가 처음 고시원에 입성했을 때 가장 적나라하게 드러난다. 조명이 몇 개 없어 어두컴컴한 복도와 녹색 계열이 섞인 조명으로 음산한 분위기를 연출하고, 방 내부에는 책상 위에 수북하게 쌓인 먼지와 곰팡이 핀 벽을 보여주며 고시원을 낡고 더러운 공간으로 표현한다. 또한 짧은 통화 몇 마디에도 옆방에서 찾아올 만큼 방음이 되지 않는다. 이러한 장치는 타인에게 독립적인 공간인 '집'이라는 일반적 개념을 무너뜨리고, 혼자 존재할 수 있는 개인적인 공간에 있음에도 불구하고 끊임없이 타인을 신경 쓰게 만듦으로써 고시원이라는 공간의 답답함을 표현한다.

청각적 요소로는 무너지는 침대의 스프링 소리를 통해 낙후된 고시원 시설에 대한 정보를 제공하며, 살인이 이루어지는 4층에서 전해지는 층간소음은 그저 조금 많이 더러울 뿐인 평범한 고시원이라는 공간에 대한 예상치 못한 궁금증을 유발하고 증폭시키는 역할을 한다.

원작에서는 흑백을 기본 색감으로 설정하여 현실적인 색채보단 대비를 의미하는 흑과 백의 조화를 선호했다. 그러나 웹툰에서 드라마로 전환되면서 이러한 대비는 드라마라는 문법에 맞게 색채 조명의 연출로 나타나게 되었다.

첫 번째로, 서문조와 윤종우가 옥상에서 대화하는 장면에서 서문조와 윤종우는 범죄 소설에 관한 내용으로 공감대를 쌓는다. 서문조를 이상한 이웃 중 하나라고 여겼던 윤종우는 범죄 소설이라는 예상치 못한 공감대의 형성으로 그에 대한 경계심을 허문다. 대화의 내용만 본다면 관심 분야가 같은 평범한 사람들이 대화를 하는 장면으로 보일 수도 있지만, 드라마에서 활용할 수 있는 색채 조명을 활용하여 두 캐릭터 간의 대립 구조를 표현하였다. 서문조는 빨간색 계열의 빛으로 비추고, 윤종우는 파란색 계열의 빛으로 비춤으로써 그들의 대립 구조를 암시한다.

두 번째로, 장소와 캐릭터의 대립 또한 색채 조명을 활용하여 한 번에 나타낸다. 드라마 〈타인은 지옥이다〉의 에덴 고시원은 3층과 4층으로 나누어져 있다. 3층에는 윤종우의 방을 비롯한 타인들이 생활하는 평범한 고시원의 형태를 띤다. 그러나 4층에는 출입문부터 여성 전용 층을 나타내는 표지판을 부착하여 남성인 윤종우의 접근을 어렵게 한다. 의문의 장소라는 이미지를 가진 4층은 각종 인물들을 고문하고, 살해하는 장소로 사용된다. 4층은 핏빛을 연상케 하는 빨간색 계열의 조명으로 연출된다. 이러한 점은 서문조와 엄복순이 윤종우의 처리에 대한 의견충돌을 표현할 때 특히 두드러졌다. 4층에 위치한 서문조의 주변에 빨간색 계열의 조명을 비춤과 동시에 엄복순을 내려다보는 구도를 사용하였고, 반대로 3층에 위치한 엄복순의 주변에 파란색 계열의 조명을 비춤과 동시에 서문조를 올려다 보는 구도를 사용하여 3층과 4층의 장소적 대립 관계와 서문조와 엄복순의 캐릭터적 대립 관계를 동시에 표현하였다.

윤종우와 신재호는 대학교 선후배 사이이자, 회사 대표와 인턴 관계이다. 학연으로든, 직급으로든, 나이로든, 신체적 차이로든. 윤종우보다 모든 게 우위적인 신재호는 2명이 동시에 등장하는 모든 장면에서 화면의 높은 위치를 차지한다. 윤종우가 신재호를 올려다볼 수밖에 없게 만들어서 그에게 반항할 수 없고 복종할 수밖에 없는, 억압된 윤종우를 표현하였다고 볼 수 있다.

앞서 언급했듯이, 서문조는 소정화를 죽이기 위해 몰래 주사기를 들고 그에게 접근했다. 진료를 준비하는 척하며 소정화를 죽일 주사기를 찾으러 간 서문조는 치과 CCTV 속으로 소정화를 바라본다. 이 장면에서는 서문조가 진료용 의자에 누워 있는 소정화를 높이 위치한 CCTV를 통해 내려다 보는 구조로 연출함으로써 치과 의사로서의 서문조의 위엄을 표현함과 동시에 소정화가 수동적으로 위험한 상황에 처해 있음을 표현하였다. 통화하던 선배에게 자신이 있는 곳이 치과임을 밝혀 죽을 위기에서 겨우 벗어난 소정화가 일어나서 서문조와 마주보는 장면은 서로가 평등하게 서 있는 구도로 표현하였다.

방에서 잠을 자던 윤종우는 눈을 떠 보라는 누군가의 속삭임에 침대에서 일어났고, 그 목소리의 주인을 찾아 복도를 헤매던 중 빈 방인 305호에서 누군가를 발견한다. 피로 범벅이 되어 섬뜩한 느낌을 주는 그 방 안에는 또 다른 윤종우가 앉아 있었고, 그는 윤종우에게 도망가라는 말을 건넸다. 환상 속의 윤종우와 실제 윤종우의 공존은 어두침침한 피 범벅의 방과 함께 강렬한 공포감을 자아낸다.

윤종우는 군대 시절의 기억이 담긴 악몽을 자주 꿨다. 그 시절의 기억이 생생하게 다시 재현되기도 하고, 고시원 살인마들에게 느끼는 공포심이 반영되어 끔찍한 꿈을 꾸기도 한다. 서문조와 그의 주변 사람들로 인해 점점 사악해져가는 윤종우의 내면을 표현한 것이기도 하며, 현실과 심리적인 판타지의 대조가 만들어낸 윤종우의 양면적인 성격을 드러낸 것이라고도 볼 수 있다. 선함과 잔혹함이 뒤엉켜 나락으로 떨어져버린 윤종우를 표현한 것이다.

IV. '드라마틱 시네마'와 '시네마틱 드라마'

'드라마틱 시네마'와 '시네마틱 드라마'. 언뜻 보면 그저 말장난 같아 보여서 이 두 단어가 같은 의미를 가진다고 착각하기 쉽다. 그러나 둘은 분명한 차이가 있다. '드라마틱(Dramatic)'은 'Drama'에 접미사 'tic'을 붙여 드라마적 요소를 담고 있다는 표현으로, '드라마틱 시네마'는 드라마적 요소를 담고 있는 '영화'를 말한다. 본질적으로 드라마틱 시네마는 영화에 붙이는 이름인 것이다. 반대로 '시네마틱(Cinematic)'은 'Cinema'에 접미사 'tic'을 붙여 영화적 요소를 담고 있다는 표현으로, '시네마틱 드라마'는 영화적 요소를 담고 있는 '드라마'를 말한다. 본질적으로 시네마틱 드라마는 드라마에 붙이는 이름인 것이다.

이러한 의미에서 드라마 〈타인은 지옥이다〉는 둘 중 어느 것에 속한다고 봐야 할까. 이는 앞서 분석한 전환 전략들을 살펴보면 알 수 있다.

드라마 〈타인은 지옥이다〉는 스토리 전개의 핵심 공간인 '고시원'에 당위성을 부여하였고, 전체 이야기를 이끌어가는 주요 인물들을 재구성하였으며, 더 구체적이고 더 다양해진 캐릭터들과 그들의 관계성을 보여주었고, 등장인물들로 하여금 서사 전개의 핵심 포인트를 만들어냈으며, 프리퀄 웹툰 〈타인지옥-연쇄살묘사건〉과의 연결성을 드러내며 드라마화 과정에서 더욱 풍족해진 서사를 구축하였다. 이를 통해 비교적 부족했던 원작 웹툰의 서사성을 보완함과 동시에 다양해진 인물 관계와 구체화된 서사 전개를 보여줌으로써 모두 화수가 커다란 하나의 전체로 이어진 '10시간짜리 영화'를 보는 듯한 효과를 준다.

드라마 〈타인은 지옥이다〉는 총 10화에 걸친 스토리를 전개하며 제목과 동일한 "타인은 지옥이다"라는 메시지를 일관되게 전달하고 있다. 더 나아가 여러 편으로 방영되는 드라마만이 사용할 수 있는 '부제'를 통해 "타인은 지옥이다"라는 메시지에서 한층 나아가 "타인은 정말로 지옥인가"라는 메시지를 전달하고 있다. 이는 드라마적 특성이 두드러진 부분이라고 볼 수 있다.

이뿐만 아니라 시청각적으로 표현하는 고시원이라는 공간, 대립의 표현을 위해 사용된 색채 조명 연출 등 영상 콘텐츠로서 표현할 수 있는 〈타인은 지옥이다〉만의 특색이 잘 드러낸 드라마이다. 드라마 〈타인은 지옥이다〉. 이 모든 점들을 고려해 봤을 때 드라마 〈타인은 지옥이다〉는 '드라마틱 시네마'가 아닌, '시네마틱 드라마'로 보는 게 맞다는 결론을 내릴 수 있다.

극장이라는 공간이 가지는 의미에 대해 생각해보자. 극장은 어두컴컴하고 제한된 공간으로서 관객을 가두는 역할을 하는 것처럼 보이기도 한다. 마치 세상에 관객인 나와 영화, 오로지 둘만 남은 듯한 느낌을 선사한다. 이러한 관점에서 드라마 〈타인은 지옥이다〉는 드라마적 특성과 영화적 특성을 모두 가지고 있지만, '영화적 요소'가 더 부각되는 '시네마틱 드라마'라고 볼 수 있다. 앞서 언급한 표현처럼 '10시간짜리 영화'를 보는 듯한 느낌을 주는 드라마 〈타인은 지옥이다〉는 앉은 자리에서 하나의 작품을 전부 관람할 수 있는 극장이라는 공간에서 볼 수 있는 '영화'라는 콘텐츠에 적합하다.

그러나 다른 시각에서 보자면, 어쩌면 '드라마틱 시네마'라는 표현도 맞다고 볼 수 있다. 영화 제작진의 대거 투입으로 영화적 연출이 돋보였다. 영화 제작진들이 모여 만든 하나의 작품이기 때문에 애초에 그 자체를 '영화'라고 상정하고, '드라마의 형태를 띠고 있는 영화'라고 본다면 '드라마틱 시네마'도 틀린 표현은 아니다. "10개의 클라이맥스를 가진 영화를 만들어 보자"는 이창희 감독의 말을 다시 해석하자면, 10화 분량의 드라마에 맞춰 한 편의 영화를 10개의 드라마로 쪼갰지만 결국 그 본질은 '영화'라는 의미로 받아들일 수 있다. '드라마틱 시네마'와 '시네마틱 드라마' 어떤 것이 맞는 지에 대해 옳고 그름을 따지는 것보다, OCN의 드라마틱 시네마 프로젝트를 통해 영화와 드라마의 경계를 허물고 관객과 시청자의 구분을 모호하게 하여 새로운 콘텐츠를 창조하려는 그들의 움직임에 대해 더욱 주목해야 할 것이다.

최근 OCN은 '장르물 명가'라는 수식어가 무색하게도, 넷플릭스와 같은 글로벌 OTT 서비스의 강세로 인해 잇따른 흥행 실패를 보여주었다. 2020년에 방영된 〈경이로운 소문〉의 성공 이후로 〈본 대로 말하라〉, 〈번외수사〉 등 다양한 작품을 선보였지만 모두 흥행에 실패했다. 〈타인은 지옥이다〉의 소정화가 등장하는 OCN 드라마틱 시네마의 또 다른 작품 〈다크홀〉은 OCN 드라마 중 처음으로 tvN에서 동시에 방영됐지만, 1회 1%대에서 시작하여 마지막 12회까지 무려 0%대가 연속됐다. CJ ENM 계열인 OCN이지만 CJ ENM은 티빙 오리지널 콘텐츠 제작에 몰두하고 있으며, OCN은 그저 티빙 채널을 강화하고 보조하는 수단으로 사용될 수도 있다는 평가를 받는다.

> 한 매니지먼트사 관계자는 "과거 OCN은 마니아층을 거느려 '그들만의 리그'로 인식했다. 시청률이 조금 낮아도 장르가 다양하고 완성도가 높아 배우들이 선호했다"며 "최근 OTT 채널이 다양해지면서 제작 규모가 커져 배우들의 눈높이도 자연스레 높아졌다. OCN 드라마만의 차별성이 사라져 시청자뿐만 아니라 배우들에게도 외면받을 위기"라고 말했다.[5]

〈타인은 지옥이다〉 이후 OCN 드라마틱 시네마는 방향성을 잃고 말았다. 이럴 때일수록 본질에 집중해야 한다. 〈타인은 지옥이다〉는 '드라마틱 시네마'와 '시네마틱 드라마'로서 그 전략을 성공적으로 펼쳐내 성공하지 않았는가. 영화와 드라마의 경계를 허물고 드라마적 경험을 제공하는 영화와 영화적 경험을 제공하는 드라마를 제작함으로써 그들의 입지를 다시 한 번 굳혀야 한다. OCN은 그래야 한다.

---

5   최지윤, [초점] tvN에 밀리고 티빙에 치이고…OCN 장르물명가 무색, 〈뉴시스〉, 2022.03.20. (https://newsis.com/view/?id=NISX20220320_0001799702&cID=10601&pID=10600)

참고문헌

오픈서베이, 웹툰에 한 달 얼마 쓸까? 웹툰 감상 트렌드 주목할 포인트 4가지, opensurvey, 2022.08.05. (https://blog.opensurvey.co.kr/article/webtoon-2022-2/)

이화정, OCN 드라마틱 시네마 <타인은 지옥이다> 촬영 현장을 가다,《씨네21》, 1220호, 2019. 08.26. (http://m.cine21.com/news/view/?mag_id=93734)

이화정, <타인은 지옥이다> 이창희 감독, "결말의 해석에 따라 장르가 달라지는 작품",《씨네21》, 1220호, 2019.08.26. (http://www.cine21.com/news/view/?mag_id=93735)

지영, 타인은 지옥이다 드라마 캐스팅 비하인드, 그리고 원작 웹툰 결말에 관한 이야기, 곰곰지영, 2019.07.24. (https://zeee9.tistory.com/99)

최지윤, tvN에 밀리고 티빙에 치이고…OCN 장르물명가 무색, <뉴시스>, 2022.03.20. (https://newsis.com/view/?id=NISX20220320_0001799702&cID=10601&pID=10600)